本书由北京大学—林肯研究院城市发展与土地政策研究中心资助出版

四川大学人才引进项目"乡村振兴背景下的土地要素流动研究"（YJ201877）的主要研究成果

人口城镇化对农地利用效率的影响研究

影响机制、区域差异及改革路径

赵茜宇 著

The Impacts of Urbanization on
Agricultural Land Use Efficiency:
Influence Mechanism, Regional Differences
and Reform Path

中国社会科学出版社

图书在版编目（CIP）数据

人口城镇化对农地利用效率的影响研究：影响机制、区域差异及改革路径/赵茜宇著. —北京：中国社会科学出版社，2020.6
ISBN 978 - 7 - 5203 - 6546 - 8

Ⅰ.①人… Ⅱ.①赵… Ⅲ.①城市化—影响—农业用地—土地利用—研究—中国 Ⅳ.①F321.1

中国版本图书馆 CIP 数据核字（2020）第 087106 号

出 版 人	赵剑英	
责任编辑	刘晓红	
责任校对	周晓东	
责任印制	戴　宽	
出　　版	中国社会科学出版社	
社　　址	北京鼓楼西大街甲 158 号	
邮　　编	100720	
网　　址	http：//www.csspw.cn	
发 行 部	010 - 84083685	
门 市 部	010 - 84029450	
经　　销	新华书店及其他书店	
印刷装订	北京君升印刷有限公司	
版　　次	2020 年 6 月第 1 版	
印　　次	2020 年 6 月第 1 次印刷	
开　　本	710×1000　1/16	
印　　张	17.25	
插　　页	2	
字　　数	266 千字	
定　　价	99.00 元	

凡购买中国社会科学出版社图书，如有质量问题请与本社营销中心联系调换
电话：010 - 84083683
版权所有　侵权必究

"北大—林肯中心丛书"序

  北京大学—林肯研究院城市发展与土地政策研究中心（简称北大—林肯中心）成立于2007年，是由北京大学与美国林肯土地政策研究院共同创建的一个非营利性质的教育与学术研究机构，致力于推动中国城市和土地领域的政策研究和人才培养。当前，北大—林肯中心聚焦如下领域的研究、培训和交流：（一）城市财税可持续性与房地产税；（二）城市发展与城市更新；（三）土地政策与土地利用；（四）住房政策；（五）生态保护与环境政策。此外，中心将支持改革政策实施过程效果评估研究。

  作为一个国际学术研究、培训和交流的平台，北大—林肯中心自成立以来一直与国内外相关领域的专家学者、政府部门开展卓有成效的合作，系列研究成果以"北大—林肯丛书"的形式出版，包括专著、译著、编著、论文集等多种类型，跨越经济、地理、政治、法律、社会规划等学科。丛书以严谨的实证研究成果为核心，推介相关领域的最新理论、实践和国际经验。我们衷心希望借助丛书的出版，加强与各领域专家学者的交流学习，加强国际学术与经验交流，为中国城镇化进程与生态文明建设的体制改革和实践提供学术支撑与相关国际经验。我们将努力让中心发挥跨国家、跨机构、跨学科的桥梁纽带作用，为广大读者提供有独立见解的、高品质的政策研究成果。

北京大学—林肯研究院城市发展与土地政策研究中心主任

刘志

序 一

这是一本学术专著。作者探讨了一个政策意义重大的课题：我国快速的城镇化对农地利用效率产生了什么影响？通过一系列的实证研究，作者分析了农村劳动力转移在全国层面上如何影响农地利用效率，以及农村劳动力转移对农地利用效率的影响在不同区域之间的差异。在此基础上，作者探讨了何种改革路径可以优化人口城镇化对农地利用效率的影响。

众所周知，人多地少是我国的一个基本国情，耕地资源更为稀缺。根据世界银行2016年的数据，我国人均耕地面积仅为1.29亩，远低于世界人均耕地面积（2.88亩）。如何解决快速城镇化与农地保护之间的矛盾，一直是国家政策关注的重点。多年来，政府着力于耕地保护，建立了土地用途管制和耕地保护等制度，严守基本农田保护底线。但实践证明，这种做法的经济成本是很高的。随着农村人口继续向城镇转移，投入农业生产的劳动力数量将逐步减少，目前有些地区还出现了严重的弃耕现象。可见未来的格局是严峻的，很有必要研究我国快速城镇化背景下各地区农地利用效率的变化和差异，从中找出影响这些变化和差异的原因，据此提出政策建议，以促进农地利用效率的进一步提高。

作者赵茜宇博士曾在北大—林肯中心工作，是一位勤奋专注、锐意进取的年轻学者。她在博士论文的基础上做了进一步的研究、修改和补充，终成此书。北大—林肯中心决定出版这本专著，有三个目的：首先，专著研究的题目是当今中国土地政策中的一个重要课题，也是北大—林肯中心关注的问题，我们希望通过专著的出版，传播学术前沿成果。第二，专著的内容丰富，不仅针对我国的问题做了前沿性的实证研究，而且梳理了这个研究领域的理论和方法，介绍了英国、美国、日本和巴西的经验，给关注这个领域的学者和政策制定者提供了一份珍贵的参考文献。第三，北大—林肯中心一向致力于扶持中国城市发展与土地政策研究领域的年轻学者，出版学术专著是我们鼓励和支持年轻学者的一项任务。我们期待赵茵宇博士再接再厉，在政策研究的艰途上继续取得丰硕的成果。

北京大学—林肯研究院城市发展与土地政策研究中心

刘志

2020年3月3日于北京

序 二

改革开放以来，人口城镇化推动着中国经济与社会的变迁，重构了城乡土地的利用形态。以农村劳动力非农就业为主要特征的人口城镇化，引发了农用地闲置浪费的担忧。然而，中国农业产出连续数十年增长的趋势，似乎与这种担忧形成鲜明的对比。那么，造成这种鲜明对比的背后机制究竟是什么？这一充满困惑的问题可以在赵茜宇博士的这本著作中找到答案。该书全面、系统而又客观地分析了人口城镇化对农地利用的影响机制、区域差异和改革路径，以揭示人口城镇化对农地利用影响的非线性特征，以及这种特征在不同区域的差异，致力于探索掩盖在中国农业增长表象之下的人地关系转变。

作为赵茜宇博士的导师，我见证了她的书稿从问题萌发到解构的整个过程。在历时两年多的时间里，无论是文献的梳理和总结、理论的解析和推导、模型的建构和检验、数据的收集和清洗、实证结果的分析和推敲、政策建议的形成和完善，都经过了一次次的反复斟酌，和我进行了激烈而深入的讨论，从而在人口城镇化与农地利用转变的复杂关系中，探索已有研究尚未关注到的内容，提炼和凝结富有创新性和具有重要价值的观点与结论，用一种可谓精雕细琢的工匠精神在其博士论文的基础上完成了该著作。

该书从人口城镇化进程中的农地利用转变问题出发，基于全国1961个县的面板数据，综合运用DK-SE固定效应模型、中介效应模型和联立方程模型的计量方法，揭示了人口城镇化转移对农地利用效率转变的动态影响，从研究内容上对已有研究具有重要的补充和开拓，可以说填补了对这种动态关系研究的空白。此外，赵茜宇博士花费了近6

个月的时间从统计年鉴、统计公报和地方志上整理县域面板数据和相关资料，为其实证分析奠定了可靠的数据基础。其采用县级层面数据来探索相应的问题，在目前的研究中不可多得，也在很大程度上赋予了其研究结论具有极其重要的学术价值和政策内涵。

该书的重要价值一方面是在一个更大的范围内和更微观的尺度上，揭示中国县域层面的农地利用效率变化及时空演变规律；另一方面是基于因难得到而鲜少被采用的县域面板数据，寻求中国农村人口城镇化对农地利用的动态影响关系，以揭示中国农业增长之谜。该书体系完整、内容翔实、论证充分、观点新颖，对推动中国人口城镇化由"个体城镇化"向"家庭城镇化"转变和深化农地"三权分置"改革具有重要的参考价值，可作为"三农"科研工作者、高校师生、农业农村和自然资源等相关部门政府决策者必备的一部学术参考文献。

张占录

2019 年秋　中国人民大学求是楼

摘　　要

　　从社会发展规律来看，城镇化是人类经济社会发展到一定阶段的客观要求和必然产物。以农村劳动力向城市和非农就业转移为主要特征的城镇化进程，对农村发展和农地利用带来了深远的影响。受土地、户籍等制度因素的影响，我国农村劳动力转移的特征比较复杂。在这种情况下，研究人口城镇化对农地利用的影响具有重要的理论意义和现实意义。劳动力是农地利用的重要投入要素。人口城镇化，一方面直接涉及农业劳动力投入数量的变化，另一方面由劳动力非农就业转移和城镇化转移产生的连带效应、附属效应和后续效应也会对农地利用带来不同的影响。本书基于全国1961个县2000—2014年的面板数据，依据城乡二元经济理论、农村劳动力转移理论、小农经济与小农生产理论和产权与制度变迁理论的支撑，研究人口城镇化对农地利用效率的影响机制，分析人口城镇化对农地利用效率影响的区域差异，并提出人口城镇化对农地利用效率影响的改革路径。本书主要回答以下三个问题：①农村劳动力转移在全国层面上是正向还是负向地影响农地利用效率？或者呈现非线性关系？其影响机制和动态关系是什么？②农村劳动力转移对农地利用效率的影响在区域之间存在何种差异？③基于以上问题的探索结果，应采取何种改革路径优化人口城镇化对农地利用效率的影响？

　　研究人口城镇化对农地利用效率的影响，首先，需要衡量农地利用效率的大小，以作为实证分析的因变量。本书通过选取在统计范围上具有一致性的投入产出指标，采用考虑要素之间替代关系的Hybrid模型测算了全国1961个县在2000—2014年的农地利用效率，并进一步分析了其在时间和空间维度上的差异，得出以下主要结论：①农地利用效率总体上表现出处于"中等水平陷阱"的特征；②平均而言，农地利用效率在时间上表现出先降低后增加的趋势，在空间上表现为分化的趋势；③农地利用效率在空间上的省域差异大于省内差异，并表现出按照地理分布集聚的"差序格局"倾向，而且位于省会中心及其附近的县域，其农地利用效率平均水平相对高于较远县域，呈现出随着省会中心的距离增加而衰减的倾向；④各地理区域的农地利用效率表现出呈阶梯状分布的特征，阶梯从高到低依次是东北—华东、华中和华北—西南、华南和西北。

其次，在以 Hybrid 模型测算出农地利用效率这一指标之后，本书运用可解决面板数据异方差、自相关和截面相关的 Driscoll 和 Kraay Standard Errors 固定效应模型，通过逐步回归法分析了人口城镇化对农地利用效率的影响关系，并采用 Tobit 模型进行了稳健性检验，得出"观测区间内，就全国平均而言，人口城镇化对农地利用效率的影响关系表现为显著而稳定的'趋向正"U"形'特征"这一核心结论。进一步地，本书采用"地均粮食产量"和"地均农业产值"两个指标重新审视了人口城镇化对农地利用效率的影响。实证分析表明，人口城镇化对地均粮食产量的影响表现为倒"U"形，而对地均农业生产总值的影响特征却表现为趋向正"U"形。这种影响特征的差异，反映出人口城镇化对农地利用效率的影响在农地利用内部也是存在差异的。在此基础上，本书运用中介效应模型检验了人口城镇化对农地利用效率的直接作用和间接影响，运用联立方程模型分析了人口城镇化与农地利用效率的动态关系，主要结论有：①人口城镇化对农地利用效率的影响存在直接渠道和间接渠道之分，其间接渠道主要通过农业经营资本、农业兼业化、农地经营规模、农业生产结构和农地利用强度五个方面的中介变量所发挥的调节效应，作用于农地利用效率；②农地利用效率对人口城镇化存在显著的倒"U"形影响关系，表明人口城镇化进程在促进农地利用效率提升的过程中也会进行内部调整。

再次，本书将 1981 个县的面板数据按照地理类型、行政类型和经济发展水平三个划分标准进行了解构，分析人口城镇化对农地利用效率影响的区域差异，主要研究结论有：①农村劳动力转移对农地利用效率的影响特征，除东北地区表现为倒"U"形影响特征外，在各区域均表现为正"U"形和趋向正"U"形。②在农村劳动力转移初期，农民收入较低的情况下，农村劳动力转移表现出对农地利用效率的显著负向影响。对农村劳动力转移反应比较敏感的省区有四川、贵州、云南、西藏、广西、宁夏。③户均土地经营规模对农地利用效率正向影响的显著性表现出随户均土地经营规模变化而变化的趋向。处于中等水平的区域，户均土地经营规模倾向于表现出对农地利用效率的正向作用，而户均土地经营规模偏大和偏小的区域，其对农地利用效率的影响都倾向于不显著。④资本和技术对农村劳动力具有一定的替代作用，但这种替代作用是有限的。目前，东北地区已经表现出农村劳动力转移不利于农地利用效率提升的影响趋势。⑤经济发展水平高的区域，农地生产结构表现出更大程度的调整。按地理、行政类型和城市等级划分的区域中，分别作为人均GDP水平最高的华东地区、直辖市和一线城市，均表现出户均土地规模对地均粮食产量的负向影响。

最后，本书结合我国农业发展阶段和城市化阶段的判断，基于人口城镇化对农地利用效率影响的实证分析结果和区域差异解构，提出了以下六个方面的改革路径：①深化改革，推动农村人口转移由个体城镇化向家庭城镇化转变；②推动农地整理的阶段转变，进一步促进农地流转和农地适度规模经营，增加农业资本和技术投入；③完善农地权属和交易服务体系，建立基于土地发展权的农地有偿保护制度；④在协调农业生产结构调整和粮食安全问题的基础上，提升农业市场化水平；⑤结合区域差异推动村庄更新，提升村庄吸引力；⑥促进乡镇产业发展，提高农民的收入水平和农业经营资本。

关键词：人口城镇化；农地利用效率；农地利用结构；影响机制；区域差异

目　　录

第一章　绪论 ··· 1

　　第一节　研究背景 ··· 1
　　第二节　研究意义 ·· 12
　　第三节　研究目的和研究问题 ······························· 13
　　第四节　研究内容 ·· 15
　　第五节　研究方法 ·· 16
　　第六节　研究概念界定 ····································· 24
　　第七节　研究思路与框架 ··································· 29

第二章　研究动态与文献综述 ·································· 31

　　第一节　国外城市化进程与农地利用关系分析 ················· 31
　　第二节　文献综述 ·· 61
　　第三节　本章小结 ·· 88

第三章　理论基础 ·· 90

　　第一节　土地报酬递减规律 ································· 90
　　第二节　城乡二元经济理论 ································· 92
　　第三节　农村劳动力转移理论 ······························· 96
　　第四节　城市化、农村发展与经济开放度理论 ················· 98
　　第五节　小农经济与小农生产理论 ··························· 100
　　第六节　产权理论与制度变迁理论 ··························· 103

第七节　本章小结 ………………………………………… 104

第四章　农地利用效率测算及时空差异分析 ………………… 106
　　　第一节　农地利用效率测算 ……………………………… 106
　　　第二节　农地利用效率的时空差异 ……………………… 121
　　　第三节　本章小结 ………………………………………… 129

第五章　人口城镇化对农地利用效率的影响机制分析 ……… 130
　　　第一节　农地利用效率影响因素的概念框架 …………… 130
　　　第二节　人口城镇化对农地利用效率影响的研究设计 … 131
　　　第三节　人口城镇化对农地利用效率影响的实证分析 … 136
　　　第四节　人口城镇化对农地利用效率影响的动态机制 … 152
　　　第五节　本章小结 ………………………………………… 163

第六章　人口城镇化对农地利用效率影响的区域差异分析 … 165
　　　第一节　相关背景 ………………………………………… 165
　　　第二节　按地理分区的区域差异分析 …………………… 166
　　　第三节　按行政类型分区的区域差异分析 ……………… 178
　　　第四节　按发展水平的区域差异分析 …………………… 187
　　　第五节　本章小结 ………………………………………… 199

第七章　人口城镇化对农地利用效率影响的改革路径设计 … 202
　　　第一节　相关背景 ………………………………………… 202
　　　第二节　人口城镇化对农地利用效率的改革路径 ……… 205
　　　第三节　推动农地整理的阶段转变，促进农地流转和适度
　　　　　　　规模经营，增加农地资本和技术投入 …………… 208
　　　第四节　完善农地权属和交易服务体系，建立农地有偿
　　　　　　　保护制度 ………………………………………… 218
　　　第五节　提高农业市场化水平，促进农业生产结构调整与
　　　　　　　粮食安全关系的协调 …………………………… 222
　　　第六节　结合区域差异推动村庄更新，提升农村吸引力 …… 224

第七节 促进乡镇产业发展，提高农民收入水平和农业
　　　　经营资本 ·· 226
第八节 本章小结 ·· 228

第八章 研究结论、创新与展望 ······················· 230

第一节 研究结论 ·· 230
第二节 研究创新 ·· 233
第三节 研究展望 ·· 234

参考文献 ··· 236

后记 ·· 259

第一章 绪 论

第一节 研究背景

一 选题的重要性

(一) 城镇化进程影响农地利用

从社会发展规律来看,城镇化是人类经济社会发展到一定阶段的客观要求和必然产物[①]。改革开放以前,我国城镇化进程缓慢,城镇化率从1949年的10.64%增长到1978年的17.92%,30年间增长了7.28%,年均增长0.24%[②]。改革开放以后,城镇化进程加速,尤其自20世纪90年代中后期以来,城镇化进入高速发展期[③],如图1-1所示。至2015年,城镇化率增至56.10%,比1978年增长了38.18%,年均增长1.01%[④]。根据纳瑟姆"城市化曲线"(Northam Urbanization Curve)对城市化进程的界定,如图1-2所示,我国在1996年城镇化率首次超过30%的第一个拐点以后,城市化进程进入加速期,国家社会经济也步入

[①] 朱莉芬、黄季焜:《城镇化对耕地影响的研究》,《经济研究》2007年第2期;赵茜宇、张占录:《新型城镇化视角下的户籍制度和土地制度联动改革路径研究》,《求实》2014年第8期。

[②] 资料来源:《中国统计年鉴(2015)》,中国统计出版社2015年版。

[③] 李强、陈雨琳、刘精明:《中国城镇化"推进模式"研究》,《中国社会科学》2012年第7期。

[④] 资料来源:国家统计局网站。

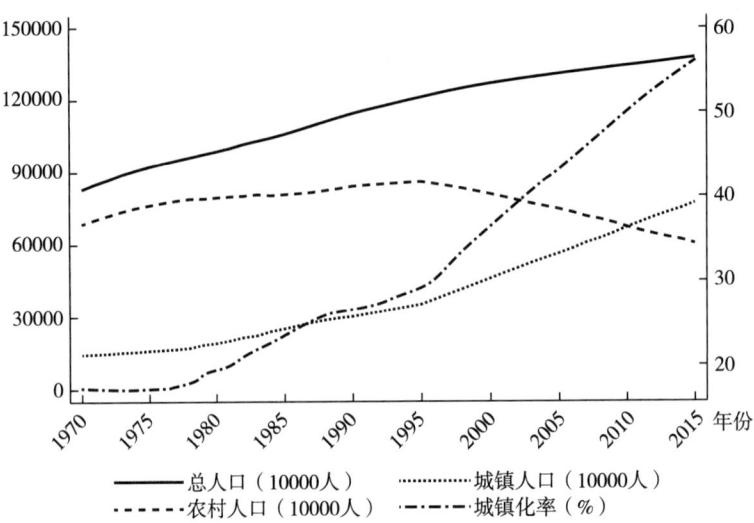

图1-1 1970—2015年全国总人口、人口构成和城镇化率变化

资料来源：1970—2014年数据来自《中国统计年鉴（2015）》；2015年数据来自国家统计局网站。

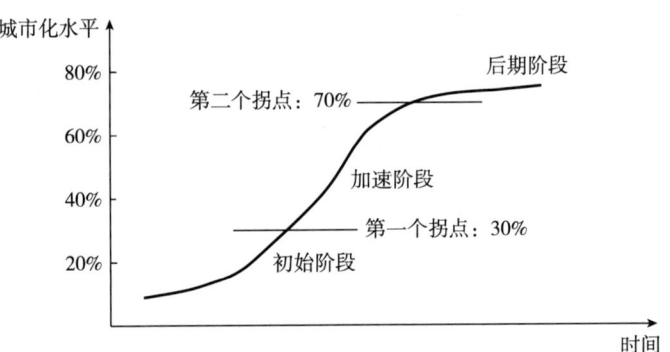

图1-2 纳瑟姆城市化曲线

高速发展的轨道①。作为世界上人口最多的国家，我国的城镇化进程伴随着农村人口的大规模转移。根据《国民经济和社会发展统计公报

---

① Northam, R., *Urban Geography* (2nd ed.), New York: John Wiley, 1979, p. 108; Mulligan, G. F., "Revisiting the urbanization curve", *Cities*, 2013, Vol. 32, No. 06, pp. 113–122.

(2016)》，2015 年全国农民工总量 2.77 亿，接近美国 2015 年年底总人口数①。这种大规模转移对社会经济产生了一系列深远的影响。诺贝尔经济学奖获得者约瑟夫·斯蒂格里茨（Joseph Stiglitz）曾断言，以美国为首的新技术革命和中国的城镇化是深刻影响 21 世纪人类发展的两大课题②。

在土地利用方面，城镇化也产生了重大而深远的影响，成为推动土地利用/土地覆被变化的重要动力③。根据《中国国土资源公报》(2001—2015) 统计资料，2000—2015 年，我国仅新增建设用地占用耕地面积就达到 321.43 万公顷④，如图 1-3 所示。在我国城乡二元土地制度的限制下，城镇化对土地利用/土地覆被的影响力度被扩大：一方面，大量农村人口转移到城市，使得城市大肆扩张（Urban Sprawl），占用周边农地以拓展空间来承载涌入的人口；另一方面，农村人口转移造成了空心村、土地撂荒、土地利用粗放等问题。我国农村宅基地和农用地退出机制还未全面建立，农村建设用地并没有伴随着农村人口的减少而减少，反而呈现扩大的趋势。此外，城乡之间土地自由流动的市场机制还处于缺失状态。这种情况造成了城市发展缺土地、农村大量土地闲置和利用效率低下的土地利用困境。并且，农用地受到城市扩张和农村建设用地扩张的双重夹击。在这种背景下，"十分珍惜、合理利用土地和切实保护耕地"成为我国的基本国策，粮食安全问题也成为顶层设计的首要关切，高标准基本农田建设更是成为耕地保护工作的重中之重。人口城镇化对土地利用，尤其是对农用地利用的影响，日益受到关注。

我国建立的耕地占补平衡和基本农田保护制度等农地利用管制制度，对控制农地数量的减少起到了重要的作用，反映了政策层面对人口

---

① 根据联合国人口司统计数据，截至 2015 年年底，美国总人口数为 3.24 亿。
② 吴良镛、吴唯佳、武廷海：《论世界与中国城市化的大趋势和江苏省的城市化道路》，《科技导报》2003 年第 9 期。
③ Chen, R., Ye, C., Cai, Y., Xing, X., Chen, Q., "The impact of rural out-migration on land use transition in China: Past, present and trend", Land Use Policy, 2014, Vol. 40, No. 9, pp. 101-110.
④ 其中 2000—2009 年数据为建设用地占用数据；此后，公布指标名称发生了变化，2009—2015 年为批准建设用地占用数据。

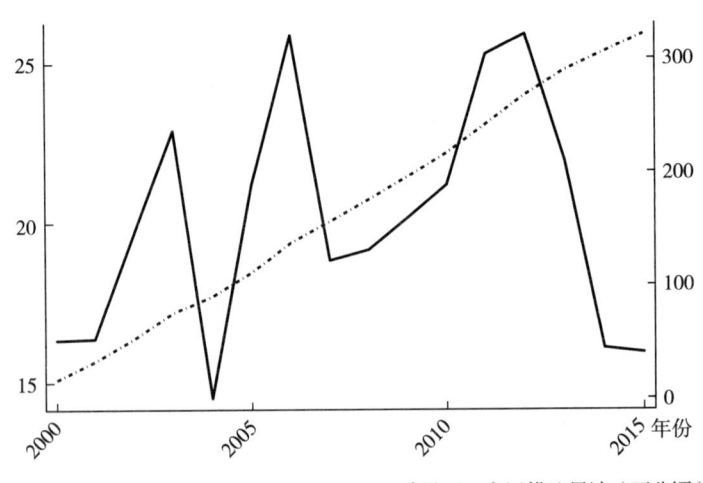

图 1-3　2000—2015 年全国建设用地占用耕地变化

资料来源：根据《中国国土资源公报》（2001—2015）整理得到。

城镇化引起的农地利用数量变化方面的关注。同时，在科技日益发达的今天，卫星和遥感技术的广泛应用使得农地数量的变动可以被及时准确地捕捉到。然而，农村人口转移，尤其是劳动力人口的流失，对农地利用质量的影响却掩盖在大规模使用机械、肥料等资本和技术带来的总量提升这种表面"繁华"下。农地保护制度的作用机制，在这种情况下是失灵的。因为，当前的制度无法管制农民对农地的利用行为，尤其是农地撂荒、农地粗放利用这种由人口城镇化引起的农地低效利用行为。然而，劳动力作为重要的投入变量，其城镇化转移对农地利用有着重要影响。此外，我国的人口城镇化具有以家庭成员个人城镇化为主的特征，转移劳动力与原农户经济上仍连为一体。在这种情况下，人口城镇化除了引起对农地劳动力的投入减少外，其带来的汇款效应及一系列的联动效应，也必然引起农地投入产出关系的变化。因此，研究人口城镇化对农地利用效率的影响，对建立新的、更加完善的农地利用制度，具有重要的意义。

我国农地资源的区域分布和农村劳动力的需求情况在区域间存在差

异，人口城镇化对农地利用效率的影响在区域间也存在不同①。农村劳动力供给相对于农地利用需求是否剩余，在全国各省市之间不能一概而论。其他投入条件不变，在农村劳动力剩余的情况下，转移农村劳动力，不仅不会影响农地产出，还会优化整体的劳动力结构，带动第二、第三产业进步，促进农业现代化、工业化和城镇化的同步发展；然而，在农村劳动力供应不足的情况下，转移农村劳动力，会影响农地产出，使农业现代化和工业化、城镇化的发展相脱离。同时，在农村劳动力供应不足，农地利用依然需要劳动力投入，即农村未出现劳动力剩余的情况下，农村人口为什么要向城市转移也成为一个有趣而重要的研究问题。对该问题进行探索并形成新的观点和理论，一方面可以增益对我国城镇化动力的认识，形成城镇化动力论中"农业剩余劳动力主动转移论"这一传统论点的有力补充；另一方面，也有助于构建人口城镇化对农地利用效率影响的动态机制，进一步认识人口城镇化进程对农地利用的影响，尤其是在全球城市化进程带来乡村衰落的背景下②。

（二）农地利用及其制度改革对城镇化进程具有重要意义

从城镇化与土地制度变迁的历史来看，城镇化进程影响农地利用，农地利用及其制度改革对城镇化进程的持续健康发展也有积极的推动作用。城镇化的发展，一方面大量占用农地，致使农地数量减少；另一方面，吸引大量农村劳动力的永久性或季节性转移，致使农地劳动力投入减少，所以城镇化既影响农地利用的数量，也影响农地利用的质量。城镇化进程通过影响农地利用的数量和质量，影响农地的投入产出关系，进而影响农地制度改革的需求③。农地制度改革则通过调整土地产权、改善土地制度效率和增强土地的社会保障功能，重塑农民与农地的关系，重组农地与劳动力资源配置，从而作用于土地城镇化和人口城镇

---

① 程名望、阮青松：《资本投入、耕地保护、技术进步与农村剩余要劳动转移》，《中国人口·资源与环境》2010年第8期；杨俊、杨钢桥、胡贤辉：《农业劳动力年龄对农户耕地利用效率的影响——来自不同经济发展水平地区的实证》，《资源科学》2011年第9期。

② Liu and Li 认为，全球城市化进程引起了乡村衰退。参见 Liu, Y., Li, Y., "Revitalize the world's countryside", *Nature*, 2017, Vol. 548, No. 7667, pp. 275–277。

③ 蒋占峰：《长期而有保障的农地产权：适应城镇化的制度供给》，《调研世界》2009年第4期。

化，进而影响整个城镇化发展进程①。

中华人民共和国成立之后，我国农地制度经历的三次变迁与我国城镇化进程的三个阶段密切相关，如图1-4所示。①中华人民共和国成立初期，为了消灭土地地主所有制，从1950年起，农村地区开始实行土地社会主义改造，在经历了短暂的以一家一户为主要生产单位的小农经济后（1950—1953年），开始走向农业生产合作社的道路（1953—1958年），逐步完成了农民土地所有制向集体所有制的转变②。在此期间，农村人口流动处于自由开放状态，不受户籍制度的限制③，城市恢复工业生产的需要使得部分不受农村土地制约的农村人口进入城镇，引起短暂的城镇化高潮，城镇化进程逐渐起步。②至1962年，在经历"三年自然灾害"后（1959—1961年），中共中央正式通过了《农村人民公社工作条例（修正草案）》（"农业六十条"），明确了"三级所有，队为基础"的农村集体所有制，强化了农村集体土地所有权法人资格。土地与其他生产工具的集体所有以及生产生活资料的集体分配制度，使农民高度依赖于公社组织和农村土地④，从而降低了农民向城镇转移的意愿。此外，"三年自然灾害"期间，粮食产量锐减，无法支撑日益增长的城市人口，大量农民又被遣返回农村。加上城镇工业发展缓慢，缺乏农村劳动力吸纳能力，农村人口向城镇转移的路径逐渐封闭，城镇化进程进入停滞期，这种情况一直持续到改革开放之前（1978年）。③1978年年底，国家实行改革开放，农村开始逐步推行家庭联产承包责任制，进行农地使用制度改革，赋予农民以家庭为单位自由使用农地的权利，进而逐渐形成当前的农地制度⑤。这一革命性的农地制度创新，

---

① 李杰、张光宏：《农村土地制度与城镇化进程：制度变迁下的历史分析》，《农业技术经济》2013年第2期。

② 温铁军：《中国农村基本经济制度研究："三农问题"的世纪反思》，中国经济出版社2000年版，第141—165页。

③ 中华人民共和国成立初期，城市各行各业百废待兴，工业生产吸引一大部分农民进入城市。直至1958年，中央政府才出台《户口管理条例》，限制农村人口的自由迁徙。

④ 黄忠怀、吴晓聪：《建国以来土地制度变迁与农村地域人口流动》，《农村经济》2012年第1期。

⑤ 陈丹、唐茂华：《中国农村土地制度变迁60年回眸与前瞻》，《城市》2009年第10期。

打破了人民公社对农民的桎梏,解放了农村劳动力①。同时,改革开放带来了城镇第二、第三产业的迅猛发展,产生大量的劳动力需求,被解放的农村劳动力在内外因素的共同推动下,大规模地向城镇转移,我国的城镇化进程也进入快速发展阶段。可见,农地利用及其制度改革是城镇化的制度动力和物质基础②。

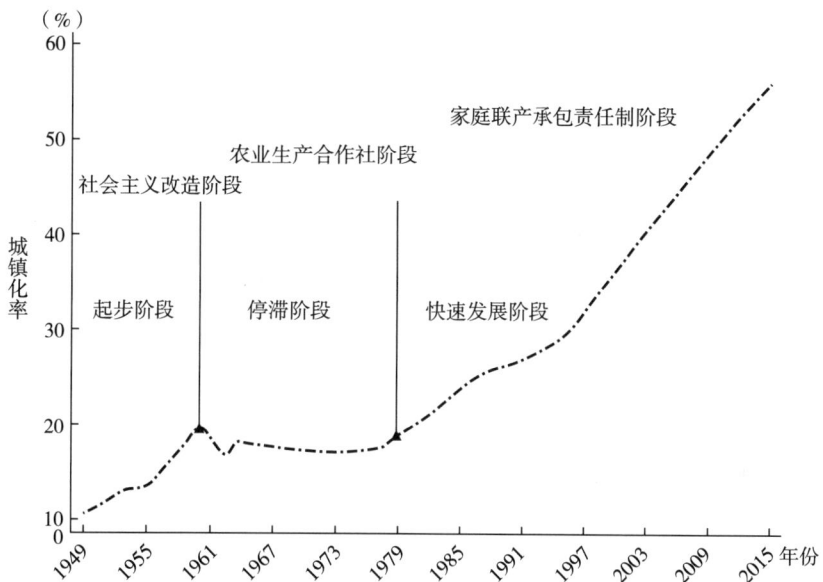

图 1-4　1949—2015 年农地制度改革的三个阶段与城镇化进程的三个时期

资料来源:根据《中国统计年鉴(2016)》整理得到。

然而,无论是从制度经济学还是政治经济学的角度,制度改革的效率都具有阶段性。随着我国经济社会的发展,家庭联产承包责任制的改革效率已经得到充分释放,甚至在一定程度上成为当前农地制度改革的阻力。目前,城乡二元体制下的农地产权弱势地位、农地社保功能战略下农地流转的有限性,以及与社会保障、户籍、财政等相结合产生的各

---

① 杨维军:《论三次土地制度变迁对我国现代化的影响》,《开发研究》2006 年第 1 期。
② 李杰、张光宏:《农村土地制度与城镇化进程:制度变迁下的历史分析》,《农业技术经济》2013 年第 2 期。

种问题，对处于经济转型和经济新常态背景下的农地利用和城镇化都提出了挑战①。党的十八届三中全会通过的《关于全面深化改革若干重大问题的决定》，将深化农村土地制度改革列为重要内容。农村土地制度是农村集体组织制度、农业基本经营制度、农村村民自治制度的基础②。农村土地制度改革，尤其是农地利用制度改革，是中国改革开放后农业增长的决定性因素③。农地利用制度改革，一方面可以理顺农地和农民之间的关系，优化农村劳动力配置，促进更多的农村人口以健康的方式转移到城市；另一方面，也可以缓解城乡土地利用困境，建立城乡土地和劳动力资源流转的良性通道；同时，农业也是城镇化进程的重要支撑。在我国经济进入增速放缓这一新常态的发展背景下，农地制度改革带来的农业增长和城镇化进程加速，可以成为经济发展的新动力之一④。基于人口城镇化对农地利用效率影响差异的区域分析，结合城镇化动力的研究，分析农地制度改革的路径，更加贴合我国的农地利用实际，有利于将农地制度改革纳入城镇化和城乡一体化发展的战略中，从而促进城镇化进程的持续健康发展。

二 已有研究的支撑与缺失

农村劳动力由农业部门转向非农业部门、农村人口由农村转入城市是世界各国城镇化发展的基本特征。农村人口作为重要的投入变量，其永久性或季节性的转移必然会引起农地利用或者经营方式的转变，进而影响农地利用效率。但是，农村人口转移对农地利用效率的影响具有双面性：一方面，在农村劳动力相对于农地资源配置剩余的情况下，其转移不仅不会对农地利用效率产生影响，还会优化土地和劳动力的资源配置，提高整个社会的福利水平，实现社会效率的帕累托改进（Pareto

---

① 周天勇：《土地制度的供求冲突与其改革的框架性安排》，《管理世界》2003年第10期。
② 陈锡文：《关于农村土地制度改革的两点思考》，《经济研究》2014年第1期。
③ 乔榛、焦方义、李楠：《中国农村经济制度变迁与农业增长——对1978—2004年中国农业增长的实证分析》，《经济研究》2006年第7期。
④ [美]西奥多·W. 舒尔茨著：《改造传统农业》（第二版），梁小民译，商务印书馆2006年版，第150—174页。

Improvement）①；另一方面，在农村劳动力相对于农地资源配置不足，而且没有足够的替代要素投入的情况下，其转移将会对农地利用效率产生显著的负面影响，从而不利于农业及整个经济体的健康发展。这种双面性使我们在研究农村人口转移对农地利用效率的影响时，需要考虑地域的差异性。此外，农地利用效率反映的是农地的投入产出关系，而这一关系还受到社会、经济、技术等的综合影响，如何排除其他因素的干扰，也需纳入相应研究的框架中。农业生产的阶段性、季节性和周期性又使得精确衡量农村人口转移对农地利用效率的影响这一工作更加复杂，因为农村人口转移是通过影响农业耕作投入时间、复种指数来影响农地利用效率，而实际的耕作时间数据和某宗地复种指数的微观数据往往难以获得，从而难以准确判定城镇化所引起的农村劳动力投入减少量。综上所述，研究农村人口城镇化对农地利用效率的影响，是一项具有挑战性的分析工作。然而，该项研究重要的理论意义和政策内涵，依然推动国内外学者进行了深入的探索。

西方国家的城镇化进程先于我国，在农地资源与人口禀赋方面与我国也有显著差异，而且不存在我国城乡分割的二元土地和户籍制度，但已有研究在如何衡量农地利用效率、农村劳动力非农就业对农地利用的影响、农村劳动力迁移的动力以及如何改造传统农业方面为本书提供了重要的理论和方法支撑。英国是最先实行工业革命的国家，农村劳动力转向非农业部门、农村人口转向城市造成的农村人口减少问题，及其对农地利用的影响也最早受到关注②。英国农业以租赁制经营农场为主要生产方式，一方面，工业革命对农村劳动力的吸引，使得农场主可雇用的农村劳动力大量减少，被迫提高劳动生产率；另一方面，工业革命促进了农业机械化水平的提高、化肥等工业产品的大规模使用，提高了农地利用效率。对农地投入和产出的关注，使单位土地产量和人均农业产

---

① "帕累托改进"又称帕累托改善，以意大利福利经济学家 Vilfredo Pareto 的名字命名。其含义是指"在不减少一方的福利时，通过改变现有资源的配置而提高另一方的福利"。它可以在资源闲置或者市场失效的情况下实现。

② 丁士军、史俊宏：《英国农业》，中国农业出版社 2012 年版，第 283—309 页。

值成为衡量农地生产率最常用的指标①。美国、日本以及其他国家在城市化进程中也多采用这两个指标衡量农地生产效率②。事实上，这两个指标是效率的组成部分，不能全面衡量农地生产的投入产出关系。随着计量经济学的发展和广泛应用，越来越多的研究采用计量模型分析农地利用效率的影响因素，其中包括城市化、农民兼业对农地利用的影响，如 Phimister 和 Roberts 基于英国 2419 个农场调查数据，分析了农民从事非农业工作对农地肥料和作物稳产剂施用量（the use of crop protection）的影响③；Glaeser 采用 119 个国家 1961 年、139 个国家 2010 年的截面数据，研究了城市化水平和农地生产率之间的关系④。此外，1978 年美国运筹学家查恩斯（Charnes A.）、库伯（Copper W. W.）和罗兹（Rhodes Edward）提出与帕累托解具有等价性的数据包络分析法（Data Envelopment Analysis, DEA）后⑤，这种可以衡量多指标投入与多指标产出相对有效性的分析方法，逐渐被用来测量农地利用效率。农业作为农民最主要的收入来源，在农地利用效率改变后，农村人口转移的动力及农业改造的政策与措施也成为关注的焦点⑥。

在特有的城乡二元土地和户籍制度限制下，我国的人口城镇化进程扩大了农村人口转移对农地利用的影响。已有相关研究分析了农地利用效率的区域差异、城镇化或农村劳动力转移对农地利用强度/农业生产效率的影响。农地利用效率的衡量方法多采用 DEA 法，也有采用复种指数和粮食平均产量等指标的研究，如李明艳采用 DEA 法对全国四个

---

① Van den Noort, P. C., *Productivity Measurement in Agriculture*, Paris: OECD publishing, 1970, p. 33.

② U. S. Department of Agriculture, *Changes in Farm Production and Efficiency: A Summary Report*. ERS Statistical Bulletin, 1972, No. 233, p. 23；［日］晖峻众三著：《日本农业 150 年（1850—2000 年）》，胡浩等译，中国农业出版社 2011 年版，第 66—69 页；伍宇峰、刘国平：《东欧国家农业发展道路的比较研究》，人民出版社 1985 年版，第 1—25 页；谷源洋、林伍珗、马汝骏等：《东南亚各国农业》，中国农业出版社 1984 年版，第 5—52 页。

③ Phimister, E., Roberts, D., "The effect of off-farm work on the intensity of agricultural production", *Environmental & Resource Economics*, 2006, Vol. 34, No. 4, pp. 493-515.

④ Glaeser, E. R., "A world of cities: The causes and consequences of urbanization in poor countries", *Journal of European Economic Association*, 2014, Vol. 12, No. 5, pp. 1154-1199.

⑤ 马占新：《数据包络分析模型与方法》，科学出版社 2010 年版，第 4—5 页。

⑥ United Nations, Department of Economic and Social Affairs, *Population Division. World Urbanization Prospects: The 2014 Revision*, Highlights (ST/ESA/SER. A/352), 2014.

年度省际层面的农地利用效率进行了测算，发现农地利用效率存在显著的时空差异[1]；Li 等以县级截面组成的面板数据发现了城镇化扩张对土地利用强度的负向影响[2]；朱丽莉等采用动态面板广义矩估计（Generalized method of moments，GMM）方法研究了农村劳动力流动对农业生产效率的影响，发现农村劳动力流动会对粮食平均产量带来负面影响，并且随着时间的推移，影响日益凸显[3]。但是，Wang 等采用扩展农户模型对中国 13 个稻米生产大省 1207 户第二次农业普查数据的分析表明，农村劳动力转移对农业产出影响甚微。因此，已有研究在人口城镇化对农地利用效率的影响方向方面还没有一致的结论。同时，还未有学者关注到人口城镇化对农地利用效率影响的动态机制以及影响的区域差异。关于城镇化动力，研究更多地聚焦在"农村剩余劳动力主动转移论"，认为第二、第三产业的吸引是农村人口城镇化的关键动力[4]。同时，制度推动和技术进步也发挥了重要作用[5]。但是，相关研究缺乏农地利用与人口城镇化关系的探讨，从而缺乏对农村劳动力被动转移的关注。对城镇化进程中农村劳动力短缺情况下的农地制度改革路径，也未能全面地探讨。

综上所述，已有研究分别在农地利用效率的衡量方法、空间差异特征、影响因素以及农村人口城镇化动力等方面进行了深入的探索，也涉及农村劳动力转移对农地利用效率的影响分析。但农村人口城镇化与农地利用效率之间的关系具有复杂性和区域差异性。农村劳动

---

[1] 李明艳：《农村劳动力转移对农地利用效率的影响研究》，博士学位论文，南京农业大学，2009 年，第 23—60 页；李明艳：《劳动力转移对区域农地利用效率的影响——基于省级面板数据的计量分析》，《中国土地科学》2011 年第 1 期；李明艳：《农村劳动力转移对农地利用效率的影响研究》，社会科学文献出版社 2012 年版，第 103—130 页。

[2] Li, J., Deng, X., Seto, K. C., "The impact of urban expansion on agricultural land use intensity in China", *Land Use Policy*, 2013, Vol. 35, No. 11, pp. 33–39.

[3] 朱丽莉：《农村劳动力流动、要素结构变动与农业生产效率研究》，博士学位论文，南京农业大学，2013 年，第 49—50 页；李光泗、朱丽莉：《农村劳动力流动对中国粮食生产影响研究——基于省域动态面板数据的实证分析》，《统计与信息论坛》2014 年第 10 期。

[4] 滕玉成、张新路、王帅：《山东省城镇化动力因素分析——兼与粤、闽、赣、晋四省的比较》，《东南学术》2016 年第 1 期。

[5] 王晓东：《城镇化的动力机制与水平预测》，《河北师范大学学报》1993 年第 3 期；冯尚春：《中国农村城镇化动力研究》，经济科学出版社 2004 年版，第 52—89 页；魏治、修春亮、孙平军：《21 世纪以来中国城镇化动力机制分析》，《地理研究》2013 年第 9 期。

的外流使劳务大量输出地区的农业劳动力供应趋于紧张，如果没有足够的替代要素投入将会影响土地的生产能力，对农产品的供给产生威胁。而且，在农村劳动力短缺的地方，农村劳动力的外流会显著影响到农地利用效率。目前的研究尚缺乏农村人口转移对农地利用效率影响的动态机制及区域差异的关注。以此视角切入，对不同区域、不同层面上农地制度改革路径的探讨也较少涉及。本书正是基于2000—2014年全国县级行政单位的面板数据①，分析人口城镇化对农地利用效率的影响机制及区域差异，进一步探讨促进农地利用与人口城镇化进程相协调的农地制度改革路径，从而为人口城镇化和农地利用关系的研究提供理论与实证分析的新视角，为相关研究和分析提供借鉴。

第二节　研究意义

一　理论意义

中国是世界上人口最多的发展中国家②，农村人口占据较大的比重③。以农民向非农就业转移和城市转移为主要特征的城镇化进程，深刻地影响中国的经济发展和社会稳定。而我国特有的城乡二元土地制度和户籍制度，又扩大了农民转移过程中引发的经济社会问题的影响范围，尤其是农地制度对农民城镇化制约和保障的两面性所引发的一系列问题，需要不同于西方国家城市化和农地利用关系的理论来进行新的、更全面的解读。在我国，城镇化进程影响农地利用的数量和质量，农地利用及其制度改革对城镇化也有重要的推动作用。农地资源与农业人口禀赋的区域差异性决定了农村劳动力转移对农地利用效率影响的两面性。这种两面性进而又引发了对农村劳动力短缺情况下城镇化动力和农地制度改革路径的思考。本书基于中国2000—2014年县级面板数据，

---

① 鉴于数据的可获得性以及经济体制的可比性，不包括香港特别行政区、澳门特别行政区和台湾省的县级行政单位。

② 根据国家统计局官网公布的数据，2015年年末全国人口13.7462亿，占世界总人口的18.84%。

③ 2015年城镇化率56.10%，以此数据为计算基础，同年农村人口数量为6.0346亿人。

对人口城镇化影响农地利用效率的机制和区域差异进行实证分析，有利于更加清晰、准确地把握我国农村人口转移对农地利用的影响规律，在"农村剩余劳动力主动转移论"的基础上形成更全面的农村人口转移的相关理论，从而为国家制定更加科学的农地利用政策和城镇化发展政策提供理论依据。

二 实践意义

从宏观层面，社会各界关注较多的是城镇化扩张对农地利用数量的影响，政府为此建立了土地利用规划管制和耕地保护等一系列制度政策。然而，微观层面的人口城镇化对农地利用质量的影响，却掩藏在农地产量/产值增长的表面下，较少受到直接关注。目前，我国正在大力推行"所有权、承包权、经营权"三权分置的农地制度改革，力争在2018年完成除一些少数民族和边疆地区的土地承包经营权确权登记工作，以推动农村人口城镇化后的农地流转和规模经营[①]。这一改革需要密切关注农村人口城镇化对农地利用效率影响的机制和区域差异，从而确定合理的土地流转和规模经营等农地利用政策。因为农村劳动力紧缺情况下的土地规模经营，在技术等其他要素无显著改善的情况下，可能造成严重的社会经济问题。此外，县域经济是我国国民经济的基本单元，使用更微观的县级数据，其分析结果也可提供更具参考价值的政策借鉴。

第三节 研究目的和研究问题

一 研究目的

在明确人口城镇化对农地利用效率影响的研究现状，以及阐述相关文献在理论和方法上对本书的支撑之后，可以明确本书的研究目的，主要包括以下三点：

---

① 参考《"十三五"农业现代化规划（2016—2020年）》。

(一) 构建人口城镇化对农地利用效率的影响机制

劳动力是农地利用的重要投入要素。人口城镇化一方面直接涉及农地劳动力投入数量的变化，另一方面由劳动力非农就业转移和城镇化转移产生的连带效应、附属效应和后续效应也会对农地利用带来不同的影响。在梳理已有研究的基础上，依据相关理论的支撑，通过控制相关因素的影响，采用面板数据计量方法，构建基于县级面板数据的农村人口转移对农地利用投入产出关系的影响机制。此外，依据劳动力转移理论，在控制其他因素的条件下，进一步分析农地利用效率在人口城镇化进程中的作用，从而构建人口城镇化对农地利用效率的动态影响机制。

(二) 分析人口城镇化对农地利用效率影响的区域差异

不同区域农村劳动力供需关系相对于农地利用可能处于不同的阶段，人口城镇化产生的连带效应、附属效应和后续效应也可能存在不同，因此农村人口城镇化对农地利用效率的影响存在区域差异。通过对人口城镇化与农地利用效率变化趋势的分析，将截面按不同的方法进行分类，从而将面板数据分解，分析人口城镇化对农地利用效率影响特征的区域差异。

(三) 提出人口城镇化对农地利用效率影响的改革路径

基于人口城镇化对农地利用效率的影响机制和区域差异分析，结合相关理论和我国农地利用与农业生产的实际情况、所处阶段和改革方向，探讨促进城镇化持续健康发展和农地利用效率提升相协同的改革路径，以优化人口城镇化对农地利用效率的影响机制、促进其均衡发展。

二 研究问题

本书拟通过分析以下几个问题来达到相应的研究目的。

(1) 在控制其他关键影响因素的条件下，农村劳动力转移在全国层面上是正向还是负向地影响了农地利用效率？或者呈现非线性关系的影响特征？其影响机制和动态关系是什么？

(2) 在控制其他关键影响因素的条件下，农村劳动力转移对农地利用效率的影响关系在区域之间存在何种差异？

（3）基于以上问题的探索结果，应采取何种改革路径优化人口城镇化对农地利用效率的影响机制，促进人口城镇化和农地利用效率的协同发展？

第四节　研究内容

基于研究目的和研究问题的设计，本书的研究内容主要包括以下七个部分：

（1）国外城市化进程与农地利用关系梳理。选取在城市化进程与农地利用关系方面具有代表性的国家，主要包括英国、美国、日本和巴西，按照城市化进程的阶段对其城市化进程与农地利用关系进行梳理，梳理内容主要包括城市化进程的阶段，重要的农地制度改革，城市化、工业化、农村发展和农业现代化的关系。最后，分析国外城市化进程与农地利用关系对本书的启示。本部分内容是第二章两大重要内容的第一部分。

（2）人口城镇化对农地利用影响研究综述。按照"农地利用效率测算方法、农地利用效率的影响因素、城镇化对农地利用效率的影响方向与机制、城镇化动力及农地利用效率在城镇化进程中的作用"的逻辑梳理相关研究，总结已有研究方法、研究结果及不足之处，提炼本书对已有研究的边际贡献。本部分内容是第二章两大重要内容的第二部分。

（3）理论支撑。以农村劳动力转移与农地利用关系、农地制度改革的相关理论为基础，阐述相关理论内容对本书的支撑之处，主要包括土地报酬递减规律、城乡二元经济理论、农村劳动力转移理论、小农经济与小农生产理论、产权与制度变迁理论等。本部分内容构成了第三章。

（4）农地利用效率测算与分析。主要内容包括：确定衡量农地利用效率的投入和产出指标，选取非参数数据包络分析法测算农地利用效率。对农地利用效率测算结果从多种视角进行分析与解构，主要是结合测算结果的描述性统计特征分析农地利用效率的时间变化和空间差异，并分析这种时空差异对农地利用管理的启示。本部分内容构成了第四章。

（5）人口城镇化对农地利用效率的影响机制分析。基于研究综述和研究问题构建农地利用效率影响的概念框架，并基于农地利用效率的测算结果，实证分析人口城镇化对全国农地利用效率的影响，主要包括三个方面的内容，分别是人口城镇化对农地利用效率的影响关系、影响机制和动态分析，最后分析实证结果对推进城市化进程和农地利用改革的启示。本部分内容构成了第五章。

（6）人口城镇化对农地利用效率影响的区域差异分析。基于农地利用效率在空间上的差异特征，首先，按照我国7大地理分区来分析人口城镇化对农地利用效率影响的区域差异；其次，按照3大行政类型进行聚类分组，分析不同行政类型划分下的人口城镇化对农地利用效率的影响差异；最后，以截面为单位，分析不同城市等级的人口城镇化对农地利用效率的影响差异，并分析相关结果对推进城市化进程和农地利用改革的启示。本部分内容构成了第六章。

（7）人口城镇化对农地利用影响的改革路径设计。基于第四、第五、第六章的相关启示，首先明确我国的农业生产阶段和农地制度改革的方向与底线，然后依据土地报酬递减规律、劳动力转移理论、小农经济和小农生产理论、产权和制度变迁理论，结合人口城镇化对农地利用效率的影响机制和区域差异的实证分析结果，从土地规模、农业资本和技术投入、产权梳理等方面设计促进城镇化持续健康发展与农地利用效率提高相协同的农地制度改革路径。本部分内容构成了第七章。

第五节　研究方法

一　文献分析法

文献分析法，又叫文献资料法，是社会学研究中常用的一种基于现有文献资料的分析方法①。文献分析法通过对包含研究对象信息的文献

---

① 文献资料一般根据文献获取的方式分为第一手资料和第二手资料。

资料进行收集、整理、鉴别和分析，来获得已有文献对所关注对象的认识、判断和评论，从而帮助研究者明确已有文献资料的现状、问题和方向，提出自身的观点、意见和建议。文献分析法分为定性和定量两种方法，具有可研究因时间和空间限制而无法接触到的对象和不干扰研究对象（无反应性）的特点①。文献方法既可以作为其他方法的辅助方法，也可以作为独立方法，来认识研究对象的历史发展特征和规律，为展开相应的探索性研究提供支撑②。因此，文献分析往往贯穿一项研究的整个过程。在本项研究中，从人口城镇化影响农地利用的逻辑起点，到农地制度改革路径探讨的研究结点，文献分析法一方面为本书相关论点提供重要的理论和方法支撑，另一方面引领本书探索已有文献未涉及之处。因此，文献分析法是本书的"元方法"。

二 数据包络分析法

数据包络分析法（Data Envelopment Analysis，DEA），是对多个研究对象在多种形式的投入和多种形式产出下的效率进行评价的定量分析方法③。其中，研究对象被称为决策单元（Decision-making Unit，DMU）。效率指技术效率（Technical Efficiency），是一项与全要素生产率（Total Factor Productivity）④密切相关的经济效率指标，指的是在生产技术和市场价格不变的条件下，按照既定的要素投入比例，生产一定数量的产品所需的最小成本与实际成本的比值⑤，即成本导向型，或者产品实际产出量与最大产出量的比值⑥，即产出导向型。因此，技术效

---

① 许静、王颖、庞楠等：《文献计量法与内容分析法综合理论及应用》，河北大学出版社2014年版，第15—40页；邱均平、王曰芬等：《文献计量内容分析法》，国家图书馆出版社2008年版，第20—35页。

② 罗青兰、孙乃纪、于桂兰：《基于文献分析法的女性高层次人才职业成功影响因素》，《经济纬纬》2014年第2期。

③ 魏权龄：《评价相对有效性的DEA方法——运筹学的新领域》，中国人民大学出版社1988年版，第1—5页；魏权龄：《数据包络分析》，科学出版社2004年版，第1—3页；马占新：《数据包络分析模型与方法》，科学出版社2010年版，第4—5页。

④ 全要素生产率是指生产活动中，总产量与全部要素投入量之比。

⑤ Farrell, M. J., "The measurement of productive efficiency", *Journal of Royal Statistical Society*, Series A, General, 1957, Vol. 120, No. 3. pp. 253–281.

⑥ Leibenstein, H., "Allocative efficiency vs 'X-efficiency'", *The American Economic Review*, 1966, Vol. 56, pp. 392–415.

率测定的前提是确定生产前沿面（Production Possibility Frontier）①。

目前，生产前沿面的确定方法主要分为两种：参数估计法和非参数估计法。参数估计法主要是通过事先确定的生产函数，进行参数估计拟合出生产前沿面，然后检验参数估计的有效性的一种方法。非参数估计法则是通过现实数据，基于一定的有效性标准，估计出位于生产可能性边界上的相对有效点，进而来确定生产前沿面的方法②。因此，非参数估计确定的是相对有效性。非参数估计的优点在于它不需要预先了解投入要素和产出要素之间的关联性，也不需要确定生产函数的形式③。其中，DEA法正是这样一种非常有效的确定生产前沿面的非参数估计方法。

在国内外，DEA作为生产过程效率分析的主要工具之一，受到许多学者的重视，并得到越来越深入的发展和越来越广泛的应用④。1978年，查恩斯（Charnes A.）、库伯（Copper W. W.）和罗兹（Rhodes E.）根据一组关于决策单元投入产出的观察值，在规模报酬不变的情况下，来估计有效生产前沿面（Efficient Production Possibility Frontier，EPPF），并对其进行多目标综合效率的评价，进而提出第一个基于DEA方法的模型——CCR模型⑤。随后，班克等放松了要素投入产出的规模报酬不变假设，提出了另一个经典的DEA模型——BCC模型，DEA法在评价决策单元之间的技术相对有效性方面得以实现、发展和应用⑥。DEA法的表达式如下⑦：

---

① 生产前沿面，又称"生产前沿曲线""生产可能性边界"，是指在给定投入的情况下，决策单元所能生产的最大产品数量。
② 王金祥、吴育华：《生产前沿理论的产生及发展》，《哈尔滨商业大学学报》（自然科学版）2005年第3期。
③ 徐琼：《技术效率与前沿面理论评述》，《财经论丛》2005年第2期。
④ Cook, W. D., Seiford, L. M., "Data Envelopment Analysis (DEA) – Thirty years on", *European Journal of Operational Research*, 2009, Vol. 192. No. 1, pp. 1 – 17；宋马林、王舒鸿：《环境管制、技术进步与经济增长》，《经济研究》2013年第3期。
⑤ Charnes, A., Cooper W. W., Rhodes, E., "Measuring the efficiency of decision making units", *European Journal of Operational Research*, 1978, Vol. 2, No. 6, pp. 429 – 444；黄薇：《中国保险机构资金运用效率研究：基于资源型两阶段DEA模型》，《经济研究》2009年第8期。
⑥ Banker, R. D., Charnes, A., Cooper W. W., "Some models for estimating technical and scale inefficiencies in data envelopment analysis", *Management Science*, 1984, Vol. 30, No. 9, pp. 1078 – 1092.
⑦ 马占新：《广义数据包络分析方法》，科学出版社2012年版，第38—39页。

假设有 n 个生产单位,记为 DMU_j, $(j=1, 2, \cdots, n)$。在某一特定时间段内,其投入要素 I_j 和产出要素 O_j 向量分别为:

$$I_j = (I_{1j}, I_{2j}, \cdots, I_{mj})^T, j = (1, 2, \cdots, n) \tag{1.1}$$

$$O_j = (O_{1j}, O_{2j}, \cdots, O_{sj})^T, j = (1, 2, \cdots, n) \tag{1.2}$$

其中,m 和 s 分别代表投入和产出要素的种类。在评价第 j_0 ($1 \leqslant j_0 \leqslant n$) 生产单位的效率时,以其效率指数为目标,以所有决策单元的效率指数为约束,构成线性规划(D)模型如下①:

$$(D) \begin{cases} \min \theta = V_D \\ \text{s.t.} \sum_{j=1}^{n} I_j \lambda_j + S^- = \theta I_{j0} \\ \sum_{j=1}^{n} O_j \lambda_j + S^+ = \theta_{j0} \\ \delta \sum_{j=1}^{n} \lambda_j = \delta \\ S^- \geqslant 0, S^+ \geqslant 0, \lambda_j \geqslant 0, j = 1,2,\cdots,n \end{cases} \tag{1.3}$$

其中,θ 为生产单位的相对效率数值;S^- 为松弛变量,反映投入的冗余率;S^+ 为剩余变量,反映产出的不足率;λ_j 为组合系数;δ 取值为 0 或 1:$\delta=0$ 时,模型(D)为 CCR 模型;$\delta=1$ 时,模型(D)为 BCC 模型。该模型所确定的生产可能集为:

$$T = \left\{ (I,Q) \mid I \geqslant \sum_{j=1}^{n} I_j \lambda_j, O \leqslant \sum_{j=1}^{n} O_j \lambda_j, \delta \sum_{j=1}^{n} \lambda_j = \delta, \right.$$
$$\left. \lambda = (\lambda_1, \lambda_2, \cdots, \lambda_n \geqslant 0) \right\} \tag{1.4}$$

当 $\delta=0$ 时,T 为 CCR 模型对应的生产可能集;$\delta=1$ 时,T 为 BCC 模型对应的生产可能集。

DEA 法根据所有生产单位投入组合的效率指数,首先确定位于生产前沿面上的有效集,然后以此为"参照物",判定决策单元的相对有效性,所以用 DEA 法测量的效率反映的是被评价生产单位相对于参照单位的差距。本书拟用 DEA 法测算 2000—2014 年的全国样本县级行政单位的农地利用效率,效率之间具有纵向和横向的可比性,从而反映农

---

① 该模型为投入导向型模型。

地利用效率的时间变化和空间差异,并进一步用作模型的因变量,分析人口城镇化对农地利用效率的影响机制及区域差异。

三 固定效应模型

遗漏变量问题多数情况下是由不可观测的个体差异造成的。当不可观测的个体差异不随时间而改变时,遗漏变量的问题可通过面板数据解决。同时,面板数据可以解决时间序列分析的多重共线性问题,提供更多的个体动态行为信息,从而提高估计的精确度,进而克服单独的截面数据和时间序列数据所不能解决的问题[①]。本书基于全国1961个县级行政单位2000—2014年的面板数据,样本容量较大,信息量丰富,具有极大的数据挖掘价值。但个体异质性较强,而且个体不同期的扰动项也可能存在自相关,因此需要通过审慎的模型设定和稳健性检验来确保面板数据模型实证分析结果的可靠性。本书通过对个体回归方程设置不同的截距项,来捕捉个体的异质性,作为分析人口城镇化对农地利用效率影响的基本模型,其基本形式如下。

$$Y_{it} = X_{it}\beta + \mu_i + \varepsilon_{it} \tag{1.5}$$

其中,β为待估参数,X_{it}为第i个地区t年度的外生解释变量;μ_i为个体不可观测的随机变量,代表个体异质性;ε_{it}为随机扰动项。$\mu_i + \varepsilon_{it}$为复合扰动项。对于一般经济现象,个体异质性常常会对解释变量X_{it}产生影响,因此通常采用固定效应模型通过差分的形式将μ_i消除,来获得相对一致的估计量(陈强,2014)。在进行差分的过程中,由于对参数β的估计采用了个体的组内离差信息,因此,对模型的拟合优度而言,比较有意义的是组内R^2(Within R^2)。

因本书基于全国1961个县域2000—2014年的相关数据指标构建面板,虽然N>>T,但T跨度达到15年。因此,本书所采用的面板兼具长面板和短面板的共同属性,在进行固定效应回归之前,要对数据的单位根特征进行检验。此外,县域之间既存在不可观测的异质性,也存在一定程度的共性。因此,需要对每个县域的方程加入可以代表异质性的

---

① 陈强:《高级计量经济学及Stata应用》(第二版),高等教育出版社2014年版,第250—251页。

截距项，采用固定效应模型，通过逐步回归的方法，探索人口城镇化对农地利用效率的影响。

四 面板 Tobit 模型

计量分析模型的设定受数据类型的影响。本书作为被解释变量的农地利用效率是基于农地要素的投入和产出指标计算而得的，取值范围为 (0，1]。虽然拥有所有县级行政单位的观测值，不存在数据截断（Truncation）的情况，但被解释变量可能被压缩归并到 (0，1] 这一区间，一定程度上属归并数据（Censored data）。同时，数据取值具有连续性，因此本书选取受限因变量 Tobit 模型来作为稳健性分析的方法，检验全国范围平均意义上人口城镇化对农地利用效率影响的固定效应模型的稳定性。

Tobit 模型是 Tobin. James 于 1958 年提出的用 MLE（Maximum Likelihood Estimation）来估计被解释变量部分连续分布和部分离散分布情形的方法。设其应用到面板数据的一般回归方程如式（1.6）所示：

$$Y_{it} = Y_{it}^* = X'_{it}\beta + \mu_i + \varepsilon_{it} \quad Y_{it}^* > 0 \quad (1.6)$$

$$\varepsilon_{it} \sim N(0, \sigma^2) \quad (1.7)$$

其中，Y_{it}^* 为不可观测，i（$i=1,2,\cdots,N$）表示截面，t（$i=1,2,\cdots,T$）表示时间；β 为待估参数；μ_i 为个体不可观测的随机变量，代表个体异质性；ε_{it} 为随机扰动项。本书不存在 $Y_{it}^* \leq 0$ 时的分布被归并到 $Y_{it}=0$ 的情况。因此，Y_{it} 的概率密度函数未发生改变。在 μ_i 与解释变量相关的情况下，为固定效应模型；反之，则为随机效应模型。对于固定效应的 Tobit 模型，由于无法确定个体不可观测效应的充分估计量，因此目前还不能估计固定效应的条件最大似然估计①。对于随机效应 Tobit 模型，给定个体效应 μ_i 的情况下，可通过检验"$H_0: \sigma_\mu = 0$"来判断是否存在个体异质性。实际分析中，通常通过定义同一个体不同时期扰动项的自相关系数[如式（1.8）所示]来判定是否存在个

---

① 陈强：《高级计量经济学及 Stata 应用》（第二版），高等教育出版社 2014 年版，第 325 页。

体随机效应[1]。

$$\rho = Corr(\mu_i + \varepsilon_{it}, \mu_i + \varepsilon_{is}) = \frac{\sigma_\mu^2}{\sigma_\mu^2 + \sigma_\varepsilon^2} \tag{1.8}$$

其中，ρ 越大，表明个体效应在复合扰动项中的重要性越大，应选择随机效应 Tobit 模型；否则，则需要采用混合 Tobit 模型。混合 Tobit 模型将个体不可观测的效应并入到 x_{it} 中，其显著特性在于一方面放松了 x_{it} 严格外生性的假设，从而可以在 x_{it} 中包含一系列的条件变量，如因变量的滞后项、时间虚拟变量及其与时间变量的交互项等；另一方面允许 ε_{it} 存在序列相关[2]。然而其忽略个体不可观测效应的缺点在很多情况下并不适用于包含差异较大个体的面板数据。虽然可以通过引入面板单位虚拟变量的方法将个体效应纳入模型中，但所得到的固定效应估计量并不同于固定效应模型，存在一定的偏差。本书采用面板 Tobit 模型分析人口城镇化对农地利用效率的影响机制，作为稳健性检验的一种方法，具体模型形式需依据控制变量的选择、面板数据的相关检验进行确定。

五　中介效应分析

中介效应，最早应用于心理学研究领域，用来分析某一刺激是否通过某一过程变量影响了相关结果[3]。中介效应反映了一种内部的影响机制，即自变量通过影响中介变量的变化影响因变量的变化。因此，中介效应是自变量作用于因变量过程的重要结点。与回归分析相比，中介效应分析可以探索自变量对因变量的影响过程和影响机制，从而得到更深入的分析结果，因此在社会学领域得到了广泛的应用[4]。假设自变量为 X，因变量为 Y，如果自变量通过影响变量 M 影响了 Y，则称 M 为中介

---

[1] 陈强：《高级计量经济学及 Stata 应用》（第二版），高等教育出版社 2014 年版，第 325—327 页。

[2] ［美］伍德里奇著：《横截面与面板数据的经济计量分析》，王忠玉译，中国人民大学出版社 2007 年版，第 410、458—459 页。

[3] Judd, C. M., Kenny, D. A., "Process analysis: Estimating mediation in treatment evaluations", *Evaluation Review*, 1981, Vol. 5, pp. 602 - 619; Baron, R. M., Kenny, D. A., "The moderator - mediator variable distinction in social psychological research: Conceptual, strategic, and statistical considerations", *Journal of Personality and Social Psychology*, 1986, Vol. 51, pp. 1173 - 1182.

[4] 温忠麟、张雷、侯杰泰等：《中介效应检验程序及其应用》，《心理学报》2004 年第 5 期。

变量，如图1-5所示。对于中介效应而言，关键在于分析 a 和 b 的乘积是否显著不为0。因系数乘积一方面反映了中介效应是否存在，另一方面反映了间接效应的大小，即中介变量在自变量 X 对 Y 产生影响过程中的调节效应，因此系数乘积的检验是中介效应分析的核心。

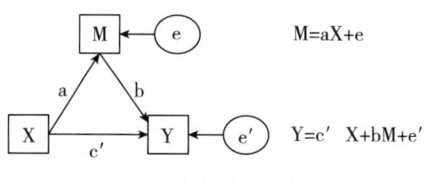

$$M = aX + e$$

$$Y = c' X + bM + e'$$

图 1-5 中介效应分析示意

随着统计学理论的发展，目前中介效应分析已经发展出十多种经典的系数乘积检验方法。这些方法中既包括直接检验法，也包括间接检验法。其中，Sobel 法（Sobel - Goodman mediation tests，Sobel）是直接针对系数乘积是否显著不为0进行检验的方法，比较适合大样本数据。本书基于人口城镇化对农地利用效率的作用机理，拟采用 Sobel 法分析相关中介变量在人口城镇化对农地利用效率影响过程中的调节作用。需要说明的是，乘积系数 ab 只是反映了调节效应的方向，其显著性也只是反映中介效应是否存在，并不表示自变量对因变量最终影响结果的方向和大小。

六 联立方程模型

经济现象是极为复杂的系统，在某些情况下，经济变量之间的关系可能是相互依存、互为因果的。这种情况下，可以通过选取工具变量用两阶段法来控制因变量对自变量的逆向影响，但工具变量法很难判断其影响的方向和大小，因此无法进一步分析因变量对自变量的逆向影响特征[1]。这种情况下比较合适的方法是用联立方程模型（Simultaneous equation systems）。联立方程模型的建立以经济理论为基础，通过给定联立方程模型的外生变量信息来对内生变量进行模拟、评价和预测，以揭

---

[1] 林伯强、刘泓汛：《对外贸易是否有利于提高能源环境效率》，《经济研究》2015年第9期。

示经济系统中各因素之间的数量关系和模型的数值特征①。

　　本书依据城乡二元经济理论考察人口城镇化对农地利用效率的影响，但从逻辑上来讲，农地利用效率的变化影响对劳动力投入的需求变化，同时农地利用效率关系到农地的投入产出情况，影响预期城乡收入差距。根据劳动力转移理论，预期收入差距是劳动力流动的主要原因。因此，农地利用效率有可能与劳动力转移存在一定程度的逆向因果关系。虽然这种逆向因果关系和人口城镇化对农地利用效率影响的正向因果关系存在显著区别，并且与一般互为因果的变量关系存在不同（后者的逆向因果关系通过一系列潜变量传导至被解释变量，需进一步验证），但通过对其的分析可以为本书进一步分析人口城镇化对农地利用效率的影响提供新的视角。

　　3SLS（three‐stage least squares）可以考虑扰动项之间的协方差。因此，当模型的扰动项存在异方差和同期相关时，3SLS是一种有效的估计方法。其基本思路是：先用2SLS估计每个回归方程，利用其计算出的参数来估计方程之间的方差和协方差，并最终利用广义最小二乘法（generalized least squares）估计最终模型的参数估计量。鉴于本书涉及的面板截面间存在较大的个体差异，时序跨度较长，本书拟选用3SLS进行联立方程模型估计，模型的具体形式将在第五章中详细阐述。由于考察人口城镇化对农地利用效率影响的逆向因果关系，可能涉及正向因果关系是否存在内生性的问题，本书也借助于联立方程模型的估计结果，检验基于固定效应模型的正向因果关系是否存在估计偏差，并在联立方程模型结果的基础上，分析人口城镇化对农地利用效率影响的动态关系。

第六节　研究概念界定

一　城镇化和人口城镇化

　　西方国家在官方文件、学术著作等相关材料中的书面用语为"ur-

---

　　① 高铁梅：《计量经济分析方法与建模——Eviews应用及实例》，清华大学出版社2009年版，第403页。

banization",指人口由农村向城市转移,使居住在城市地区的人口比例上升的过程或现象①,也包括经济社会各方面对此变化的调整过程②,中文译作"城市化"。城镇化是具有中国特色的一个专有名词,其产生背景与我国在 20 世纪 80 年代"积极发展小城镇、适当发展中等城市、严格限制大城市规模"的发展方针相适应③,更加突出了小城镇在我国农村人口转移中的战略地位。因此,在本书中,城镇化与城市化具有等同的意义,并未作详细区分。

城镇化的概念有广义和狭义之分。狭义的城镇化是指人口的城镇化,而广义的城镇化内涵则比较广泛,不同学科对其界定的侧重点也存在差异④。经济学对其的定义强调人口在转移过程中的经济结构转变和产业变迁;城市学家对其的定义则关注人口在转移过程中对城市规划、城市资源利用产生的影响;社会学家则突出人口在转移过程中带来的犯罪、留守儿童等社会问题……然而,无论从狭义上还是从广义上,不同学科对城镇化界定都有一个共同之处,即城镇化是一个农村人口转移到城市的过程。在这一过程中,人口、产业、资源利用和生活方式等经济社会方面,进行了相应的调整、产生了相应的变化⑤。本书主要关注人口城镇化。

本书所指的人口城镇化主要侧重农村人口由农村向城市转移,因此是狭义上的城镇化。而且,对农地利用而言,本地区农村劳动力的转移才更具意义。因此,本书并未采用一般意义的城镇化率,而是采用本地区农村劳动力城镇化率代表人口城镇化水平。同时,鉴于在现有的统计制度下,并没有合适的指标反映农村劳动力向城镇转移的数量,只有农村劳动力非农就业转移的数量,而且农村劳动力城镇化的数量占非农就业转移数量较大的比例,加之本书更多地关注人口城镇化的影响方向而

---

① 定义翻译自 *Oxford Advanced Learner's Dictionary*(2015)。
② O'Sullivan, A., *Urban Economics* (8*nd ed.*), New York: the McGraw-Hill/Irwin Companies, 2012, p.60.
③ 田雪原:《城镇化还是城市化》,《人口学刊》2013 年第 6 期;温铁军、温厉:《中国的"城镇化"与发展中国家城市化的教训》,《中国软科学》2007 年第 7 期。
④ 周毅:《城市化理论的发展与演变》,《城市问题》2009 年第 11 期。
⑤ 厉以宁:《中国道路与新城镇化》,商务印书馆 2012 年版,第 2 页;李铁:《新型城镇化路径选择》,中国发展出版社 2016 年版,第 5—10 页。

非实际大小，本书用农村劳动力转移率作为衡量农村人口城镇化水平的指标。在这种情况下，城市化、人口城镇化、农村劳动力转移与农村人口转移，在一定程度上具有相似的意义。

二 农地利用效率

农地，即农用地，根据《中华人民共和国土地管理法》第一章第四条规定，农用地是指直接用于农业生产的土地，包括耕地、林地、草地、农田水利用地等[①]。农地的概念亦有广义和狭义之分，广义的农地即是农用地，狭义的农地则指耕地。我国区域之间土地资源数量和结构差异较大，不同区域村集体所有的农用地资源和结构也不同。但只要是作为村集体的一员，不管主要从事什么行业，也不论土地面积、位置和种类，该农民或其所在家庭必然拥有农用地的承包经营权。因此，本书所指农地是广义的农地，即农用地。

农地利用是指人类通过特定的行为，以农地作为劳动对象或手段，利用其特性以满足自身需求的过程[②]。其本质上是人类劳动与土地结合获得物质产品和服务的经济活动过程。在这一过程中，人类与土地之间进行了物质、能量以及价值、信息的交流和转换[③]。从人类长期的生产历史来看，随着技术的进步，生产率的提高，农地利用收益符合报酬递增法则。但从一定时间内某一特定的生产过程来看，农地实物/价格形态的报酬符合递减法则[④]。这一法则是本书分析农村人口转移这一劳动力变动因素对农地利用影响的基本法则。

农地利用效率是反映农地投入和产出关系的重要变量。根据研究内容和研究尺度的不同，可以从不同角度，采用不同方法和指标对其进行定义和测度[⑤]。目前，衡量农地利用效率的方法主要有农地生产率、劳动生产率，也有研究以农地投入产出关系建立随机前沿生产函数模型进

---

① 全国人民代表大会常务委员会：《中华人民共和国土地管理法》，2004 年 8 月 28 日。
② 韦鸿：《土地利用的经济学分析》，中国农业出版社 2008 年版，第 12 页。
③ 毕宝德：《土地经济学》（第七版），中国人民大学出版社 2016 年版，第 15 页。
④ 同上书，第 65—68 页。
⑤ 李明艳：《农村劳动力转移对农地利用效率的影响研究》，博士学位论文，南京农业大学 2009 年，第 4—5 页。

行衡量①，比较广泛采用的是根据数据包络分析法测算农地利用综合效率②。这些指标的原始数据经过处理（Data cleaning），均具有空间上的横向可比性和时间上的纵向可比性。本书拟采用由 DEA 法测算的综合效率作为农地利用效率的衡量指标，分析人口城镇化对其的影响及区域差异，并据此分析农地制度的改革路径。

三 农地集约利用

土地集约利用是指在单位面积土地上，合理增加劳动、资本和技术投入，以充分挖掘土地潜力、提高土地收益、实现土地投入产出最大化的经营方式（董藩等，2010；毕宝德，2016）③。由此可知，土地集约利用是一个与利用效率密切相关的概念。二者的不同之处在于利用效率更注重利用的结果，是对投入产出比关系的衡量，而集约利用则更关注过程，强调为了达到最大产出而合理配置各种生产要素的投入。

土地集约利用在城市土地和农业土地之间有不同的内涵和路径。而且，集约性的界定具有地域性、相对性、动态性和可持续性的特征。地域性是指土地集约利用形式的空间差异性；相对性是指并不存在绝对的土地集约利用衡量标准；动态性是指其内涵与经济社会发展阶段的同步性；可持续性是指土地利用状态的永续性。此外，随着经济社会的发展和调整，土地资源的有限性和固定性，使得土地供给难以满足不同区域和时段的需求，从而决定了土地集约利用的必然性。

农地集约利用是指在单位面积土地上，集中投入种子、肥料、劳动力、机械等生产要素，使用先进的技术和管理方法，以获得较高产出的农业经营方式和行为④。对于农地而言，土地集约利用是级差地租产生

---

① 王良健、李辉：《中国耕地利用效率及其影响因素的区域差异》，《地理研究》2014 年第 11 期。
② 施昱年、张秀智、张磊：《北京市核心区土地利用效率评价研究》，知识产权出版社 2016 年版，第 6—10 页；杨俊：《农户家庭分工演进对耕地利用效率的影响研究》，经济科学出版社 2014 年版，第 20—21 页。
③ 董藩、徐青、刘德英等：《土地经济学》，北京师范大学出版社 2010 年版，第 107 页；毕宝德：《土地经济学》（第七版），中国人民大学出版社 2016 年版，第 62 页。
④ 董藩、徐青、刘德英等：《土地经济学》，北京师范大学出版社 2010 年版，第 112 页。

的原因。根据马克思的地租理论，在同一块土地上连续追加等量投资，各个连续等量投资生产率的差异产生的超额利润将转化为级差地租Ⅱ。因此，集约利用对于提高农地利用效率，优化农地投入产出关系，增加农业产出具有非常重要的意义。对农地利用效率的研究也多从土地集约利用的视角进行，本书探讨农村人口城镇化对农地利用效率影响的相关分析，农地集约利用的相关研究既是本书的支撑，也是本书分析的重要内容。

四 城镇化动力

动力这一概念有着双重内涵。从物理学的角度来讲，动力是推动机械运动做功的作用力。从经济学、社会学、管理学等的角度，动力则泛指推动组织、个体、事件前进和发展的力量。城镇化动力是指推动城镇化进程发生和发展所必需的作用力。城镇化动力是一个系统机制，是由其产生机理以及维持和改善这种机理的各种经济关系、组织制度和管理体制所构成的复杂作用力的综合[①]。这种综合中，既包括内部因素的作用力，也包括外部因素的作用力。其形成的合力，推动城镇化进程的发生和发展[②]。

我国处于经济新常态背景下和加速发展阶段中的城镇化进程，既具有以农业人口非农就业转移和农村人口向城镇流动为主要特征的一般性，又具有城乡二元土地、户籍、社保等各种制度关系复杂作用力下的特殊性[③]。二者共同决定了中国城镇化动力因素的多元性、多层次性、多阶段性和地域性。鉴于城镇化动力因素的复杂性以及综合研究的困难性，本书主要从农地利用效率的视角，分析农地利用对农村人口转移的内在作用力，关注农村人口自身的城镇化需求，并从农地利用制度改革的视角研究推动城镇化进程科学发展的动力。

---

① 张泰城、张小青：《中部地区城镇化的动力机制及路径选择研究》，《经济问题》2007年第2期。
② 周达、沈建芬：《农村城镇化动力结构的统计研究》，《统计研究》2004年第2期；季小妹、武红智：《我国新型城镇化动力机制研究进展》，《城市规划》2015年第10期。
③ 唐蜜、肖磊：《欠发达地区人口大县城镇化动力机制分析》，《农业经济问题》2014年第8期。

五 农地制度

土地制度是国家经济和社会制度的重要组成部分[①],其概念有广义和狭义之分。广义的土地制度指的是土地所有制、土地使用制、土地管理制以及土地利用技术等一切有关土地制度的综合。狭义的土地制度仅指土地所有、使用以及管理的土地经济制度及相应的土地法权制度[②]。土地制度决定了土地这一重要生产要素的配置和使用,使其资源和资产的属性得以显现。因此,土地制度是国家经济社会发展的基本制度。土地制度的这一重要性地位,也决定了其需要不断地调整和改革,以与经济社会发展的阶段相适应,并在一定条件下成为推动经济社会发展的动力。

农地制度,即农用地相关制度,其概念相应的也有广义和狭义之分。在我国,农地制度中的所有制比较明晰和固定,而使用制度、管理制度等处于相对的动态变换和发展之中。尤其是随着我国经济社会发展迈入新常态新阶段,对农地使用和管理制度供给侧改革的需求越来越强烈。因此本书所指的农地制度,主要是指农地的使用制度和管理制度,是一个介于广义和狭义之间的概念范畴。本书拟基于农村人口转移与农地利用效率关系及其区域差异分析的相关结论,结合我国当前大力推行的农地三权分置和规模经营等制度改革,探讨农地使用和管理制度供给侧结构改革的路径。

第七节 研究思路与框架

本书的研究思路与框架如图1-6所示:

[①] 黄贤金、陈志刚、钟太洋等:《土地制度与政策研究导引》,南京大学出版社2016年版,第3—6页。

[②] 董藩、徐青、刘德英等:《土地经济学》,北京师范大学出版社2010年版,第215页;毕宝德:《土地经济学》(第七版),中国人民大学出版社2016年版,第109页。

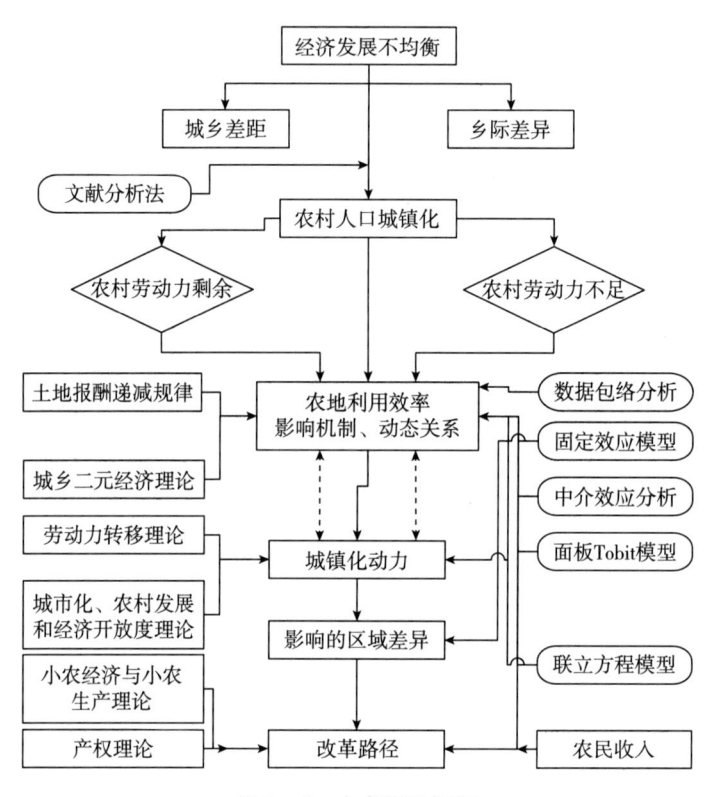

图 1-6　本书研究框架

第二章 研究动态与文献综述

第一节 国外城市化进程与农地利用关系分析

一 英国人口城市化进程与农地利用关系分析

英国是世界上第一个相对同步实现工业化和城市化的国家,在这一过程中,农地制度变革和农业现代化发挥了非常重要的作用[①]。英国工业化开始于18世纪60年代以分工、机器和蒸汽动力为三大推动力的第一次工业革命时期,到19世纪30年代初步完成。受圈地运动和农业革命的影响,以农村人口大规模转移为主要特征的城市化先于工业化开始,滞后于工业化完成[②]。作为世界上第一个进行工业革命,并且比较成功地实现工业化和农村劳动力转移的国家,其人口城市化进程与农地利用的关系具有重要的启示意义和十分典型的特征。

对英国人口城市化与农地利用关系的梳理,要从英国的圈地运动和农业革命开始。圈地运动(Enclosure)的本质是清理公地和荒地上的土地公共产权,使土地所有者或者承租者成为该土地上唯一的排他使

---

① 文礼朋:《近现代英国农业资本主义的兴衰》,中央编译出版社2013年版,第225—233页。

② Allen, R. C., "The efficiency and distributional consequences of eighteen century Enclosure", *Economic Journal*, 1982, Vol. 48, No. 1, pp. 117 – 125; Allen, R. C., "Tracking the Agricultural Revolution in England", *The Economic History Review*, 1999, Vol. 52, No. 2, pp. 209 – 235; Overton, M., *Agricultural Revolution in England*: *The transformation of Agrarian Economy*: 1500 – 1850; Cambridge: Cambridge University Press, 1996, pp. 160 – 161, 177.

用人，从而形成私有产权①。因此，圈地运动事实上在主流文献记载的时间之前就一直存在于英国农业社会，而且累计规模非常可观②。在主流文献中，英国的圈地运动起始于16世纪，当时英国处于都铎王朝统治之下③。起初，社会各界反对这种将农民及其土地这一重要生产资料强制分离的行为，所以当时仅约有2%的国土面积土地被圈占④。到了17世纪，社会舆论发生了重大转变，对圈地的反对声音随着农地资产特征的显现日益变小。这一时期，圈地主要以农民之间进行土地置换、合并以及垦荒的形式进行，相对比较温和。然而这一阶段，圈地的规模却得到极大的扩张，约24%的国土面积土地被圈占⑤。在这一时期中，圈地运动使土地规模经济初显，土地经营者可以自主确定经营形式，自耕农⑥阶层兴起，农地利用效率有显著的提高⑦。但这一时期，工业革命还未开始，农业革命还处于起步阶段，农地改良方式主要以劳动密集型投入为主。因此，尽管很多农民被剥夺了土地，沦为佃农，但农村并没有产生剩余劳动力，也未对城市化进程产生影响。

到17世纪末，圈地运动得到了政府立法的支持，使得该项土地占有和集中的运动得以持续到19世纪末，伴随着英国整个城市化进程，如图2-2所示。需要强调的是，圈地运动是需要修建交通、水利设施

---

① 马克垚：《英国封建社会研究》，北京大学出版社1993年版，第219页；文礼朋：《近现代英国农业资本主义的兴衰》，中央编译出版社2013年版，第88页；石强：《英国圈地运动研究：15—19世纪》，中国社会科学出版社2016年版，第1—8页。

② Wordie, J. R., "The chronogy of English Enclosure：1500－1914", *The Economic History Review*, 1983, Vol. 36, No. 4, pp. 483－505；Britnell, R. H., *Britain and Ireland* 1050－1530：*Economy and Society*, Oxford：Oxford University Press, 2004, pp. 121－136.

③ 都铎王朝（1485—1603年）。

④ Wordie, J. R., "The chronogy of English Enclosure：1500－1914", *The Economic History Review*, 1983, Vol. 36, No. 4, pp. 483－505.

⑤ Mingay, G. E., *Parliamentary Enclosure in England：An introduction to its causes, incidence, and impact*, London：Longman, 1998, pp. 1750－1850.

⑥ 17世纪，英国农民占有土地的方式主要包括自由持有和租佃持有，以前一种形式持有的农民为自耕农和地主，以后一种形式持有的农民为佃农。自耕农主要经营家庭农场，也有承租土地，兼具自耕农和佃农的。

⑦ Allen, R. C., *Enclosure and the Yeoman：The agricultural development of the South Midland*, Oxford：Oxford University Press, 1992, pp. 67－69.

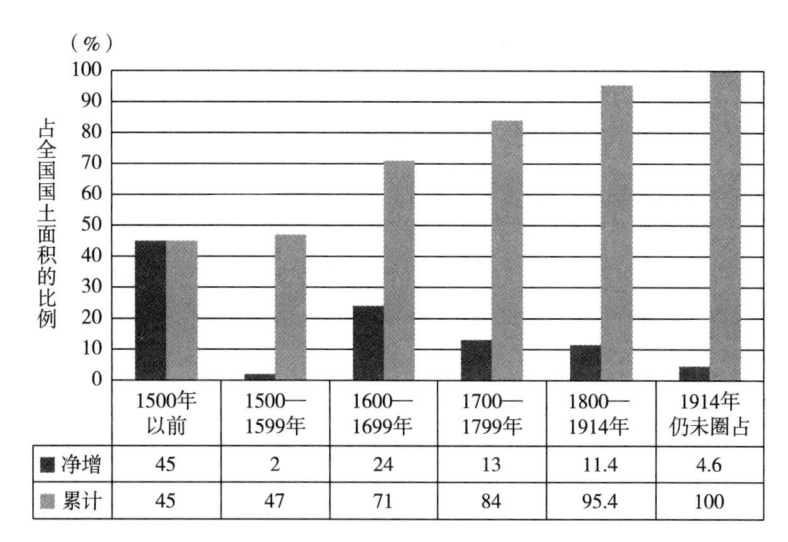

图 2-1 英国圈地运动进程

	1500年以前	1500—1599年	1600—1699年	1700—1799年	1800—1914年	1914年仍未圈占
净增	45	2	24	13	11.4	4.6
累计	45	47	71	84	95.4	100

资料来源：根据 Wordie（1983），Minay（1998）的研究整理得到。

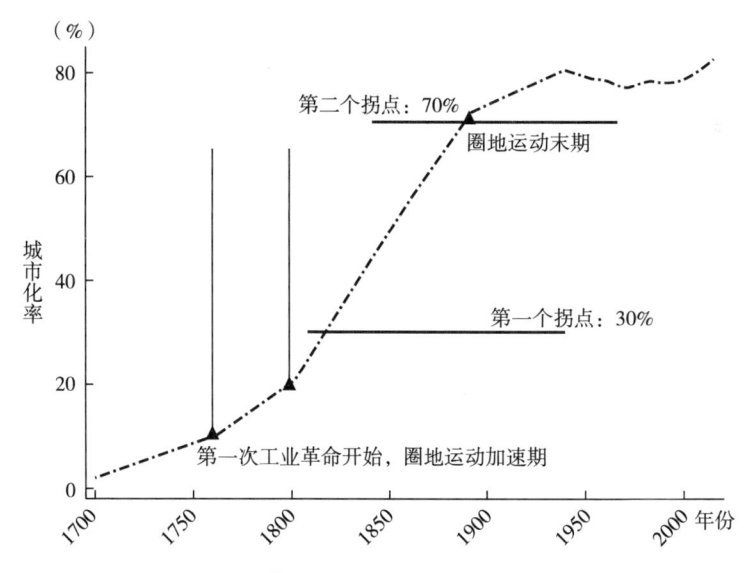

图 2-2 英国城市化进程与圈地运动关系

资料来源：根据世界发展指数数据库①数据整理得到。

---

① 世界发展指数数据库（World Development Indicators，WDI），是包含全球264个国家经济社会发展各方面基本数据的权威数据库，该数据库截至2016年12月31日共收录1452种发展指数。

等成本投入的,加上当时农业技术更新较慢,圈地运动早期的规模经济不可持续,甚至出现土地综合产出下降的现象①。18世纪初,英国国会开始圈地,圈地运动变成一种政府行为。此时,英国货币利率大幅下降,使得土地资本投入的成本大大降低,加上其低廉的农村劳动力投入成本,圈地运动变为一项土地收益率特别高的行为,进程大大加快②。同时,农业生产结构从原来精耕细作的种植业向畜牧业和种植业相结合的方向调整,使得农地对劳动力的需求大大降低,出现很多农村剩余劳动力,加上圈地运动的快速推动,很多缺乏土地生产资料的农民(主要是佃农)为了谋生被迫流向城市,英国的城市化进程此时进入起步期。此时工业革命尚未开始,从图2-2可以看到,该阶段的城市化进程处于一个较快的增长期。彼时的英国并不存在我国城乡分离的二元户籍制度,对农民向城市的迁移并无限制。因此,我们可以得出,在农村存在剩余劳动力的情况下,如果不存在户籍等迁移的限制,即使不存在工业化,农地利用改革也会推动城市化进程的加速,而且农村劳动力的转移对农地利用效率影响较小。

18世纪60年代,第一次工业革命开始以后,一方面工业的发展开始吸纳农村剩余劳动力,另一方面工业革命生产的农业机械和肥料、灌溉设施等农业生产资料,极大地提高了劳动生产率/土地生产率,从而吸引更多的人口转移到城市。工业化、城市化和农业现代化逐步走上协调发展的良性循环道路。工业革命前,对圈地运动的大力投资,在随后的时间中得到了丰厚的回报。农地产量大幅增加,并有力地支撑了之后快速的城市化和工业化③。从英国的初期城市化进程来看,农业技术革命和圈地运动(农地改革)虽然没有直接的联系,但圈地运动有利于

---

① Overton, M., *Agricultural Revolution in England: The transformation of Agrarian Economy: 1500 – 1850*, Cambridge: Cambridge University Press, 1996, p. 177.

② Clark, G., "The cost of capital and Medieval agricultural technique", *Explorations in Economic History*, 1988, Vol. 25, No. 2, pp. 265 – 294; Clark, G., "Commons sense: Common property rights, efficiency, and industrial change", *The Journal of Economic History*, 1998, Vol. 58, No. 1, pp. 73 – 102.

③ Turner, M. E., *Farm production in England: 1700 – 1914*, Oxford: Oxford University Press, 2001, p. 214; Glaeser, E. R., "A world of cities: The causes and consequences of urbanization in poor countries", *Journal of European Economic Association*, 2014, Vol. 12, No. 5, pp. 1154 – 1199.

农业新技术的推广和应用这一论点却得到充分的证明。虽然短期的效益不高，但因其投资作用的长期性，其长期收益却很高①。在农业技术变化日新月异，劳动力价格日益增长的时代，这对我国目前大力推行的土地整理工作、农地三权分置和促进土地规模经营的改革具有重要的启示意义。在这一阶段，英国农地利用效率得到较大的提升，农场规模也得到极大地扩张，从18世纪初平均的65英亩②上升到18世纪末的145英亩③。而且，农村劳动力虽然是因失去土地被动转移到城市，但仍属于剩余阶段，其转移并未对农地利用效率产生影响，反而推动了英国工业革命的发展和经济的腾飞。

随着英国工业革命的深入发展，非剩余农村劳动力在工农业部门工资差距的吸引下，也产生了城市化转移的动力。加上19世纪英国殖民运动高涨，进一步加速了农村人口的转移。在这一过程中，农地规模、农场经营管理模式不断调整，农业技术也逐步提高，以适应农村劳动力转移的变化。到19世纪中叶，逐步形成了以雇用劳动为基础，地主—农业资本家—农业工人三级层次的雇用型大农场的经营模式和结构，如表2-1所示。同时，随着19世纪70年代第二次工业革命的发展，农产品贸易市场的开拓，农业生产的市场化趋势愈加显著，进一步促进了农业资本投资和大农场的发展。雇用型大农场也因其具有相对的规模经济、技术创新、市场交易优势，暂时取代了传统的家庭农场，成为英国农地经营的基本模式④。整个19世纪是英国城市化的加速期，以农村劳动力非农就业转移和农民向城市流动为主要特征的城市化，伴随着农地利用效率的提高。农村劳动力，作为农地利用重要的投入要素，其转移在这一城市化加速期并没有对农地利用产生负向影响，反而在一定程度上产生了正向的影响。

---

① Turner, M. E., "Agricultural productivity in England in the eighteenth century: Evidence from crop yields", *The Economic History Review*, 1984, Vol. 37, No. 2, pp. 252–257.
② 1英亩＝0.4047公顷。
③ Allen, R. C., *Enclosure and the Yeoman: The agricultural development of the South Midland*, Oxford: Oxford University Press, 1992, pp. 73–74.
④ ［德］考茨基著：《土地问题》（上卷），岑纪译，商务印书馆1936年版，第131—151页。

表 2-1　　19 世纪中叶英国雇用型大农场农业劳动力构成

劳动力类型	农场主	农场主家庭/亲属	雇用工人	其他人员	总计
占总数的百分比	14.6	6.4	74.4	4.6	100.0

资料来源：根据 Grigg (1966)[①] 研究整理得到。

19 世纪末期，随着第二次工业革命对农村劳动力吸纳能力减弱，英国的城市化进程逐步放缓，但在第三产业的推动下，仍经历了一段时期的增长，直到 20 世纪中叶趋向稳定。19 世纪 60 年代，虽然出现了短暂的小规模逆城市化（de-urbanization）现象，但与农业吸引无关，城市化水平整体上在 80% 的水平浮动。此外，19 世纪末期，英国农地经营发生了令人深思的转变，雇用型农场制度衰落了，家庭农场又重返历史舞台，成为主要的农地经营方式。很多学者对此现象进行了研究，比较有名的是以恰亚诺夫（Chayanov A.）、斯科特（Scott J.）为代表的实体主义学派，以及以舒尔茨（Schurz T. W.）为代表的形式主义学派的相关理论[②]。实体主义学派认为家庭式农场可以在农地利用利润很低的情况下，依靠更多的劳动投入意愿、较低的劳动报酬可承受水平来维持农场的生存[③]。而形式主义学派认为家庭式经营农场中农民是理性经济人，并且因为规模适度，经营灵活，具备能力应对市场变化和竞争[④]。国内学者也结合雇用型大农场的历史背景进行了相关探讨，如谢玉军、文礼朋、孙柳等[⑤]，归纳起来主要观点有：①城市化后期，农村廉价劳动力资源的枯竭，使雇用型大农场农地劳动投入成本上升；②国际贸易的发展，使得与别国相比不具有生产优势的粮食价格下降，精耕

---

① Grigg, D., "The geography of farm size: A preliminary survey", *Economic Geography*, 1966, Vol. 42, No. 3, pp. 205–235.

② Lehmann, D., "Two paths of agrarian capitalism, or a critique of Chayanovian Marxism", *Comparative Studies in Society and History*, 1986, Vol. 28, No. 4, pp. 601–627.

③ ［俄］恰亚诺夫著：《农民经济组织》，萧正洪译，中央编译出版社 1996 年版，第 257—265 页。

④ Popkin, S., *The Rational Peasant: The Political Economy of Rural Society in Vietnam*, Los Angeles: University of California Press, 1979, pp. 21–30.

⑤ 谢玉军：《论英国现代农业生产关系的主要变化》，《生产力研究》2005 年第 10 期；文礼朋：《近现代英国农业资本主义的兴衰》，中央编译出版社 2013 年版，第 11—16 页；孙柳：《19 世纪中叶英国农场发展状况及其原因》，《长江大学学报》（社会科学版）2014 年第 4 期。

细作型农业兴起,使雇用型大农场劳动监督成本上升,大规模生产优势减弱;③农业机械技术小型化,雇用型大农场农业机械规模经济降低;④农业科研技术服务站、农业合作社运动的兴起,这些方面均增强了家庭型农场的相对优势。

从英国城市化进程与农地利用关系的梳理与分析,可以看出:①英国的农地利用影响了农村人口城市化,尤其是在第一次工业革命之前,圈地运动和农业革命造成农村人口的被动转移,推动了城市化进程的起步;②人口城市化也影响了农地利用,尤其是在工业革命和产业结构调整的推动下,第二、第三产业对农村劳动力的吸引,促进了农地的规模经营和劳动替代要素(机械、肥料、农药等)的投入,提高了农地利用效率;③城市化与工业化之间并不一定存在必然的联系,只要农村存在大量剩余劳动力,在迁徙自由的情况下城市化就可能发生;④农村劳动力的转移需与农业技术的改进与推广、农地利用改革(经营方式、规模等)相适应,农地利用的效率才有提升的可能性;⑤由于农业生产方式的特殊性,农业生产在时空上的广泛分离使得分工合作的劳动必要性大大降低,雇用型、租赁型大农场虽具有资金和技术优势,但并不一定比家庭农场更具优越性和竞争性。总之,英国的城市化经历了一个相当长的时期(18世纪初至20世纪初),并且是随着农业部门实现现代化、机械化和农地利用效率的提高而实现的。以上这些启示,对本书分析我国农村人口转移与农地利用效率的关系,以及农村人口迁移动力和农地制度改革路径,具有非常重要的借鉴意义。

二 美国人口城市化进程与农地利用关系分析

美国的城市化进程滞后于英国(19世纪中叶至20世纪中叶),但在城市化进程和农地利用关系方面却表现出相同的趋势,即城市化进程的推进伴随着农业的发展,农业现代化支撑了美国的工业化和城市化进程的发展,工业化和城市化进程的发展又进一步推动了美国农业现代化[①]。

---

① 杨万江:《工业化城市化进程中的农业农村发展》,科学出版社2010年版,第20页;Glaeser, E. R., "A world of cities: The causes and consequences of urbanization in poor countries", *Journal of European Economic Association*, 2014, Vol. 12, No. 5, pp. 1154–1199.

不过，作为一个重要的经济社会现象，美国城市化进程在政治历史背景、土地资源禀赋、人口迁移特征、人地关系等方面与英国有不同之处，具有其独特的城市化进程和农地利用制度特征。作为当今世界第一大经济体[①]，美国顺利实现城市化和农地利用协调发展与同步转型的历史进程和经验教训，对我国推动城镇化进程的持续健康发展和农地的合理利用，亦具有重要的启示意义。

美国的城市化进程在独立革命战争（1776—1783年）前经过了很长一段时间的酝酿期。在这段时期，人口迁移的路径多种多样，既有城乡间的双向流动，也有移民进入的单向流动。此时，美国是一个以农业为主的英国殖民地，现代资产阶级的因素尚在孕育，第一次工业革命的影响较小，城市的职能主要是农产品及货物交易或贸易的集散地，农地大部分还处于待开发的状态。因此，城市处于弱势阶段，并无吸纳农业人口或移民的能力；同时，农村也需要大量的劳动力去开拓[②]。而此时，英国正在经历大规模的圈地运动，一部分被迫离开土地的农民和第一次工业革命推动下产生的农村剩余劳动力，来到美国大陆之后更倾向于流入农村，去开垦和占有农地。同时期英国城市化进程中的"城市吸力"和"农村推力"在美国大陆上正好是反向的，变成了"城市推力"和"农村吸力"。从这一角度来讲，农地利用反而是此阶段城市化进程的"阻力"。

美国独立革命战争胜利后至南北战争期间，是其领土大规模向西扩张期，也是城市化进程的起步期。城市化率从最初的3%上升到1960年的19.8%。在此期间，联邦政府颁布了一系列的土地改革法令，确立了影响深远的土地出售、分配制度，如表2-2所示，一定程度上实现了土地和生产者的良好结合。然而，成功的土地改革总是同资本、农

---

① 从名义GDP来看，美国自19世纪70年代超越英国，成为世界第一大经济体，并一直保持第一的位置至今。此外，2014年国际货币基金组织（International Monetary Fund, IMF）按照购买力平价（Purchasing Power Parity）的标准，评定中国从2014年成为世界第一大经济体（参阅Transcript of the IMF Managing Director Press Conference, Washington, D. C. October 09, 2014）。这里，仍按照名义GDP这一比较普通采用的标准来界定经济体的排序。

② 李剑鸣：《美国的奠基时代：1585—1775》，中国人民大学出版社2011年版，第99—134页。

表 2-2　　独立战争至南北战争期间美国主要土地法令

年份	法令	主要内容	主要影响
1785	《土地法令》	土地测量、分区、公开拍卖规则的确定；土地出售底价 1 美元/英亩，最低出售面积 640 英亩	第一部土地出售法令，奠定了美国土地出售的基本政策
1787	《西北法令》	禁止限定继承法和长子继承法	第一次在政治上确定了西部土地的开发原则
1796	《土地法令（二）》	土地出售底价提升至 2 美元/英亩，最低出售面积缩减至 480 英亩；区、乡不再整区联合出售；土地购买者可以得到少量信贷	第二部土地法令，是对 1785 年土地法令的修正
1800	《哈里森土地法》	降低土地最低出售面积至 320 英亩，保留土地出售底价 2 美元/英亩；允许给予土地购买者 4 年信贷	进一步刺激了土地标卖，信贷政策的建立
1820	《土地法》	停止一切土地信贷；削减土地出售底价至 1.25 美元/英亩，最低出售面积为 80 英亩	抑制土地投机
1841	《先购授权法》	允许农场主对已垦殖土地的优先购买权，可不通过拍卖手续实现所有权；土地出售收入在联邦和州政府之间的分配原则	保护了农场主土地所有权，刺激了西部土地开发
1854	《地价递减法》	公开出售土地在一定时期内未售出，土地价格实行逐阶段减价方法重新定价出售	促进了宅地法的颁布
1862	《宅地法》	凡美国户主或年满 21 岁公民，未参加过反对美国战争者，均可在缴纳 10 美元登记费后，无偿获取 160 英亩的土地	影响深远的一部土地法令，小农阶级获得了土地，奠定了美国现代家庭农场的基础

资料来源：笔者整理。

业科学和技术的根本改变相联系的[①]。在美国政治稳定之后，移民带来的技术与耕作方法与当地的农业生产方式相结合，使其农业生产综

---

① Schlebeker, J. T., *Whereby We Thrive: A History of American Farming* (1607–1972), Ames of Iowa: The Iowa University Press, 1975, pp. 73–74.

合了非洲田园化和欧洲农场化经营的特点,生产效率大大提高。同时,美国国内外航运、铁路运输的发展,进一步增强了美国农产品的竞争优势。欧洲市场,尤其是对航运有强大控制力的英国,正处于快速城市化阶段,对农产品的需求大大增加。欧洲市场的需求调动了美国农场主生产的积极性,塑造了美国初期的农业生产格局。此外,1840年以后,翻耕播种联合机、联合收割机、脱粒机等大规模投入农业生产,在与土地规模经营相结合的条件下,极大地提高了美国农业生产率。美国商业性农业逐渐形成,并拉动了食品加工、纺织、钢铁等相关工业市场的起步与发展,从而推动了城市化进程的起步。在这一时期,由于城市化伴随着移民和农业人口的同步流入,农村劳动力流入城市对农地利用的影响并不明显。另外,需要强调的是,这一时期美国领土大规模扩张,人均土地资源较多,人口流动的趋势是西部开发。农村并不存在一般意义上的农村剩余劳动力。农业和工业生产大量的廉价劳动力主要来自移民、奴隶和人口自然增长[1]。总之,该阶段城市化表现出对农地利用的依赖特征,农村人口迁移对农地利用的影响由于规模较小,并不显著。

南北战争结束之后,美国的城市化进程进入加速期,如图2-3所示,至20世纪中叶城市化率达到70%之后开始稳定。稳定的政治环境,丰富的经济机会和自由民主的文化,吸引着世界各国的年轻劳动力,尤其是饱受战乱、政治分裂等状态的欧洲移民[2]。这段时期,美国农村和城市人口都有显著的增加,但城市人口增长的绝对规模超过了农村,城市化进入发展的黄金期[3]。此外,美国工业化、农业现代化也和城市化相互促进,共同支撑美国的现代化进程[4]。工业化和城市化一方

---

[1] 至1920年,美国开始正式统计移民数据。

[2] Robert, W. K., Mary, G. K., *People and Politics in Urban America*, New York: Garland Publishing, Inc., 1999, p. 29; 刘敏:《19世纪美国城市人口增长模式初探》,《四川大学学报》(哲学社会科学版) 2013年第1期。

[3] 依据Population Division, Census Bureau of United States的统计资料"Selected Historical Decennial Census Population and Housing Counts, Urban and Rural Populations 1790 – 1990", 19世纪80年代,城市人口约增长了800万,农村人口约增长480万。

[4] Rodefeld, R. D., *Changes in Rural America: Causes, Consequences and Alternatives*, Missouri: C. V. Mosby Company, 1978, p. 2.

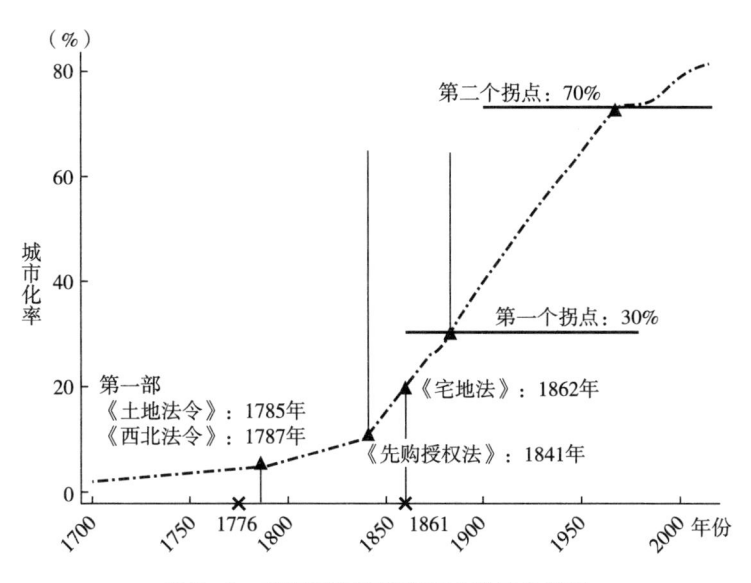

图 2-3 美国城市化进程与土地法令关系

资料来源：根据世界发展指数数据库数据整理得到。

面吸纳农村劳动力和移民，为农业生产提供投入的材料、机械、肥料和技术；另一方面其大规模兴起和发展又产生大量的农产品需求用于城市人口的消费和工业出口[①]。农业现代化作为工业化的组成部分，其变革产生了工业化和城市化的条件，而提供的农产品又进一步支撑了工业化和城市化。因此，农业现代化既是美国城市化的动力，也是其助力。这段时期，美国的农地获得方式由原来的售卖转变为多元化分配的制度，形成了农地占有的基本格局。家庭农场在美国农地经营中占由重要的地位，是农业生产的基本组成单位。至 1945 年，农地约 85% 由个人以家庭农场的方式占有，如表 2-3 所示。农场的平均规模也由 1910 年的 138.13 英亩，扩大至 1945 年的 199.96 英亩[②]。农场规模的调整，是对城市化进程中农村劳动力要素减少的适应，与该调整相关的还有农业机械化水平、技术及其他替代要素。工业化的发展为大型农业机械、化肥

---

① 刘自强：《1865—1914 年农业现代化对美国城市化进程的历史影响》，《宁夏社会科学》2007 年第 6 期。

② Schlebeker, J. T., *Whereby We Thrive: A History of American Farming* (1607–1972), Ames of Iowa: The Iowa University Press, 1975, p. 217.

与种子技术在农业生产中的广泛应用提供了基础。据统计,美国农场平均机械与设备市场价值为 6.66 万美元,为世界最高水平;农场生产的专业化程度也较高:棉花达到 80% 以上、蔬菜达到 88% 以上、大田作物达到 82% 以上。此外,美国联邦政府通过加大农业灌溉设施、改善农业运输条件,创办农学院和建立农业试验站,推动农业科研和技术的提升和推广应用,使其农业技术进步对农业增长的贡献率达到 80%,也使其农产品具有较强的国际竞争力。所以,农业人口的减少并没有对农地利用效率产生负面影响。现实情况是只有提高农地生产率,同时减少农业的从业人员数,农场工作者的收入才能逐步提高,即农业人口的减少成为提高农民收入的重要手段[1]。

表 2-3　　1945 年美国及其区域农场主土地所有权形式比例　　单位:%

地区	所有权形式			
	个人	合营	公有	其他
东北部	96.3	2.9	0.3	0.5
中北部	94	2.1	2.7	1.2
南部	88.5	7.4	2.3	1.8
西部	69.1	8.1	11.7	11.1
美国	85.4	5.6	4.9	4.1

资料来源:根据罗得菲尔德等(1983)[2]整理得到。

19 世纪 70 年代,与英国同时期的城市化进程类似,美国也出现了短期的小规模的"逆城市化"现象。在城市化进程中,城市是工厂的集聚地,是工业革命的载体,吸引农村人口的流入。然而,城市土地价格的上升、环境的恶化,高铁和高速公路的建设等使很多工厂迁移至城市郊区和乡镇,也使得从郊区和乡镇到城市的通勤成本降低,从而带动人口流动出现"逆城市化"的现象。但这种"逆城市化"并不是以农业人口非农就业转移和向城市流动为主要特征的"城市化"的对立面,

---

[1] [美]美国科学院著:《美国农业生产效率》,徐绪堃等译,中国农业出版社 1981 年版,第 23—24 页。

[2] [美]罗得菲尔德等著:《美国的农业与农村》,安子平等译,中国农业出版社 1983 年版,第 187 页。

而是仅包括城市人口由城市向郊区和乡镇的流动,并不包括城市人口由非农就业向农业方向的规模转移。这种"逆城市化"给美国农地利用带来了直接或间接的综合影响。不同于英国"逆城市化"主要发生在城市郊区,美国的"逆城市化"还发生在乡镇,而乡镇在农民可接受的通勤范围内①。乡镇工业的发展使农村人口非农兼业的机会增加,一方面使农民缩短了对农地的投入时间;另一方面非农业收入成为部分农民的主要收入②,又使农民有更多的资本投入到农地改良以及农业现代化生产上。这些直接或间接影响最终的结果取决于绝对投入弹性,进一步地则取决于农地投入要素之间的替代关系和规模变化对投入需求的影响③。这种"逆城市化"持续的时间相对较短,20世纪末期国际原油价格的上升使得通勤成本提升,加上城市中心金融和信息产业的兴起,迁移到郊区的城市从业人员又有迁回城市中心的趋势,城市化率进一步提升。2015年,美国城市化率达到81.6%④。

从人口迁移的角度来讲,美国的城市化进程表现出独有的特征。伴随着领土扩张的城市化,其城市人口的主要来源并非农村剩余劳动力,移民在其中扮演了重要角色,成为美国廉价劳动力这一"人口红利"的重要来源。农村劳动力转移在城市化与农地利用关系中的角色,相对于英国及其他西方国家,要弱小和单一。通观美国城市化进程与农地利用的关系,我们可以看出:①农业发展推动了美国城市化进程的起步。综合了非洲田园化和欧洲农场化双重优势的农业,其发展和繁荣带动了食品加工、纺织等相关工业的发展,进而推动了城市化进程的起步。②内外部需求因素的共同作用、农业现代化技术的应用、交通运输系统和技术的完善发展,推动了美国农业的繁荣。欧洲市场以及国内城市化

---

① Huffman, M., "Agricultural household models: Survey and critique" in Lass, D. A., Findeis, L. J., Halberg, M. C. *Multiple Job Holding among Farm Families*, Ames of Iowa: Iowa State University Press, 1991, pp. 239 – 249; Lass, D. A., Findeis, L. J., Halberg, M. C. "Factors affecting the supply of farm labor: A review of empirical evidence" in Lass, D. A., Findeis, L. J., Halberg, M. C. *Multiple Job Holding among Farm Families* (1607 – 1972), Ames of Iowa: Iowa State University Press, 1991, pp. 249 – 262.

② 20世纪70年代,约有65%的农户,其非农业收入要高于农业收入。

③ Chambers, R. G., *Applied Production Analysis*, Cambridge: Cambridge University Press, 1988, pp. 30 – 45.

④ 资料来源:世界发展指数数据库(WDI)。

对美国农产品的巨大需求，决定了其农业发展的格局。在农业机械化、规模化、现代化的推动下，农地生产率大幅度提高，农产品产量大规模增加。改善的交通运输系统和技术，使农产品可以在更广的空间上、更长的时间内进行贸易和交易。③同英国相似，农业现代化支撑了美国的工业化和城市化，工业化和城市化又带动了农业现代化。农业现代化、工业化与城市化在经济发展的过程中形成了良性互动。④城市化进程与农村剩余劳动力转移可以具有较弱的相关性。在不存在农村剩余劳动力的情况下，城市化进程可能快速推进。美国城市化加速期与领土扩张期重合阶段，土地垦殖和拓荒的需求，使得农村几乎不存在绝对剩余劳动力，反而存在对农村劳动力的大规模需求。而移民在推动城市化和农地开发同步发展的过程中，则发挥了农村剩余劳动力的作用。⑤美国农村人口的迁移，几乎不受土地的束缚。因此，农村人口的转移在很大程度上具有单向性，不同于中国农民转移在农村和城市之间的双栖性。美国农场生产、农业现代化在城市化进程中不停地调整，以适应农村人口的单向迁移所带来的负向影响。在"逆城市化"中，乡镇工业的发展，使农村人口兼业机会增加，对农地的影响变得复杂。这与我国农民城镇化迁移双栖性特征产生的对农地利用影响的复杂性，具有相似之处。可以得出，美国城市化进程和农地利用关系对本书探讨农村人口迁移对农地利用效率影响的区域差异具有重要的启示性，其发展乡镇工业的做法也为本书探索农地改革的有效路径提供了可靠的经验借鉴。

三　日本人口城市化进程与农地利用关系分析

日本的城市化进程晚于英国和美国，始于明治维新之后①，是后起资本主义国家。不同于英美国家基于商业经济充分发展的工业化和城市化进程，日本则是通过自上而下的政治改革来推动的。作为亚洲第一个实现工业化、城市化和农业现代化及其协调发展的国家，其在社会文化、农地传统经营方式方面与我国有着历史渊源，在人地关系方面也有

---

① 明治维新始于1968年（19世纪60—90年代），是一场在西方资本主义工业化冲击下而进行的自上而下的现代化和资本化改革运动，是日本近代史的开端，具有重要的经济社会意义。

很多相似之处。因此，其城市化进程与农地利用关系对我国有更重要的借鉴意义。在日本历经一个世纪所面对的问题，可能在我国具有重叠性与压缩性，更加综合和复杂，需要我们以更加智慧和科学的方式来解决。而且，不同于英国和美国农业现代化进程中雇用型和家庭农场式的发展，日本主要是在"小农经营"①体制下完成其农业现代化的，并通过这种体制支撑了其工业化和城市化进程，实现了城乡一体化发展。这对因实行农村家庭联产承包责任制而同样具有"小农经营"特征的我国农地利用现代化，及其与城市化、工业化进程的关系协调具有更重要的参考价值。

　　明治维新之前，日本仍处于封建社会幕藩统治体制之下，是一个将军拥有最高的领地权和土地所有权的农业社会。以石高制和贡米制为经济基础②，日本形成了以本百姓制（江户时代登记在册的，拥有土地使用权并承担地租及各种劳役的农民）为特征的封建小农经济生产经营方式③。此时，居民以士、农、工、商的四个等级划分居住地点，区域之间人口流动尤其是农业人口流动处于抑制状态④。明治维新对社会经济实行了一系列"殖产兴业"的变革，废除了这种分等居住的制度，赋予了"四民"自由流动的权利。在土地改革方面于1873年公布了《地租改革法》。该法废除了贡米制和石高制，建立了基于地价调查征收货币的地租制度⑤。不久，日本举国上下掀起了一场以棉纺织业为核心的产业革命，对劳动力的需求迅速增加。农村佃农和处于城乡之间的杂业层⑥成为产业革命劳动力供给的源泉流入城市。但此时，劳动力流

---

　　① "小农经营"不等同于"小农经济"，小农经营主要突出日本农地经营以家庭为单位占有和使用土地的特征，小农经济则主要指自给自足的自然经济状态。二者虽都具有分散的特征，但侧重的内涵不同。小农经营具有可以与商业农业、资本农业相结合的特征。
　　② 石高制是指以法定标准收获量来逆向推算份地面积的制度；贡米制是在石高制的核算体制下每年向领主进贡稻米的制度。
　　③ ［日］晖峻众三著：《日本农业150年（1850—2000年）》，胡浩等译，中国农业出版社2011年版，第2页；曾晓霞、韦立新：《海保青陵与日本近代重商主义经济伦理思想》，《广东外语外贸大学学报》2014年第5期。
　　④ 何东、孙仕祺：《日本城市化的三种模式及对中国的启示》，《日本研究》2013年第4期。
　　⑤ 随后又改为征收实物。
　　⑥ 杂业层是指处于不稳定就业状态的劳动力，如手工作坊学徒、帮工、临时工等。

入的类型以个体的暂时性转移为主，而且转移人口中女性占多数，永久转移和家庭转移则属于少数。这一情况推动了日本城市化进程的缓慢起步，并一直持续到第一次世界大战。这段时期内，工业资本与地主对廉价劳动力需求的矛盾还未显化。地主依靠高地租、工业资本依靠低工资对劳动力进行剥削。这种依靠剥削农业完成资本积累的工业化，并不能促进农业现代化的发展。但是，由于存在大量的剩余劳动力和农业现代化还未起步，佃农和杂业层人员的城乡流动和转移基本上未对农地利用效率产生显著的负向影响。

第一次世界大战到第二次世界大战前，日本完成了产业革命，工业化推动城市化进入迅速发展的阶段。人口城市化率由1920年的18.0%增加到1940年的37.9%，国内城市增加到168个①。但此时，农业社会仍占据很大的比重，如表2-4所示。随着工业资本的积累和扩大再生产，农村廉价劳动力的逐步城市化，带有封建性质的地主土地所有制逐渐不符合日本经济社会发展的趋势，地主和佃农之间的纠纷不断、矛盾日益升级，进一步推动了农村剩余劳动力的转移。此外，这一阶段中后期，日本逐渐走上了帝国主义的道路，军事重工业所占工业比重越来越高，这在一定程度上改变了农村劳动力转移的类型和规模。离村定居型和大规模转移逐渐成为农村剩余劳动力转移的主要特征。该时期内，人口大规模迅速地在城市集聚，对农产品产生了大量需求，产生了农产品商业性生产和交易的需要。而农业生产机械化、现代化水平滞后的现实，加上地主所有制这一落后土地制度的制约，以及与工业生产对劳动力需求的矛盾，农地利用产生了瓦解地主土地所有制的制度变迁动力②。由于向重工业化的发展倾斜，工业化对农业机械化和农业现代化生产的影响较小，工业化、城市化和农业现代化良性的互动尚未形成。但日本农地利用逐渐走上了商业生产的道路，为战后城市化进入加速期奠定了基础。这一时期，城市化的农村劳动力主要是剩余劳动力，其转移亦并未对农业利用产生显著的影响。

---

① 郝寿义、王家庭、张换兆：《日本工业化、城市化与农地制度演进的历史考察》，《日本学刊》2007年第1期。

② [日] 关谷俊著：《日本的农地制度》，金洪云译，生活·读书·新知三联书店2004年版，第112—118页。

表2–4　　1945年日本及其区域农场主土地所有权形式比例

时期	三产从业人员比重（％）			农民家庭户数（万户）	城市化率（％）
	第一产业	第二产业	第三产业		
1978—1882	82.2	5.6	12.1	550	—
1888—1892	76.1	8.9	15.0	545	7.8
1898—1902	71.0	11.8	18.2	549	11.9
1908—1912	63.1	14.8	22.2	552	14.5
1918—1922	54.9	17.1	23.0	555	18.0
1928—1932	50.5	16.8	32.6	561	24.0
1938—1942	43.5	26.2	30.3	550	37.7

资料来源：根据张季风（2002）研究[①]整理得到。

第二次世界大战期间，日本的工业发展进一步向军事重工业倾斜。战争需求使军事重工业大规模扩张，其结果是推动了工厂的分散分布和工业城市的兴起，从而为其周围的农村劳动力提高了大量的工作和兼业机会。而且，男性劳动力逐渐成为转移人口的主力。工资收入和农业收入一样，成为很多农民家庭的主要收入来源。为了维持战争对农产品的需求，以及应对农村人口外流、征兵、离农等劳动力不足的压力，节约劳动型的机械、有机化肥在农业上逐渐普及，以提高劳动生产率和土地生产率。然而，这些提高农地利用效率的努力，不能弥补战争整体上对农地利用生产力的破坏。战时农产品产量大幅度降低，农产品综合生产指数由1942年的100下降到1945年的60[②]，农业发展进入低迷期。战争造成人口的大量死亡，虽然有重工业发展的推动，但城市化率却并未沿着原来的趋势发展。到1945年日本战败时，其城市化率后退到了十年前的水平，如图2–4所示。该时期，工业化的重工业趋向，使其并未带动农业的发展；战争也削弱了工业化对城市化的推动作用；农地利用受到劳动力流失的负面影响，但这种负面影响并非由城市化引起。需

[①] 张季风：《战前日本农村剩余劳动力的转移及特点》，《日本学刊》2002年第3期。
[②] 以1935年为基底。资料来源：《日本统计协会：日本长期统计总揽》（第2卷），总务厅统计局1988年版。

要强调的是，此时工厂的分布模式和农户兼业的兴起对日本战后农村的发展具有重要的意义。

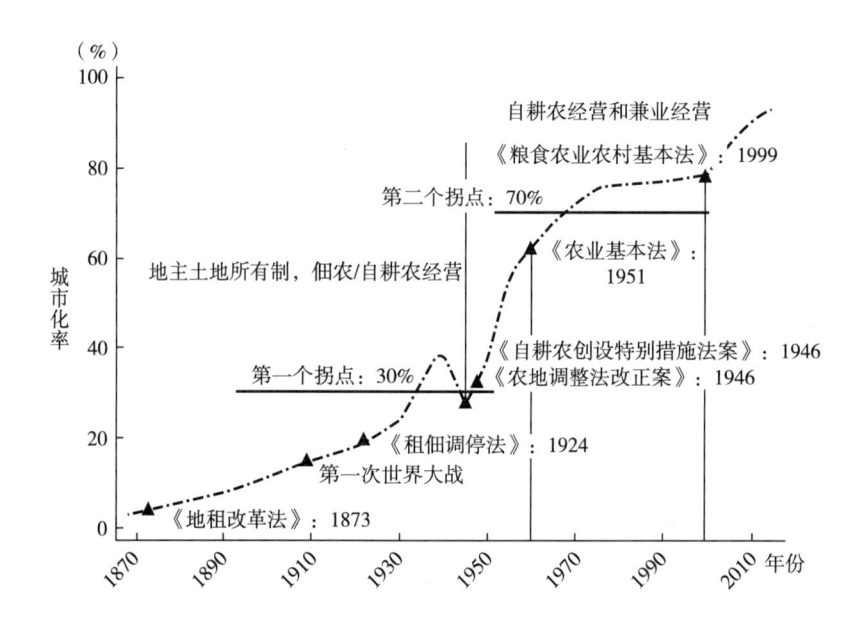

图 2-4　日本城市化进程与农地制度改革关系

资料来源：根据世界发展指数数据库数据整理得到。

第二次世界大战之后，在短暂的时间内，日本社会经济实现了恢复和调整，步入经济发展的腾飞期①。1950—1975 年，日本用了不到 30 年的时间，迅速地实现了城市化。城市化率由 1950 年的 37.7% 上升至 1975 年的 75.7%。在这个过程中，工业化、城市化和农业现代化也形成良性的互动关系。这一关系的形成要从战后农地制度的改革说起。从 1945 年《农地改革纲要》（第一次农地改革方案）到 1946 年《自耕农创设特别措施法案》和《农地调整法改正案》（第二次农地改革方案），以低价转让给佃农的方式释放的农地所有权，其预定面积从 90 万公顷（占所有租佃地的 38%）增加到 200 万公顷（占 80%）。日本在资本主

---

① 1945—1951 年，以美国为主的占领军对日本进行了包括农地制度在内的一系列非军事化和民主化改革，以除去其滋生军事主义的制度"温床"。

义范围内,进行了一场土地所有权制度的改革,使超过600万的农民成为土地所有者,激发了农业生产的积极性,从而促进农业生产力的提高和农业现代化的发展。农地制度改革之后,以农地为生产手段的小规模自耕农(初期经营面积3公顷以下)成为日本农民的主要阶层和农业劳动力的基础供给者,如表2-5所示①。农地制度改革为战后经济的恢复提供了重要支撑,自耕农阶层中普遍存在的以次子、三子和女儿为核心的、富有潜力的大量农村剩余劳动力②,使战后农村劳动力大规模转移的城市化、农业现代化和工业化同步发展成为可能。日本经济飞速增长所依靠的农村劳动力,其转移方式也发生了变化,从开始的离村离农的永久性转移,到1965年逐渐转变为在村通勤型的"半转移"方式。这与20世纪60年代,日本工业逐步向郊区和农村周边转移密切相关,为农户提供了大量的兼业机会。农户兼业在平衡日本工农收入差距方面发挥了极其重要的作用③。这一转移过程中,自耕农阶层产生了分化,农地的自由流转使得农户经营规模随着劳动力的变化适度扩大。自

表2-5 日本战前与战后农户家庭类型变化对比

农户类型	战前1944年	战后1950年
总户数	569.8万户	627.6万户
其中:(%)		
自耕农	32.8	61.9
自耕农兼佃农	19.8	25.6
佃农	47.3	11.8
其他	0.1	0.7
总计	100	100

资料来源:根据姚朋(2004)研究整理得到。

---

① 姚朋:《日本战后农地改革及其对现代化的重大影响》,《南京社会科学》2004年第4期。
② 日本至今一直保持着传统的长子继承制。
③ [日]晖峻众三著:《日本农业150年(1850—2000年)》,胡浩等译,中国农业出版社2011年版,第126—134页。

耕农投入到提高农地生产力和农业经营现代化水平的活动中，日本农业生产走上现代化、商品化和专业化的道路。需要强调的是，农户兼业在日本农村社会经济中成为越来越普遍的现象，农业生产的季节性使得农户兼业既满足了农业的劳动力需求，又满足了工业和第三产业的需求。这一阶段，城市化和农地利用呈现相互促进的关系。

1975年之后，日本的城市化逐渐进入稳定期，城市化和农地利用之间的关系发生了变化，农村劳动力转移对农地利用的负面影响显现。重要特征之一就是农村老龄化，尤其是以山区、丘陵等为代表的农村地区，甚至出现了土地荒废的现象。而且农村廉价劳动力资源的枯竭、城市土地价格攀升迫使很多工厂迁移到农村寻找价格相对较低的土地和劳动力，农村出现了就地城市化的现象。但是，兼业的发展使农户收入逐步接近甚至超过城市家庭收入水平，实现了城乡一体化发展。然而，兼业的负面作用在于使得很多零散、小规模经营的农户留在了农村，在其保有土地的情况下，不利于农业机械化规模经济的发挥。在规模经营和非规模经营效益差距日益扩大的情况下，兼业农户逐渐发现出租自身的土地给农业大户，对专业兼业的方式更有利。而农业大户也意识到，以租用的形式从零散农户那里租赁土地，扩大自身经营规模的方式也更有利①。农户之间土地流转日益增多，兼业农户逐渐成为仅保有土地所有权的农民。机械化综合生产体系的确立，与土地整理带来的田块大规模化和集中化相结合，促进了农民阶层的分化，出现农业大户和兼业农户两极化的现象②。该阶段，城市化转变为以农村劳动力非农业就业转移为主要特征，农村人口向城市流动的趋势减缓，农村人口减少对农地利用的负面影响也逐渐被土地流转下的规模经营和农业机械化、现代化经营所内部化。

战后日本农地利用与制度变革，及其与工业化和城市化的关系，对我国的启示在于：①工业化、城市化和农业现代化的良性互动关系，不

---

① 该时期，农地价格较高，无论是对专业大户还是兼业农户，租赁而非买卖成为对双方都有利的流转形式。

② [日]晖峻众三著：《日本农业150年（1850—2000年）》，胡浩等译，中国农业出版社2011年版，第140页；贺平：《日本战后农地流转制度改革研究——以立法调整和利益分配为中心》，《日本学刊》2010年第3期。

表 2-6　　　　　日本战后农户构成变化与农户兼业情况①

年份		1955	1960	1965	1970	1975	1980	1985	1990	1995	1999
总户数（万户）		604.3	605.7	566.5	534.2	495.3	466.1	437.6	383.5	344.4	323.9
农户构成（%）	专业农户	34.9	34.3	21.5	15.6	12.4	13.4	14.3	15.9	16.1	17.5
	第一种兼业户	37.6	33.6	36.7	33.7	25.4	21.5	17.7	17.5	18.8	14.5
	第二种兼业户	27.5	32.1	41.8	50.7	62.1	65.1	68.0	66.5	65.1	68.0
总计		100.0	100.0	100.0	100.0	99.9	100.0	100.0	99.9	100.0	100.0

注：由于四舍五入的原因，总计有可能不等于100%，下同。
资料来源：根据晖峻众三（2011）研究整理得到。

是必然发生的，需要一定的经济条件和制度支撑。农地制度改革的关键在于建立明晰稳定的产权制度，解放剩余农村劳动力，从而形成推动工业化和城市化的基础，这充分证实了我国当前农地确权颁证工作的重要性和迫切性。我国城市化率已经超过50%，然而农地确权颁证工作一直滞后，使得资本进入农地困难重重，限制了农业现代化和城镇化的同步推进。②日本在城市化过程中，农村人口转移经历了以"离村离农为主的永久性转移"到以"驻村离农为主的兼业性转移"、从"异地城市化"到"就地城市化"的转变。农村工业的发展和工厂的引进，使农民兼业机会增多，一方面增加了农户收入，缩小了工农收入差距，促进了城乡一体化发展；另一方面农村相对廉价的土地和劳动力，又为工业发展提供了持续的动力。这对我国当前的城镇化推进模式和工业布局的优化具有重要的借鉴意义。我国城乡割裂的土地制度和户籍制度使农户具有"以半离村半离农为主的转移"特征，加上我国农村人口的规

---

① 其中，"专业农户"是指家庭成员中没有一个从事兼业的农户；"第一种兼业户"是指以自营农业为主，主要依靠农业收入的农户；"第二种兼业户"是指以自营农业为辅，主要依靠兼业收入的农户。参见［日］晖峻众三著《日本农业150年（1850—2000年）》，胡浩等译，中国农业出版社2011年版，第127页。

模庞大，这种城镇化模式对农户家庭、村落、社会、教育带来了很大的冲击。而且，城市土地价格高昂和劳动力成本飞升，有没有可能在交通网络和集装箱技术日益发达的今天，积极发展乡镇和村镇工业，推动我国工业化、城市化的进一步发展成为一个值得深思的问题。③ "小农经营方式"和农业现代化之间并不矛盾。日本在小农经营模式下，依靠现代化技术和组织管理方式的创新，完成了农业现代化。日本人多地少，这和我国农地的基本国情类似。在农村劳动力大量外流和兼业农户成为普遍情况的条件下，日本通过土地自由流转实现了农地机械化经营的规模经济，促进了具有较高生产力水平的农地"自立经营"。而且英美国家的经验也表明，自耕农\家庭农场经营具有极大的优越性。这对我国在因家庭联产承包制而极度分散的小农经营方式下，如何实现农业现代化具有重要的路径参考价值。以上这些启示，对在国际贸易市场中占弱势地位的我国农业发展、对滞后于城市发展和城市化进程的我国农村发展和农地利用，具有重要的借鉴意义。

四 巴西人口城市化进程与农地利用关系分析

巴西是世界第七大经济体①，是拉丁美洲最大的国家，国土面积居世界第五位。作为新兴经济体"金砖国家"②的成员国之一，巴西也是较早实现城市化的发展中国家。和日本类似，巴西的城市化进程也是在第二次世界大战后得到迅猛发展，并很快超过英美，城市化率在2015年达到85.7%。但与日本不同的是，巴西的城市化和工业化伴随着滞后的农业发展和不当的农业现代化模式，造成农业人口被过早地挤出农业生产、城市化率达到发达国家的水平，但社会发展仍属于发展中国家的尴尬局面，而且一度步入"拉美陷阱"的困局。这种城市化进程与农地利用的畸形关系，其根源在于巴西的农地利用制度——大地产制，

---

① 按照联合国统计署（United Nations Statistics Division）公布的2015年GDP总量排序，巴西位于美国、中国、日本、德国、法国、英国之后，排第7位。

② "金砖国家"是对全球新兴经济体的统称，于2001年被首次提出。最初的金砖国家共有4个，分别是巴西（Brazil）、俄罗斯（Russia）、印度（India）和中国（China）。"金砖"一词即由各国家英文名称第一个字母组合起来的发音类似于"Brick"而来。2010年，南非加入使"金砖国家"扩充为5个。

土地过度集中以及在此基础上发展而成的农地利用过度单一化，造成了不当的农地利用模式。巴西农地利用的这一教训对我国当前大力倡导的农地规模经营，以及大力推进的农地流转制度改革，具有重要的警示性。此外，在农业发展滞后的情况下农村人口转移的动力也为本书分析我国农业发展滞后地区的城镇化动力提供了新的视角。

巴西在1500年被葡萄牙航海家卡布拉尔（Cabral, P. A.）发现之后，很快成为葡萄牙的殖民地，并且由其作为宗主国进行了长达300年的统治[①]。巴西城市化进程与农地利用畸形关系的根源——大地产制，正是发源于这一时期。巴西承袭了葡萄牙土地分封制这一封建土地占有制度。而且，在土地制度形成之初，其传统小农经济"自给自足"的特征并不明显。整个农业是以蔗糖、咖啡等初级经济农作物的出口作为发展导向。土地大规模占有成为统治阶层通往财富的主要渠道。这种以大规模土地集中和占有为特征的大地产制，在巴西1822年以非暴力形式完成独立，1888年废除奴隶制等社会重大变革之后，并没有得以瓦解，反而在其后的发展中得到不断强化。对国家经济发展和社会转型具有重要意义的土地制度改革，在巴西并没有随着历史进程的发展而发挥制度变迁的力量，这与英、美、日国家城市化进程中对农地制度的彻底变革以及社会经济因此而获得制度推动力有很大的不同。这一时期，尤其是19世纪，劳动力短缺一直伴随着巴西农地利用[②]。欧洲移民以及非洲奴隶成为巴西重要的劳动力来源，也使巴西成为一个多种族的国家。农业出口的需要使沿海以及靠近农作物产区的城市得以发展，成为商品集散和交易中心。随后，矿产开发的推动使得城市发展向内陆转移，铁路等交通网络的发展也催生了一些小城镇的发展。巴西城市的这些发展，主要表现为其贸易和政治功能的强化，也在一定程度上决定了巴西未来城市化的分布。这一时期形成的土地制度、依赖农产品、工业原材料出口的经济背景，对巴西后来推行"进口替代"的工业化战略，起了重要作用。

---

① Burns, E. B., *A History of Brazil* (2nd) New York: Columbia University Press, 1980, p. 183.

② ［巴西］塞尔索·富尔塔多著:《巴西经济的形成》，徐亦行、张维琪译，社会科学文献出版社2002年版，第92页。

巴西的城市化起始于19世纪末期。咖啡经济的兴起，推动了巴西城市发展向经济中心的转变，中心城市与小城镇的职能得到进一步发展[①]。1888年，奴隶制被废除之后，获得自由的奴隶以及大量涌入的欧洲移民，带动了巴西城市化进程的起步。这一点，巴西具有与美国相似的特征，即移民和被解放的奴隶在城市化和工业化进程中发挥了重大的作用。第一次世界大战期间，欧洲多数国家被卷入战争。这种情况，一方面使其对巴西的咖啡、蔗糖、橡胶等的需求增加；另一方面也使其对巴西原本主要依赖进口的基础消费品的供给减少，使巴西走上"进口替代工业化"的道路[②]。20世纪30年代，世界经济大萧条对巴西的咖啡经济、蔗糖经济等产生了较大的负向影响，削弱了农业出口的经济地位，使巴西进一步意识到发展工业的重要性，开始全面实施"进口替代工业化"发展战略。工业化的发展开始带动城市化的发展，农业机械化生产析出的农村劳动力以及欧洲移民流入城市，带动了巴西的经济复苏和城市化发展。1933—1939年，巴西的经济保持8.7%的年均增长率，工业产值的增长率则达到13.4%[③]。城市化率也开始增加，到1940年达到26.35%，接近30%的纳瑟姆曲线拐点，如图2-5所示。

1940年尤其是第二次世界大战后，巴西的经济进入黄金发展期，城市化也驶入快速发展的轨道。巴西迅速完成了农业社会向工业社会的转变，城市化率也在1964年达到50.1%，比重首次超过农村。到2015年则达到85.7%，达到和超过很多西方发达国家的水平。巴西的工业化推动了城市化的迅速发展，而农地制度在这一进程中也起了很大的作用。巴西出口导向性的农业，使农地的种植更加向咖啡、大豆等经济作物倾斜，粮食则主要依靠进口。这种更加专业的农业发展结构虽然有利于农业机械化的发展，却使农地利用越来越单一化，而且使小规模经营的农户和大量的雇用农越来越难维持生计，被迫离开农村。可以说，大

---

① 吴国平、武小琦：《巴西城市化进程及其启示》，《拉丁美洲研究》2014年第2期。
② 虽然巴西从19世纪90年代就开始了"进口替代工业化"的进程，但直到第一次世界大战后，才真正确立了这一工业发展战略。
③ [英] 莱斯利·贝瑟尔著：《剑桥拉丁美洲史——1930年以来的巴西》，吴红英、张凡等译，当代中国出版社2013年版，第381—204页；吴红英：《巴西现代化进程透视——历史与现实》，时事出版社2001年版，第78页。

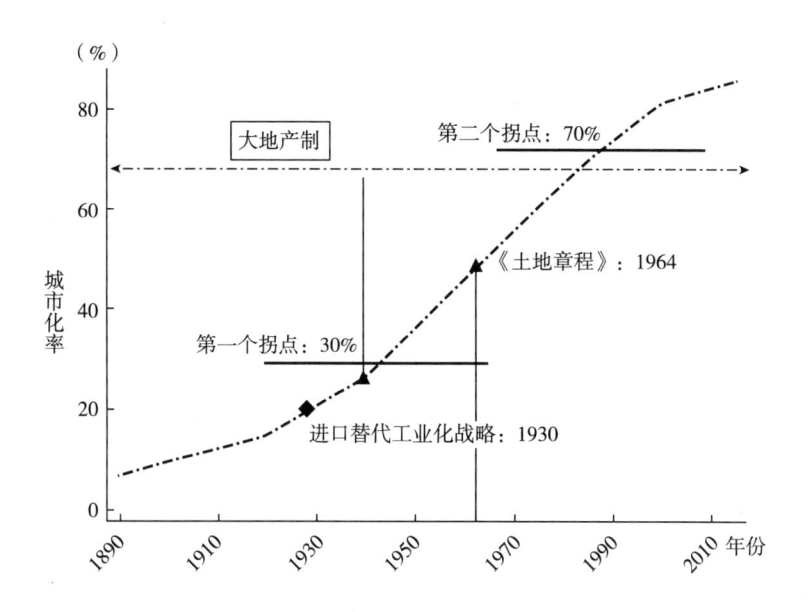

图 2-5 巴西城市化进程与农地制度关系

资料来源：根据世界发展指数数据库数据整理得到。

地产制对巴西城市化的迅速提高起了正向的推动作用。然而，与英、美、日国家农地制度改革产生大量自然状态的农村剩余劳动力，对城市化和工业化进程起到积极的支撑不同，巴西的农地制度则产生了大量被迫离开农村的劳动力，这种城市化是过度的城市化，超过了工业和社会经济所能承受的范围[1]。这些农村劳动力流入城市，超过了城市的容纳力，使巴西出现了大量的贫民窟（Fevela）[2]。巴西也进行了无数次改革大地产制的尝试。仅 1947—1962 年，各种政治力量曾提出 45 个关于土地改革的提案[3]。然而，改革遇到了来自统治阶级内部这一利益相关者的层层阻力。很多相关提案不能通过。通过的提案（如 1964 年颁布的《土地章程》）在执行中也大打折扣而不能有效地实施。因此，大地产制仍然存在，而且农地集中的现象进一步加剧。2003 年，43.67% 的农

---

[1] Maddison, A., *The Political Economy of Poverty, Equity and Growth: Brazil and Mexico*, Oxford: Oxford University Press, 1992, pp. 113-118.
[2] 巴西拥有南美洲最大的贫民窟。
[3] 刘婷:《巴西的土地问题与经济发展》，《拉丁美洲研究》2006 年第 2 期。

地被 1.61% 的农户占有，而 58.10% 的农户仅占有 6.33% 的土地。土地的高度集中使农村贫富差距悬殊，财富被集中在少数人手里，多数农户处于赤贫状态。而正是贫穷，推动了巴西农村人口大规模的城市化①。

表 2-7　　　　　　　　　2003 年巴西农地占有情况

农户所占土地面积（公顷）	农户数量（万户）	占农户总数的比例（%）	总土地面积（万公顷）	占全部土地面积的比例（%）	平均每户所占土地面积（公顷）
<10	138.87	32.38	761.61	1.81	5.00
10—25	110.30	25.72	1898.59	4.52	17.00
26—50	68.42	15.95	2414.16	5.74	35.00
51—100	48.55	11.32	3363.02	8.00	69.00
101—500	48.27	11.26	10021.60	23.84	207.00
501—1000	7.52	1.75	5219.10	12.42	694.00
1001—2000	3.69	0.86	5093.28	12.12	1381.00
>2000	3.23	0.75	13263.15	31.55	4110.00
总计	428.85	100.00	42034.51	100.00	98.02

注：①在巴西，1000 公顷以上的农地属于大地产，100 公顷以下的属于小地产，25 公顷是能维持家庭平均生计水平的分界线；② <10 公顷包括没有土地的佃户和雇农家庭。

资料来源：根据 Onsrud 等（2005）研究②整理得到。

巴西农地利用一开始就选择了一条资本密集型的发展道路。在 20 世纪 70 年代以前，受技术和资本的限制，农地生产效率和劳动生产率处于较低的水平，农业产量的提高主要靠开发未利用土地来实现，农业现代化程度不高。20 世纪 70 年代之后，技术和资本的投入使农业现代化得到快速发展，加上巴西原本土地规模化程度就较高，有利于机械化

---

① 马冉冉：《巴西的土地制度与现代化及对中国的启示》，《社科纵横》2013 年第 9 期。
② Onsrud, H., Paixao, S., Nichols, S., "Women and Land Reform in Brazil", Department of Geodesy and Geomatics Engineering, University of New Brunswick, Fredericton, Canada. No. 239, 2005. http://gge.unb.ca/Pubs/TR239.pdf.

和规模化发展。目前，巴西已经具备了农业现代化的主要特征，但农业现代化并未能改善巴西农村贫穷和落后的状况：一方面农地利用专业化和机械化水平的提高，使很多农民失去了工作机会；另一方面农业现代化进一步促进了农地规模的集中，在规模经营成本较高的情况下，大量农民被迫放弃农地①。因此，在土地制度未能科学安排的情况下，农业现代化反而不利于农村发展，甚至造成农村衰落和贫穷。在这种情况下，农民转出农业、进入城市的意愿非常强烈。而且，这种流动的特征属于单向型，一旦进入城市就不可能回流。在社会保障尚未完善和经济吸纳能力不足的情况下，贫民窟大量涌现，并发展成为一个具有"内卷化"特征的社会难题。由于农村长久的贫困，贫民窟的条件稍微改善，马上就有很多新的农民涌入，进入恶性循环发展并逐渐成为巴西社会发展的顽疾。此外，农村的贫困和农业生产的专业化使农村对工业品的需求少而单一，而且农村不能为工业化和城市化提供充裕的粮食、原料等，导致巴西国内市场规模较小，内需对经济发展的拉动力较弱，从而使巴西的经济进入"拉美陷阱"。而流入城市的农民，基本上不具备较高的技术和教育水平，工业化的吸纳能力又非常有限，所以多数进入第三产业或非正规部门就业。在对农地利用的影响方面，资本和技术对劳动的替代关系在地区之间呈现很大的差异，农地生产效率在有的地方提高了，在有的地方却降低了，甚至出现土地闲置的情况②。

从巴西城市化进程与农地利用的关系中，我们可以得到以下结论：①工业化、城市化需要农业的支撑，并且只有在合适的农地制度安排下，三者才能形成良性的互动关系。离开农业支撑与农村充分发展的工业化和城市化，虽然也能进入快速发展的进程，但却是不健康的、充满社会矛盾的发展。这对我国的借鉴意义在于重新审视和定位农业在经济发展中的位置，大力促进农业发展，只有这样才能推进基于农业充分发展的工业化和城市化的健康化、协调化进程。此外，还需要非常重视农

---

① 曾宪明：《工业化、城市化中的土地问题——以巴西为例》，《生产力研究》2011年第1期。

② Sobreiro, J., Mariano, EB., Sobreiro, VA., Jabbour, CJC., "Beyond the agrarian reform policies in Brazil: An empirical study of Brazilian States from 1995 through 2011", *Social Indicators Research*, 2016, Vol. 129, No. 3, pp. 1093–1114.

地制度改革的作用，不断地调整政策来适应工业化和城市化进程不同阶段的需求。②农业现代化并不是带动农村发展、农民富裕的充分条件，在农地高度集中，农民不占有生产资料的情况下，农业现代化的发展反而会促进农村的衰落、农民的日益贫困。我国的农业生产属于集体土地所有制下的以小农经营为特征的家庭联产承包责任制，农地利用规模化程度较低、成本较高，而且农业生产还具有一定的自给自足性，商业化程度低。农村土地对农民具有重要的社保功能。因此，土地流转和农地规模经营的制度改革，需要非常注意推进的方式，不能剥夺农地作为农民城乡两栖的保障作用权利。③城市化的主要动力既可是来自城市的"拉力"，也可能是来自农村的"推力"。一些地区可能并不存在"刘易斯拐点"，不存在一个农村剩余劳动力向短缺状态的转换，是农村的贫穷、农民地位的低下，推动了农村劳动力转移到城市。从流动到城市的农村人口宁愿住在贫民窟里，也不愿回到农村可以看出来自农村的推力对巴西城市化的重要推动作用。我国区域发展极不均衡，在一些落后地区，农村可能并不存在剩余劳动力，但其向城镇转移的规模却可能很庞大。巴西的教训对我们认识城镇化动力的差异性，提供了新的视角。④巴西贫民窟是在农地制度与经济发展的共同推动下形成的。其中，土地占有严重不平等，造成大量无地农民，是催生城市贫民窟的主要原因。因此，城市化与农地利用的良性循环需要土地制度的支撑。这种大地产制与我国农村家庭联产承包责任制形成了鲜明的对比。正是这种家庭生产和小农经营的农地制度支撑，才使得我国在快速城市化的进程中，即使放开城市户籍，也不会出现大批贫民窟的情况。因为在城乡二元土地制度对农地交易的限制下和城市生活高成本的压力下，以家庭为单位的农地经营方式，对农村家庭提供了生活和就业的基本保障，从而决定了我国农村人口转移的不彻底性和双向性，不会出现大批贫民窟的情况。⑤农业现代化和农地利用效率之间可能并不存在必然的联系，需要各种投入要素的合理配置。农地利用过度的专业化和单一化，可能有利于规模化和机械化经营，但如果农村劳动力过度转移，造成了农地的闲置，农业现代化此时是失灵的，农地利用的效率反而可能是降低的。因此，农业现代化与农业发展/农地利用效率之间的正向关系，需要基于一定的条件。由此引发本书对我国提高农地利用的效率路径的深思，我国需探索一条适合本国的、与农地利用效率的提高相互促进的农业现代化之路。

五 国外城市化进程与农地利用关系小结

城市化、工业化、农业现代化和农村发展在一个国家的社会经济发展中相互交织、相互影响，其关系可谓错综复杂，处于动态变化之中。不同国家之间在城市化和农地利用的关系方面既存在共性，又因本身特点、发展阶段的不同存在差异性。一般认为，农业现代化、农村发展、城市化和工业化存在相互促进的关系。城市化和工业化需要农业发展和逐步现代化作为支撑，同时农村剩余劳动力转移、工业化水平的提升又可以促进农业发展和现代化。英、美、日发达国家的历史实践进程也证实了这一传统论点。然而，随着国家贸易的全球化发展，尤其是第二次世界大战之后，历史上依靠本国农业提供粮食、剩余劳动力和农业剩余来发展城市化和工业化的基础发生了改变。在一个开放的经济中，城市化发展可能伴随着农业的衰落和农村的贫困。当农产品在国际上不具有竞争力的情况下，城市可以依靠进口来解决居民生存问题，从而使本国的农业更加衰落。事实上，在一些发展中国家，农业部门的衰落和农村的贫困迫使农村人口过度转移，带来快速的城市化，超过工业化和社会经济的吸纳能力，产生大量的贫困城市。农村人口过度流失也使农业现代化促进农地利用效率提高的机制失灵。当然，后一种情况只是部分国家出现的现象，或者是一个国家部分地区的问题。总之，对国外城市化进程与农地利用及其制度关系的考察，有助于我们认识和梳理我国的城镇化与农地利用之间的关系。对比英、美、日、巴西的城市化进程和农地利用的关系，我们可以得到以下一些初步的判断[①]。

（一）城市化与农地利用关系的发展需要与本国的历史发展阶段相协调

农地利用在城市化早期的作用主要是城市化起步的推动力，而工业

---

① 需要强调的是，基于国家的代表性，本书仅梳理了四个具有代表性国家的城市化和农地利用关系进程。而且很多资料来自二手文献、数据和译作，无法避免由于依据资料情况的差异带来的问题。此外，以下的判断主要是基于这四个国家的历史经验，是相对初步的判断。

化是推动二者关系发生变化的重要条件。英、美、日早期的城市化进程就是在相对正面的农地制度改革下起步的，并在与农业相关的工业化需求结合的情况下加速发展。英国虽然在城市化水平处于10%以下时的发展受圈地运动的推动，但工业化为其完成从10%到30%的转折发挥了重要作用。巴西则比较特殊，属于农地利用规模集中和农地生产资料分配失衡在这种负面农地制度推动下的城市化起步。在城市化快速发展阶段，农村人口非农就业转移和向城市流动，需要与农地利用规模经营、现代化发展逐步协调。在城市化早于农地规模经营，而农业现代化发展滞后的情况下，农村劳动力的减少不能被技术、机械替代，则农地利用效率就会降低，农业发展受到影响。农地规模经营早于城市化，即农地集中早于城市化的情况下，农村尚存在大量的人口，而农地集中使农村财富分配不均，农民产生分化，超过农村社会的承受能力后，农村人口就会大规模流失，产生过度的城市化，农业现代化发展也会在一些地区失去意义。而后者正是巴西城市化进程中出现的问题。英国、美国、日本的农地利用规模在城市化发展的过程中则是总体上经历了由"过度集中—分散—适度集中"的逐步调整过程，农地利用效率也实现了总体的提高。

（二）城市化对农地利用效率的影响具有时空差异性

城市化的主要特征就是农村人口的非农就业转移和向城市流动，这意味着对农地的劳动力要素投入发生了变化。在农村劳动力剩余和劳动力不足的情况下，其转移对农地利用效率的影响存在时间和空间的差异。当然，这种差异受到要素替代关系作用的影响。英、美、日和巴西的农地利用，在城市化进程中，都注意了农业技术、机械、肥料等的调整，前三者更是注重了农业经营方式和分配方式的调整，使要素替代关系得以发挥，从而促进了农村劳动力的充分转移，并且弥补了农村劳动力不足的情况下，其转移对农地利用效率的负面影响。

（三）城市化的动力主要是来自城市的"吸力"和农村的"推力"

英国早期的城市化发展和巴西的城市化进程都表明了农村推力在城市化进程中的重要作用。这一重要性在于，即使城市不存在就业、教育、医疗、社保等吸力时，农村人口依然不会选择留在农村，而是流向城市。传统的城市化动力观点认为，城市的吸力促使农村剩余人口来到城市，是城市化的主要动力，是一个自然发生的过程，农村的推力则是处于从属地位①。本书的梳理则表明，来自农村的推力——农村的贫困和农业的衰落，也会在一定情况下成为城市化的主要动力。

（四）科学的农地制度安排对促进城市化和农地利用关系的健康发展至关重要

英、美、日国家的城市化与农地利用的关系都表明了随着社会经济发展调适农地制度安排的重要性。农地制度安排是促进城市化与农地利用关系发展与本国历史发展阶段相协调的基本制度，是促进农业现代化发展与农地利用效率提高的制度保障。而且，科学的农地制度安排对于城乡一体化发展，缩小城乡收入差距也具有重要意义。巴西的教训正是从另一个侧面证实了科学安排农地制度的重要性。

第二节 文献综述

城镇化是人类经济社会发展到一定阶段的客观要求和必然产物，以农村人口的非农就业转移和向城市流动为主要特征，其直接结果是农村劳动力对农地的投入减少。根据刘易斯（Lewis，W. A.）城乡二元经济理论，传统农业中农村劳动力的边际产出为零，所以农村可以在农业生产成本无须增加的同时为工业化提供大量廉价的劳动力，并且农民收入会因边际产出为零的劳动力的转出而增加。这一部分农村劳动力为剩余劳动力，农业生产因这种隐性失业而效率较低，其转出有利于农业生产效率的提高。然而，同时期的经济学家舒尔茨（Schultz，T. W.）对这些论点提出了质疑，他认为传统农业中，农民实际上是"贫穷却有效"的生产者（即著名的"poor but efficient" hypothesis）。传统农业生产的特点决定了农村并不存在隐性失业的情况。相反，他们充分利用和合理分配有限的资源进行农业生产，而贫困/农业生产效率低下的原因在于其缺少足够的资源，如资本、技术等。此时，农村劳动力转移会对农地生产效率产生负面影响。可见，农村劳动力转移对农地利用效率的影响

---

① 这一观点将在下文文献综述中详细论述。

具有复杂性①，存在农村劳动力相对于农业生产是否剩余，以及技术和资本要素对劳动力替代水平的争论。对这一复杂性问题，国内外学者依据不同国家城市化进程与农地利用关系的考察，进行了一系列研究。其概念框架、研究方法和研究结论为本书提供了重要的支撑。

一 关于农地利用效率的衡量

讨论城镇化对农地利用效率的影响，首先需要界定农地利用效率的衡量问题。农地利用效率是一个动态而复杂的概念，是自然、技术、社会经济要素综合作用下的结果。各种要素的不确定性和作用机制的复杂性决定了农地利用效率量化的困难性。总体而言，目前对农地利用效率水平衡量的方法主要有两种：单要素生产率和全要素生产率。Kendall 最早使用单位土地面积产量这一单要素生产率，衡量了英国 48 个郡 10 种主要农作物的生产效率，并设计了农业生产指数体系，为之后的研究奠定了基础②。单位面积产量成为衡量农地利用效率的重要指标，在后续研究中得到极大的关注，农作物产量增加机制也成为众多学者深入探索的对象③。随着工业社会的发展，劳动力要素配置成为经济学的重要命题，劳动生产率成为另一个衡量农业生产效率的重要指标④。但由于早期缺乏人口分类统计的相关资料，劳动生产率的衡量是一件非常困难的工作。Wrigley 进行了一项具有重要意义的尝试，他将人口分为城市、农村农业和农村非农业三种类型，采用总人口与农业人口的比重，通过农产品产出与消费的均衡模型来计算农业劳动生产率，并将其用于分析

---

① 事实上，本书认为这两种观点并不存在本质的矛盾，前一种观点强调农村人口城市化在农村劳动力剩余的情况下并不会对农业产出产生影响，后一种观点则强调劳动密集型农业生产条件下的技术、资本等要素投入的重要性，二者在一定条件下是可以统一的。

② Kendall, M. G., "The geographical distribution of productivity in England", *Journal of the Royal Statistical Society*, 1939, Vol. 102, pp. 21 – 48.

③ Slicher van Bath, B. H., *Yield Ratios*: 810 – 1810, Wageningen: A. A. G. Bijdragen, 1963, p. 164; O'Brien, P. K., Keyder, C., *Economic Growth in Britain and France, 1780 - 1914: Two Paths to the Twentieth Century*, London: George Allen ad Unwin, 1978, pp. 13 – 25; Chorley, G. P. H., "The Agricultural revolution in Northern Europe, 1750 – 1880: Nitrogen, legumes, and crop productivity", *The Economic History Review*, New Series, 1981, Vol. 34, pp. 71 – 93.

④ Bairoch, P., "Level of economic development from 1810 to 1910", *Annals: Economics, Societies, Civilizations*, 1965, Vol. 20, pp. 1091 – 1117.

英国和法国在 19 世纪的情况，得出英国劳动生产率高于法国的结论①。
这一方法被后续研究广泛借鉴，如 Overton、Robert 等②。随着统计数据
的完善，直接计算劳动生产率并用其衡量农地利用效率的国内外研究可
谓汗牛充栋，如汪小平等③。此外，从其他要素投入角度衡量农地生产率
的研究也日益增多，如机械产出率、化肥产出率等。由于内容与篇幅的
限制，本书不再详细综述。

单要素生产率虽然可以直接反映该要素对产出的贡献，但是不能综
合考虑其他要素的影响。因此，越来越多的研究尝试衡量农地利用的全
要素生产率。其中，Farrell 最早通过测算技术效率来衡量农业全要素生
产率，其基本思路是基于一系列线性规划模型求解得到生产要素的空间
凸面来估计生产前沿面，然后进一步判定样本单位的生产效率④。该方
法被认为是以参数和非参数方法确定生产前沿面进而测算生产效率的原
型。在 Farrell 研究基础上发展的参数方法，通过对样本数据按照既定
生产函数形式进行拟合的方式，确定生产前沿面⑤。目前，比较常用的
参数方法是随机前沿生产函数（Stochastic Frontier Production Function，
SFP）。该方法可衡量不同时空范围内的农地利用效率，如在 Battese 和
Corra 最早使用 SFP 分析澳大利亚 3 个州在 1973—1974 年的农场效率之
后，Kalirajan 采用随机前沿 Cobb – Douglas 生产函数计算了印度 70 个农
场的生产效率，并分析了生产效率差异的影响因素⑥。另外一种基于
Farrell 研究的非参数估计法是 DEA 法。作为非参数估计的一种方法，

---

① Wrigley, E. A., "Urban growth and agricultural change: England and the Continent in the early modern period", *Journal of Interdisciplinary History*, 1985, Vol. 15, pp. 683 – 728.

② Overton, M., "Re – establishing the agricultural revolution", *Agricultural History Review*, 1996, Vol. 44, pp. 1 – 20; Robert, C. A., "Economic structure and agricultural productivity in Europe, 1300 – 1800", *European Review of Economic History*, 2000, Vol. 3, pp. 1 – 25.

③ 汪小平:《中国农业劳动生产率增长的特点与路径分析》,《数量经济技术经济研究》2007 年第 4 期。

④ Farrell, M. J., "The measurement of productive efficiency", *Journal of Royal Statistical Society*, Series A, General, 1957, Vol. 120, No. 3, pp. 253 – 281.

⑤ 既定的生产函数可以采取确定和随机两种。

⑥ Battese, G. E., Corra, G. S., "Estimation of a production frontier model: With application to the Pastoral Zone of eastern Australia", *Australian Journal of Agricultural Economics*, 1977, Vol. 21, pp. 169 – 179; Kalirajan, K. P., "An econometric analysis of yield variability in Paddy Production", *Canadian Journal of Agricultural Economics*, 1981, Vol. 29, pp. 283 – 294.

DEA 因其可以衡量多种类型投入和产出关系的特点，在 Charnes、Copper 和 Rhodes 提出第一个相应的模型后，成为测算效率的重要工具，并随着分析软件的开发在国内外应用愈加广泛。无论是农地利用效率的分析，还是效率的区域差异分析以及进一步探索差异影响因素的分析，都涉及采用 DEA 方法测算农地利用效率的研究。

在价格信息难以获取，以及农地产出不止一种的情况下，用 DEA 方法测算农地利用效率更具适用性[1]。Färe 等采用土地、劳动力、资本和肥料要素指标测算了菲律宾 1948—1962 年的农地利用效率，发现 1957 年之后其农地利用效率开始转向低效，并且这一转变主要应归结为规模无效[2]。Mao 和 Koo 采用 DEA 法研究了中国 1984—1993 年省际层面的农地利用效率，发现其呈显著增长的趋势，而且通过提高技术效率提高农地生产力的潜力很大[3]。除了在国家/区域层面的应用，DEA 还被用于分析国家之间的农地利用效率的差异。Arnade 采用 DEA 法对 77 个国家 1961—1987 年的农地利用效率进行了测算，发现其在发达国家和发展中国家呈现不同的趋势，多数发展中国家的农地利用效率在该时期是下降的，而发达国家则相反。他通过进一步的分析，认为发展中国家采取的投入密集型战略抵消了劳动生产率提高和产量增加带来的效率提升[4]。此外，DEA 模型在应用中也得到了很大的发展，Fried 等基于放松模型假设的角度，提出了三阶段 DEA 模型以去除外部环境和随机误差对效率测算结果的影响，从而更准确地反映评估单位的效率水平[5]。郭军华等借鉴 Fried 等的研究，采用三阶段

---

[1] Coelli, T. J., "Recent development in frontier modelling and efficiency measurement", *Australian Journal of Agricultural Economics*, 1995, Vol. 39, pp. 219 – 245.

[2] Färe, R., Grabowski, R., Grosskopf, S., "Technical efficiency of Philippine agriculture", *Applied Economics*, 1985, Vol. 17, No. 2, pp. 205 – 214.

[3] Mao, W., Koo, W. W., "Productivity growth, technological progress, and efficiency change in Chinese agriculture after rural economic reforms: A DEA approach", *China Economic Review*, 1997, Vol. 8, No. 2, pp. 157 – 174.

[4] Arnade, C. A., "Using Data Envelopment Analysis to measure international agricultural efficiency and productivity", Washington D. C.: Technical Bulletin No. 1831, United States Department of Agriculture, Economic Research Service. 1994.

[5] Fried, H. O., Lovell, C. A. K., Schmidt, S. S., et al., "Accounting for environmental effects and statistical noise in Data Envelopment Analysis", *Journal of Productivity Analysis*, 2002, Vol. 17, No. 1, pp. 157 – 174.

DEA 模型分析了我国 2008 年各省份的农地利用效率，根据效率的测算结果将其按规模效率和纯技术效率两个维度分为双高、高低、低高和双低四种类型，并指出相应的发展策略①。也有学者认为，我国省内农地利用存在很大的差别，应该在更小的空间范围上测算农地利用效率②。因此，也有学者选取部分县域和基于农户调查数据来测算农地利用效率，如李周和于法稳；李谷成等；许恒周等；王晓丽和祝源清③。

二 关于农地利用效率的影响因素

农地利用是劳动、环境、技术和资本要素与土地相结合而生产物质产品和服务的过程。该过程中各要素投入的变化、各要素之间关系的变化都会直接影响农地利用。而实践中，又有很多因素影响这些变化，如经济的发展、技术的进步等，从而影响农地利用效率。历史经验表明，农地产出的增加主要来源于投入要素的增加和生产效率的提高，而后者是提升农业发展质量的关键。因此，研究农地利用效率具有重要的意义。农地利用效率反映的是农地的投入产出关系，这种关系受到多种因素的综合影响，研究这些影响需要理论与实证分析的结合。目前，对农地利用效率影响因素的关注主要分为两个方面：一方面分析某一种要素的影响，把其他要素作为控制变量；另一方面是探索农地利用效率的多种影响因素。对农地利用效率影响因素已有文献的分析，有助于本书选取控制变量，控制城镇化外的其他因素对农地利用效率的影响。已有文献对农地利用效率影响因素的研究，按影响因素的性质可归纳为以下几类④：

---

① 郭军华、倪明、李帮义：《基于三阶段 DEA 模型的农业生产效率研究》，《数量经济技术经济研究》2010 年第 12 期。

② 王良健、李辉：《中国耕地利用效率及其影响因素的区域差异》，《地理研究》2014 年第 11 期。

③ 李周、于法稳：《西部地区农业生产效率的 DEA 分析》，《中国农村观察》2005 年第 6 期；李谷成、冯中朝、范丽霞：《小农户真的更加具有效率吗：来自湖北省的经验证据》，《经济学（季刊）》2009 年第 1 期；许恒周、郭玉燕、吴冠岑：《农民分化对耕地利用效率的影响：基于农户调查数据的实证分析》，《中国农村经济》2012 年第 6 期；王晓丽、祝源清：《基于数据包络分析方法的吉林省县域农业生产效率评价》，《税务与经济》2014 年第 2 期。

④ 很多情况下，难以把文献归结到一个类别中。因此会在综述时，提到文献涉及的其他方面的因素。

（一）宏观经济层面

宏观经济层面主要表现为经济发展水平、产业结构、农业的经济地位、城市化水平和政府对农业的支持。Kawagoe 等基于 41 个国家 1960年、1970 年和 1980 年三个时段的农业生产效率分析，发现发达国家的规模效率高于发展中国家并呈持续增长的趋势，表明农业生产效率和经济发展水平呈正相关关系[1]。除了经济发展水平，农业生产效率与农业在国民经济中的地位也密切相关。当一个地区的农业在当地经济中占据相对重要的位置时，农民和政府有更大的概率关注农业技术和管理的改进，从而影响劳动、资本和技术的投入行为，进而影响农地利用效率。这一观点在方福前和张艳丽[2]的研究中得到论证。他们使用面板数据最小二乘法对中国 29 个省 1991—2008 年的农业全要素生产率的研究表明，农业生产总值占地区生产总值的比重与农业全要素生产率呈显著的正相关关系。此外，乡村从业人员数和财政支农力度对农地利用效率也表现出显著的影响。其中，乡村从业人员数是一个与城镇化相关的指标，可以在一定程度上反映对农地的劳动投入。关于劳动力投入对农地利用效率的影响方向，Monchuk 等基于中国 1999 年的县级截面数据，得出农业从业人员比例与农业生产效率呈显著负向相关性的结论，与方福前和张艳丽的相关结论相反；然而，其关于工业化程度与农业生产效率水平负相关的结论又与方福前和张艳丽的结论相一致[3]。关于财政支农对农地利用效率的影响，很多学者得出财政支农支出增加可以有效改善农业生产效率的结论[4]。但也有学者指出，财政支农支出可能由农户用于非农业生产和消费，并没有转化为农业生产资金，所以其影响是否

---

[1] Kawagoe, T., Hayami, Y., Ruttan, V. W., "The intercountry agricultural production function and productivity differences among countries", *Journal of Development Economics*, 1985, Vol. 19, No. 1 – 2, pp. 113 – 132.

[2] 方福前、张艳丽：《中国农业全要素生产率的变化及其影响因素研究——基于 1991—2008 年的 Malmquist 指数方法》，《经济理论与经济管理》2010 年第 9 期。

[3] Monchuk, D. C., Chen, Z., Bonaparte, Y., "Explaining production inefficiency in China's agricultural using data envelopment analysis and semi – parametric bootstrapping", *China Economic Review*, 2010, No. 21, pp. 346 – 354.

[4] 焦源：《山东省农业生产效率评价研究》，《中国人口（资源与环境）》2013 年第 12 期；贺志亮、刘成玉：《我国农业生产效率及效率影响因素研究——基于三阶段 DEA 模型的实证分析》，《农业经济》2015 年第 6 期。

显著还有待实证检验①。根据李明艳 2002—2009 年省级面板数据的发现，财政支农支出并未对农地利用效率提高产生显著影响，而且其系数符号趋于负向②。

（二）农户和农民层面

农户和农民层面主要表现为非农就业、劳动力转移、农户特征变量（年龄、受教育水平等）、农民收入。其中，非农就业和劳动力转移与宏观层面的城市化水平相关，将在城镇化对农地利用的影响中详细综述。农户特征变量一般需要基于微观调查数据，主要包括家庭规模、教育水平、家庭劳动力数量、年龄等指标。Wang 等运用影子价格模型对 1990 年中国农户调查微观数据的实证分析发现，家庭规模和人均净收入与农户的生产效率呈显著的正相关关系③。家庭规模和家庭劳动力数量反映了农户可支配的劳动力资源数量，而教育水平则反映了劳动力资源的质量。Lockheed 等对 13 个发展中国家追踪调查发现，在控制其他因素的情况下，平均 4 年的教育培训可以使农地产出得到 7.4% 的显著增加④。无论在国家之间的层面上，还是在一国之内的更小范围内，这种正向的影响都得到了证实。焦源基于山东省 2011 年 17 个市级层面的截面数据分析，认为 GDP、财政支农支出的增加和农民受教育水平的提高均会对农业生产效率产生正向影响⑤。Jamison 和 Moock；陈志刚等；郭军华等；朱满德等也得到了相同的结论⑥。然而，也有学者持相

---

① 唐建：《粮食生产技术效率及影响因素研究》，《农业技术经济》2016 年第 9 期。
② 李明艳：《劳动力转移对区域农地利用效率的影响——基于省级面板数据的计量分析》，《中国土地科学》2011 年第 1 期。
③ Wang, J. R., Wailes, E. J., Cramer, G. L., "A shadow – price frontier measurement of profit efficiency in Chinese agriculture", *American Journal of Agricultural Economics*, 1996, Vol. 78, No. 1, pp. 146 – 156.
④ Lockheed, M. E., Jamison, E., Lau, L. J., "Farmer education and farm efficiency: A survey", *Economic Development and Cultural Change*, 1980, Vol. 29, pp. 37 – 76.
⑤ 焦源：《山东省农业生产效率评价研究》，《中国人口（资源与环境）》2013 年第 12 期。
⑥ Jamison, D. T., Moock, P. R., "Farmer education and farm efficiency in Nepal: The role of schooling, extension services, and cognitive skills", *World Development*, 1984, Vol. 12, No. 1, pp. 67 – 86；陈志刚、曲福田、王青等：《农地承包权配置对土地利用的影响》，《农业技术经济》2007 年第 5 期；郭军华、倪明、李帮义：《基于三阶段 DEA 模型的农业生产效率研究》，《数量经济技术经济研究》2010 年第 12 期；朱满德、李辛一、程国强：《综合性收入补贴对中国玉米全要素生产率的影响分析——基于省级面板数据的 DEA – Tobit 两阶段法》，《中国农村经济》2015 年第 11 期。

反的观点。贺志亮和刘成玉通过对我国2012年31个省份农业生产效率因素的实证分析,得出乡村人口平均受教育年限增加不利于农业生产效率提高的结论。本书认为两种结论都具有一定的合理性,与区域劳动力、农地利用和农村发展情况有关。在农业收入较低时,农村劳动力受教育程度越高,越容易流向非农业部门,从而减少对农地的投入甚至撂荒土地。而在农业收入高时,受教育程度越高,越有利于技术、资本等的投入,从而有利于提高农地利用效率。此外,年龄因素也是农户重要的特征变量,青壮年劳动力对农业持续发展至关重要[1]。杨俊等认为,耕地利用效率与农户劳动力年龄之间呈倒"U"形趋势[2]。在老龄化严重的情况下,农业要素替代如农业机械化水平的提高并不能完全抵消劳动力投入的缺失[3],会负向影响农地利用效率[4]。

农民是农地利用的主体,其收入情况与农地投资密切相关。农民收入成为影响农地利用效率的重要指标。无论是从家庭收入还是农户人均纯收入的角度,农民收入水平都与农地利用效率呈显著的正相关关系。Verburg等认为,人均收入会影响农民投资土地和购买消耗性农业要素的概率[5]。Feng提出了类似的观点,认为收入提高赋予了农民对农地增加工业产品投入的能力[6],从而克服农业信用不足,增加农业资本积累,提高农地利用效率[7]。对这一影响方向和机制,也有学者认为需要

---

[1] Kalwij, A., Vermeulen, F., "Labor force participation of the elderly in Europe: The important of being healthy", *Tilburg*: *Center for Economic Research*, Tilburg University, 2005.

[2] 杨俊、杨钢桥、胡贤辉:《农业劳动力年龄对农户耕地利用效率的影响——来自不同经济发展水平地区的实证》,《资源科学》2011年第9期。

[3] 李澜、李阳:《我国农业劳动力老龄化问题研究——基于全国第二次农业普查数据的分析》,《农业经济问题》2009年第6期。

[4] Ulimwengu, J., "Farmers' health and agricultural productivity in rural Ethiopia", *African Journal of Agricultural and Resource Economics*, 2009, Vol. 3, No. 2, pp. 83 - 100;杨志海、李鹏、王雅鹏:《农村劳动力老龄化对农户耕地效率的影响》,《地域研究与开发》2015年第5期。

[5] Verburg, P. H., Chen, Y., Veldkamp, T., "Spatial explorations of land use change and grain production in China", *Agriculture Ecosystems and Environment*, 2000, Vol. 82, pp. 333 - 354.

[6] Feng, S., "Land rental, off - farm employment and technical efficiency of farm households in Jiangxi Province, China", *NJAS - Wageningen Journal of Life Sciences*, 2008, Vol. 55, No. 4, pp. 363 - 378.

[7] Taylor, J. E., Rozelle, S., de Brauw, A., "Migration and incomes in source communities: A new economics of migration perspective from China", *Economic Development and Cultural Change*, 2003, Vol. 52, pp. 75 - 101.

根据农业发展的具体阶段判定。郭军华等认为,农民收入增加虽然会促使其增加对农地的投资,但在农民教育水平不高、生产技能欠缺及投资渠道短缺的情况下,不当的投入反而不利于农地利用效率的提高①。本书综合两种观点认为农民收入增加影响其对农地资本投入和要素投入的行为,从而影响农地利用效率,这一点是毋庸置疑的。另外,在地域的尺度上,收入因素表现出相对性特征,即城乡收入比的地区差异是农业生产效率地区差异的主要影响因素之一。李博等采用非期望产出的SBM模型对中国1998—2012年面板数据的研究发现,农业生产效率表现出地域差异性,与该差异相关的影响因素则主要为产业机构、农业结构、城市化水平、劳动者素质和城乡收入比②。此外,有学者关注到农地利用效率对农民收入的影响。汪晓文等基于1999—2008年省际面板数据的实证分析,发现我国西部地区农业生产效率的提高对农民增收起到了显著的促进作用③。这一结论在王兆林和杨庆媛的研究中得到进一步证实。后者则进一步区分了农地纯技术效率和规模效率对农民收入影响的差异,认为长期来看,提高农地综合效率、技术效率和规模效率均有利于农业收入的增长,而关键在于规模效率的提高④。不过,这种反向关系的成立需要一个前提,即农民对土地资料占有的相对公平性⑤。

(三)土地规模

土地规模包括土地流转、土地经营面积、土地细碎化。由于目前缺乏统一的土地流转统计数据,这一部分的研究主要是基于农户调查的微观数据。多数研究表明,土地细碎化、土地规模过小会负面影响农地利

---

① 郭军华、倪明、李帮义:《基于三阶段DEA模型的农业生产效率研究》,《数量经济技术经济研究》2010年第12期。
② 李博、张文忠、余建辉:《碳排放约束下的中国农业生产效率地区差异分解与影响因素》,《经济地理》2016年第9期。
③ 汪晓文、何明辉、杨光宇:《农村经济开发、农业生产效率提高与农民增收——基于省际面板数据的实证分析》,《江西财经大学学报》2012年第5期。
④ 王兆林、杨庆媛:《西南地区农村投资水平和农地利用效率对农民农业收入影响分析——以重庆市为例》,《经济地理》2012年第8期。
⑤ Helfand, S. M., Moreira, A. R. B., Bresnyan, Jr. E. W., "Agricultural productivity and farms in Brazil: Creating opportunities and closing gaps", New York: Sustainable Development Department, World Bank, 2015: 3 - 4.

用效率的提高①。土地细碎化在城市化背景下会促进土地流转，有学者对土地转入和转出的行为进行了区分，分别研究其对农地利用效率的影响。钱龙和洪名勇基于 CFPS②2012 数据，采用联立方程模型，在控制了劳动力投入强度、农户家庭实际经营土地面积、农业机械投入、户主受教育程度、家庭金融性资产价值 5 个显著影响农业生产率的因素后，发现农户非农就业对农业劳动生产率和土地产出率均具有显著的负向影响，而土地流转除了土地转入有利于提高土地产出率之外，对其他的影响则不显著③。冒佩华等则认为农地流转有利于同时提高转入和转出农地农户家庭的总劳动生产率④。土地流转涉及农户生产规模的调整。屈小博采用随机前沿生产函数对陕西省 453 户农户微观数据的分析结果，得出了不同的结论。他认为农地经营规模与农户生产技术效率是一种倒"U"形的关系，所以转入和转出的关键在于对农地经营规模程度的调整；此外，他认为农户特征变量对农户生产技术效率影响并不显著，但人力资本投资、科技进步有利于效率的提升⑤。除了分析土地规模对农地利用效率的影响外，也有学者进一步分析了这种影响的传导机制。秦立建等基于 1995—2002 年安徽省村庄调查的面板数据，发现土地细碎化通过两种传导路径降低了农户的粮食生产效率：一是减少了农业生产资料的投入；二是增加了农户的劳动投入量。因此，农村劳动力转移会

---

① Nguyen, T., Cheng, E. J., Findlay, C., "Land fragmentation and farm productivity in China in the 1990s", *China Economic Review*, 1996, Vol. 7, pp. 169 – 180; Wan, G. H., "Effects of land fragmentation and returns to scale in the Chinese farming sector", *Applied Economics*, 2001, Vol. 33, pp. 183 – 194; 苏旭霞、王秀清：《农用地细碎化与农户粮食生产——以山东省莱西市为例的分析》，《中国农村经济》2002 年第 4 期；Tan, SH., Heerink, N., Kruseman, G., et al., "Do fragmented landholdings have higher production costs? Evidence from rice farmers in Northeastern Jiangxi Province, P. R. China", *China Economic Review*, 2008, Vol. 19, pp. 347 – 358; Latruffe, L., Piet, L., "Does land fragmentation affect farm performance? A case study from Brittany, France", *Agricultural Systems*, 2014, Vol. 129, pp. 68 – 80.

② 中国家庭动态跟踪调查（China Family Panel Studies，CFPS）是由北京大学中国社会科学调查中心组织的，覆盖 25 个省级单位，反映社会、经济、人口、教育和健康变迁的大型社会调查。

③ 钱龙、洪名勇：《非农就业、土地流转与农业生产效率变化——基于 CFPS 的实证分析》，《中国农村观察》2016 年第 12 期。

④ 冒佩华、徐骥、贺小丹等：《农地经营权流转与农民劳动生产率提高：理论与实证》，《经济研究》2015 年第 11 期。

⑤ 屈小博：《不同规模农户生产技术效率差异及其影响因素分析——基于超越对数随机前沿生产函数与农户微观数据》，《南京农业大学学报》（社会科学版）2009 年第 3 期。

降低农地的利用效率①。但也有学者对土地细碎化经营持积极的态度，认为并没有足够的证据表明其会降低农地效率，二者之间并不存在确定的负向关系②。而且，在人多地少和劳动力充裕的情况下，土地破碎化还可以促进精耕细作以及农作物种植的多样化③，从而提高农户的物质投入效率和抵御风险的能力④。因此，应因地制宜地推进农地经营的规模化，同时促进农业生产的多样化和现代化。

（四）土地资本

土地资本主要指农业金融、农业资本。不同于政府财政支农支出，农业金融表明农民获取贷款和投资的难易程度。农业金融是农业走向现代化和农业可持续发展的重要保证⑤。曹跃群等采用随机前沿生产函数模型对中国 1997—2005 年省际面板数据进行了实证分析，发现农地利用效率区域差异是农业经济地区差距形成的最重要原因，而农村金融现状却对农业技术效率起着阻滞作用⑥。这与钱丽等的研究认为农村金融支持没有提升农地利用效率的结论具有一致性。钱丽等在使用 DEA 方法测算 2004—2010 年中国 30 个省份的农地利用效率之后，进一步采用 Tobit 模型研究了农地利用效率的影响因素，发现宏观数据层面衡量的基础教育水平、产业结构和农业金融支持并未显著提高农地利用效率⑦。其中，农业金融支持的影响结果与我国的农业金融现状相关。当前我国的农业金融发展滞后，对农民农业投资、技术更新等方面起到了负面作用，影响了农业资本的积累。Ball 通过对美国和 9 个欧洲国家

---

① 秦立建、张妮妮、蒋中一：《土地细碎化、劳动力转移与中国农户粮食生产——基于安徽省的调查》，《农业技术经济》2011 年第 11 期。

② Deininger, K., Savastano, S., Carletto, C., "Land fragmentation, cropland abandonment, and land market operation in Albania", *World Development*, 2012, Vol. 40, pp. 2108 - 2122.

③ 李功奎、钟甫宁：《土地细碎化、劳动力利用与农民收入——基于江苏省经济欠发达地区的实证研究》，《中国农村经济》2006 年第 4 期。

④ National Sustainable Agriculture Coalition., Enterprise diversity and farm income [EB/OL]. http://sustainableagriculture.net, 2014 - 12 - 05.

⑤ 孙晓欣、马晓东：《江苏省农业现代化发展的格局演化及驱动因素》，《经济地理》2016 年第 10 期。

⑥ 曹跃群、蒋为、张卫国：《中国农业科技利用效率和地区差异——基于随机前沿模型的实证研究》，《科技与经济》2011 年第 1 期。

⑦ 钱丽、肖仁桥、陈忠卫：《碳排放约束下中国省际农业生产效率及其影响因素研究》，《经济理论与经济管理》2013 年第 9 期。

1973—1993 年农业部门效率的研究发现，农业资本积累与农业部门效率之间存在正向的相关性[①]。因此，发展农村金融、促进农业资本积累有利于农地利用效率的提高。但资本具有逐利性，农业部门资本收益率不高是普遍存在的事实。在多数发展中国家，农业金融和资本积累存在效率低下的情况[②]。而农村劳动力的转移又产生了资本代替劳动的必然需求，因此需要理顺土地权属关系，多方推进和培育农业发展的内生动力[③]。

（五）其他因素

其他因素包括环境情况、管理水平等随机因素，如自然条件（降雨、灾害等）、土壤质量、土地等级。自然灾害是农地利用效率的不利因素，具有不可控性[④]。土壤质量和土地等级影响土地作为投入要素的功能发挥，而且短期内难以改变。面板数据的使用可以在一定程度上控制这些随机因素的影响。

三 关于人口城镇化对农地利用效率的影响

城镇化的主要特征是农村人口向城市流动、农村劳动力向非农就业转移。人口在流动的过程中带动其他要素的重新配置，促进了农村和农业发展格局的重构[⑤]。城镇化造成农村劳动力的大量外流及农户的兼业经营，会影响农业劳动力的投入，并影响农业生产结构的改变[⑥]。有学

---

① Ball, V. E., "Levels of farm sector productivity: An international comparison", *Journal of Productivity Analysis*, 2001, Vol. 15, pp. 5 – 29.

② 房启明、罗剑朝：《农地抵押融资意愿与最优土地规模》，《华南农业大学学报》（社会科学版）2016 年第 6 期。

③ Carter, M., Olinto, P., "Getting institutions 'right' for whom? Credit constraints and the impact of property rights on the quantity and composition of investment", *American Journal of Agricultural Economics*, 2003, Vol. 85, No. 1, pp. 173 – 186.

④ 郭军华、倪明、李帮义：《基于三阶段 DEA 模型的农业生产效率研究》，《数量经济技术经济研究》2010 年第 12 期。

⑤ Qian, W., Wang, D., Zheng, L., "The impact of migration on agricultural restructuring: Evidence from Jiangxi Province in China", *Journal of Rural Studies*, 2016, Vol. 47, pp. 542 – 551.

⑥ 盖庆恩、朱喜、史清华：《劳动力转移对中国农业生产的影响》，《经济学（季刊）》2014 年第 3 期。

者认为中国的粮食安全受到了工业化和城市化进程的侵害①;也有学者认为工业化和城市化使农业部门更加专业化,从而使农业生产更有效率②。关于人口城市化如何影响农地利用效率这一问题,国内外众多学者进行了诸多探讨,但对于影响方向和影响机制,目前还没有统一的结论。从以 Lewis 为代表的城乡二元经济理论到以 Schultz 为代表的"贫穷却有效"的假说,其讨论的焦点在于是否存在边际生产效率为零的农村剩余劳动力,而这一论据很难在农业生产实践中得到准确判定。而且,这一判定需要结合不同时间、不同地区的具体情况,在客观上也增加了分析的难度和多样性。因此,越来越多的研究开始关注人口城镇化对农地利用效率的实际影响,并基于统计数据和问卷调查进行了实证分析,主要围绕影响方向和影响机制两个方面。

(一)影响方向

关于人口城镇化对农地利用效率影响方向,从理论层面上来讲主要有正向、负向和无影响三种情况。以 Lewis 为代表的城乡二元经济理论认为,在城市化和工业化初期,传统农业存在边际生产率为零或负数的农村剩余劳动力,其转移对土地利用不会产生影响,反而有利于劳动生产率的提高,直至 Lewis 第一拐点;只有随着城市化的推进,在边际生产率大于零的农村劳动力转移时,农地利用才会受到影响,利用效率下降,直至第二拐点;此后,除非劳动生产率得到大规模提升,否则这种负向影响将持续下去③。以舒尔茨为代表的"贫穷却有效"的假说则认为传统小农生产效率较高,在技术、资本变化不大的情况下,劳动力转移不利于农地利用④。在实证分析中对人口城镇化的界定,主要是从非农就业、农村劳动力转移和农村劳动力流动的视角进行探索的。不同研究中用来代表人口城镇化变量的指标也不尽相同,主要有乡村从业人员

---

① Christiansen, F., "Food security, urbanization and social stability in China", *Journal of Agrarian Change*, 2009, Vol. 9, No. 4, pp. 548–575.

② Wang, X., Huang, J., Rozelle, S., "Off-farm employment and agricultural specialization in China", *China Economic Review*, 2017, Vol. 42, pp. 155–165.

③ Rains, G., Fei, J. C. H., "A theory of economic development", *American Economic Review*, 1961, Vol. 51, No. 4, pp. 533–565.

④ [美]西奥多·W. 舒尔茨著:《改造传统农业》(第二版),梁小民译,商务印书馆 2006 年版,第 150—174 页。

数、第一产业从业人员数、农户非农就业天数及城市化率等，其都在一定程度上反映了农村人口在城市化进程中的变化。对于农地利用效率，也有多种指标反映其变化，主要包括产出、劳动生产率、土地生产率及农地利用综合效率。

已有实证研究还没有得出关于影响方向的一致结论。农地利用效率的变化一般首先反映在产出上。朱丽莉选取2002—2009年省际面板数据，采用动态面板广义矩估计（Generalized method of moments，GMM）方法研究了农村劳动力流动对农业生产效率的影响，发现农村劳动力流动会对粮食平均产量带来负面影响，并且随着时间的推移，影响日益凸显①。在不同的尺度上，使用不同层面的数据，有学者得到不同的结论。例如，Feng等基于江西省215个地块调查的截面数据，发现农村劳动力非农就业并没有显著地影响到稻米的产量，造成该结果的原因有两个方面：①非农就业带来的收入效应弥补了劳动力投入减少的负面影响；②调查区域农业生产主要用于自身消费，劳动力减少，对稻米的消费也减少②。然而，该研究主要基于江西省3个村庄的调查，样本具有局限性，而且造成该结果的第二个原因缺乏说服力。Wang等通过更广范围的数据，采用扩展农户模型的分析框架对中国13个稻米生产大省1207户第二次农业普查数据进行实证分析，发现农村劳动力转移对农业产出影响甚微，但造成该结果的原因并不是收入效应，而是农户通过减少休闲和其他低效率的生产活动，抵消了非农就业转移造成的劳动力流失③。可以看出，从产出层面，农村劳动力的减少并不必然会造成农业产出的降低。在我国，农村劳动力减少甚至伴随着农业产出的大幅度增加。但农地利用效率是否大幅度提高则需要进一步分析，因为非农就业转移不仅直接带来劳动力投入的减少，还会不同程度地影响农地的投

---

① 朱丽莉：《农村劳动力流动、要素结构变动与农业生产效率研究》，博士学位论文，南京农业大学，2013年，第49—50页；李光泗、朱丽莉：《农村劳动力流动对中国粮食生产影响研究——基于省域动态面板数据的实证分析》，《统计与信息论坛》2014年第10期。

② Feng, S., Heerink, N., Ruben, R., et al., "Land rental market, off-farm employment and agricultural production in Southeast China: A plot-level case study", *China Economic Review*, 2010, Vol. 21, pp. 598–606.

③ Wang, C., Rada, N., Qin, L., et al., "Impacts of migration on household production choices: Evidence from China", *The Journal of Development Studies*, 2014, Vol. 50, pp. 413–425.

入产出关系，因此应关注劳动力转移对农地利用效率的总影响①。

许多研究认为农村劳动力转移对农地利用效率有负向作用。Smith 认为，非农就业机会的增加阻碍了"智慧农业"的发展，从而对农地利用效率产生了负向影响②。Goodwin 和 Mishra 基于美国农业部（USDA）2001 年对 7699 个农场的调查数据，采用联立方程 Tobit 模型进行的研究也表明，农民更集中地参加非农就业与农业生产效率的降低显著相关③。他们进一步借助 Smith 和 Blundell 关于 Tobit 模型内生性的检验方法，得出非农就业与农业生产效率之间相互内生和联合决定的结论④。农村劳动力非农就业影响了农地的利用方式，从而使土地投入要素关系发生变化⑤。钱龙和洪名勇基于中国农户微观调查数据，利用结构方程模型（Structural Equation Model，SEM）得出非农就业不利于农业劳动生产率和土地产出率的结论⑥。这一负向关系，在 Damon、盖庆恩等等的研究中也得到进一步的证实⑦。除了分析农村劳动力非农就业对农地利用效率的不利影响，Chavas 等基于冈比亚 120 个农户 1993 年的问卷调查数据，使用非参数方法和 Tobit 模型，从另一角度分析了非农就业对农地生产缺乏效率的贡献度，得出非农就业显著促进了农地生产配置无效率的结论⑧。此外，也有学者基于国家间的数据，进行了比

---

① 盖庆恩、朱喜、史清华：《劳动力转移对中国农业生产的影响》，《经济学（季刊）》2014 年第 3 期。

② Smith, R., "Does off-farm work hinder 'Smart Farming'?", Agricultural Outlook, Economic Research Service/USDA, 2002: 28–30.

③ Goodwin, B., Mishra. A., "Farming efficiency and the determinants of multiple job holding by farm operators", American Journal of Agricultural Economics, 2004, Vol. 86, pp. 722–729.

④ Smith, R., Blundell, R., "An exogeneity test for the Simultaneous Equation Tobit Model with an application to labor supply", Econometrica, 1986, pp. 499–509.

⑤ Phimister, E., Roberts, D., "The effect of off-farm work on the intensity of agricultural production", Environmental and Resource Economics, 2006, Vol. 34, pp. 493–515.

⑥ 钱龙、洪名勇：《非农就业、土地流转与农业生产效率变化——基于 CFPS 的实证分析》，《中国农村观察》2016 年第 12 期。

⑦ Damon, A. L., "Agricultural land use and asset accumulation in migrant households: The case of El Salvador", The Journal of Development Studies, 2010, Vol. 46, No. 1, pp. 162–189；盖庆恩、朱喜、史清华：《劳动力转移对中国农业生产的影响》，《经济学（季刊）》2014 年第 3 期。

⑧ Chavas, J. P., Petrie, R., Roth, M., "Farm household production efficiency: Evidence from the Gambia", American Journal of Agricultural Economics, 2005, Vol. 87, No. 1, pp. 160–179.

较,如 Glaeser 在城市化、农村发展和经济开放度模型的基础上,采用 119 个国家 1961 年、139 个国家 2010 年的截面数据,研究了城市化水平和农地生产率之间的关系,发现 2010 年城市化和农地生产率之间的关系比 1961 年有了显著的减弱;并且,2010 年小国家的农地生产率和城市化水平之间存在负相关关系①。

也有研究得出二者之间呈现正向的关系。如 Taylor 和 López – Feldman 基于墨西哥 14 个州 1782 户农户 2003 年的调查数据,发现劳动力向美国转移通过汇款方式增加了农民人均收入,有利于墨西哥农村土地产出率和劳动力生产率的提高②。但这一结果是通过分析劳动力转移对农地利用效率影响因素的影响,即通过农民人均收入这一中间变量,来判断影响方向,其稳健性需要检验。此外,还有学者通过其他中间变量,得出了相似的结论。如 Wang 等基于中国 1999 年和 2008 年两次农户调查的面板数据,采用"农户单位年度内种植作物的种类"和"最大作物产量的播种面积"两个指标代表专业化水平,得出农户非农就业显著促进农业专业化水平提高的结论③。这一研究结果的稳健性具有可信性,然而代表专业化水平的指标有待进一步多样化,农业种植趋于单一化和农业专业化水平之间的关系也有待进一步检验。

也有学者认为,劳动力转移对农地利用的影响处于动态变化之中。盖庆恩等基于 2004—2010 年中国 5 个省份固定调查点的微观数据,采用固定效应模型,得出劳动力转移对农地利用存在显著负向影响的结论。他进一步认为,在当前的制度条件下,中国农业剩余劳动力已基本完成转移,已经出现"刘易斯拐点",但是从发展的角度来看,农村仍会析出大量的剩余劳动力,劳动力供给与农地需求之间的关系是相对的,是动态变化的④。这个发展的角度除受技术进步、资本投入等因素

---

① Glaeser, E. R. , "A world of cities: The causes and consequences of urbanization in poor countries", *Journal of European Economic Association*, 2014, Vol. 12, No. 5, pp. 1154 – 1199.

② Taylor, J. E. , López – Feldman, A. , "Does migration make rural households more productive? Evidence from Mexico", *Journal of Development Studies*, 2010, Vol. 46, No. 1, pp. 68 – 90.

③ Wang, X. , Huang, J. , Rozelle, S. , "Off – farm employment and agricultural specialization in China", *China Economic Review*, 2017, Vol. 42, pp. 155 – 165.

④ 盖庆恩、朱喜、史清华:《劳动力转移对中国农业生产的影响》,《经济学(季刊)》2014 年第 3 期。

的影响之外，还受土地经营规模调整的影响。土地经营规模对劳动力转移和农地利用效率之间关系的协调具有重要意义。李明艳认为，促进了农地规模经营的劳动力流动有利于农地利用效率的提高，而未激发土地规模经营的则可能导致农地播种面积减少和复种指数下降，从而对农地利用产生不利影响①。因此，在城镇化的背景下，需要推动土地流转，促进农地规模经营，从而显著地提升劳动生产率和农地利用效率②。

也有研究从劳动力流动方向的角度，区分劳动力输入和输出，研究劳动力转移方向对农地利用效率的影响。李明艳采用 DEA 法对全国四个年度（1990 年、1995 年、2000 年、2005 年）省际层面的农地利用效率进行了测算，并以此为因变量，选取省内流动人口、跨省流动人口、第一产业增加值比重、农村劳动人口人均第一产业增加值等指标进行面板数据分析，发现农地利用效率存在显著的时空差异，并且劳动力的省内转移促进了农地利用效率的提高，但是劳动力省际转移对输入地区的农地利用效率却产生了负面影响③。但农地利用情况在省内具有很大的差异性，以省际数据为基础，难以反映省内实际，而且该研究并未分析劳动力省际转出，即劳动力流失对本省农地利用效率的影响。

总之，无论从理论层面还是实证层面，关于人口城镇化对农地利用效率影响方向这一议题，目前还没有统一的结论。但通过对已有文献的梳理，可以看出，人口城镇化引起的农村劳动力流失对农地利用产生了影响，而且这种影响是通过一系列的传导机制作用于农地的。此外，在数据类型方面，已有研究多基于微观农户或农场调查的截面数据，虽然可以从更微观的层面探索城镇化对农地利用的影响，却不能反映地域差异，其政策启示也具有相应的局限性；而基于宏观统计数据的研究，在

---

① 李明艳：《劳动力转移对区域农地利用效率的影响——基于省级面板数据的计量分析》，《中国土地科学》2011 年第 1 期。
② 冒佩华、徐骥、贺小丹等：《农地经营权流转与农民劳动生产率提高：理论与实证》，《经济研究》2015 年第 11 期。
③ 李明艳：《农村劳动力转移对农地利用效率的影响研究》，博士学位论文，南京农业大学，2009 年，第 23—60 页；李明艳：《劳动力转移对区域农地利用效率的影响——基于省级面板数据的计量分析》，《中国土地科学》2011 年第 1 期；李明艳：《农村劳动力转移对农地利用效率的影响研究》，社会科学文献出版社 2012 年版，第 103—130 页。

省际层面的较多，不能捕捉省内微观地域的关系特征。但已有研究在指标选取、控制变量选择和计量分析方法的使用上，对本书形成了重要支撑；而且，其理论观点和实证结果也为本书构建人口城镇化对农地利用效率的影响机制提供了概念框架。

（二）影响机制

人口城镇化对农地利用效率的影响，归纳起来有直接和间接两个层面。首先，人口城镇化转移必然影响作为生产要素的劳动力投入数量和结构，从而直接影响农地利用效率；其次，人口城镇化进程中，劳动力投入数量和结构发生变化会带动投入要素替代关系和规模效应发生变化，进而间接影响农地利用效率。人口城镇化通过这两个层面的综合作用影响农地利用，而这种综合作用的结果在空间上又具有差异性。空间差异性既是影响机制作用的结果，也反映了影响机制作用的差异。总的来说，已有研究关于人口城镇化对农地利用的影响路径的分析，主要有以下几个方面：

1. 通过劳动力要素投入的变化影响农地利用效率

这一变化一方面包括劳动力投入的数量；另一方面包括劳动力投入的质量。人口城市化意味着农村人口的流失，劳动力在城乡和产业之间进行重新配置。在这一过程中，农村劳动力的数量和结构发生了显著变化[①]。在资本、技术、制度等其他条件不变的情况下，劳动力要素投入变化对农地利用效率的影响，直接取决于农村劳动力供给相对于农业需求是否有剩余，即是否存在"零值劳动力"。而在当前的制度环境下，我国"刘易斯拐点"已经到来，大量"非零值劳动力"的流失必然对农地利用效率产生影响[②]。盖庆恩等的研究表明，农村青壮年男性和女性这种"非零值劳动力"的城市化转移会降低农业生产率，并且增加了农户家庭退出农业的概率[③]。此外，我国存在户籍制度和社会保障制

[①] 蔡昉：《城市化与农民工的贡献——后危机时期中国经济增长潜力的思考》，《中国人口科学》2010年第1期。

[②] 汪进、钟笑寒：《中国的刘易斯转折点是否到来——理论辨析与国际经验》，《中国社会科学》2011年第5期；蔡昉、都阳：《工资增长、工资趋同与刘易斯转折点》，《经济学动态》2011年第9期。

[③] 盖庆恩、朱喜、史清华：《劳动力转移对中国农业生产的影响》，《经济学（季刊）》2014年第3期。

度的制约，人口城镇化存在不彻底的现象，农民兼业行为普遍存在。农户以家庭为单位配置劳动力，在小农生产经营模式和土地流转规模较小的背景下，人口城镇化促使农村劳动力结构发生转变，趋向老龄化和妇幼化等。关于这一结构变化对农地利用效率的影响，既有研究认为现阶段农村人口老龄化、女性化的负面影响已经形成①，也有研究认为农业机械服务水平的提高、生产管理决策的趋同、农民生产自我剥削机制的存在使得这一负面影响尚未显现②，更有研究认为虽然农业劳动力女性化不利于农业生产技术效率的提高，但老龄化增加了富有经验的农民从事农业的比例，反而有利于农地利用效率的提高③。因此，劳动力要素投入变化对农地利用效率的影响具有不确定性。

2. 通过收入效应和汇款效应间接影响农地利用效率

在农民兼业的情况下，人口城市化通过非农就业的汇款效应增加农民收入，从而使得农民收入边界外扩，改变了资本对农民的约束，赋予了农民增加生产性投资和引进先进生产技术的能力④。这一效应已在上文农地利用效率的影响因素中涉及。虽然这种改变对不同收入农户的影

---

① Rozelle, S., Taylor, J. E., de Brauw, A., "Migration, Remittances and Agricultural Productivity in China", *American Economic Review*, 1999, Vol. 89, No. 2, pp. 287 – 291；李旻、赵连阁：《农业劳动力"老龄化"现象及其对农业生产的影响：基于辽宁省的实证分析》，《农业经济问题》2009 年第 10 期。

② 胡雪枝、钟甫宁：《农村人口老龄化对粮食生产的影响：基于农村固定观察点数据的分析》，《中国农村经济》2012 年第 7 期；周宏、王全忠、张倩：《农村劳动力老龄化与水稻生产效率缺失：基于社会服务化的视角》，《中国人口科学》2014 年第 3 期。

③ 彭代彦、吴翔：《中国农业技术效率与全要素生产率：基于农村劳动力结构变化的视角》，《经济学家》2013 年第 9 期；成德宁、杨敏：《农业劳动力结构转变对粮食生产效率的影响》，《西北农林科技大学学报》（社会科学版）2015 年第 4 期。

④ Taylor, J. E., Rozelle, S., de Brauw, A., "Migration and incomes in source communities: A new economics of migration perspective from China", *Economic Development and Cultural Change*, 2003, Vol. 52, pp. 75 – 101；Goodwin, B., Mishra, A., "Farming efficiency and the determinants of multiple job holding by farm operators", *American Journal of Agricultural Economics*, 2004, Vol. 86, pp. 722 – 729；Damon, A. L., "Agricultural land use and asset accumulation in migrant households: The case of El Salvador", *The Journal of Development Studies*, 2010, Vol. 46, No. 1, pp. 162 – 189.

响存在差异①，还与地域特征、农业生产类型相关②，但其对农民资本约束的影响是需要进一步关注的。当然，这一影响的实现依赖于农民的消费行为，即汇款或收入增加被优先和主要用于农业生产。不过，也有研究表明，非农就业带来的收入增加被农民主要用于提高家庭消费和生活水平，如翻新和维修住宅、购买汽车、养育后代等，而非用于购买农业机械、化肥、种子或引进新的生产技术等农业投资③。Wu 和 Meng 利用中国农户调查的数据发现，农民收入提高有利于农业生产投资，而非农就业收入比例增加却有相反的作用④。当然，这一结论与中国在该阶段的农村发展落后、农业生产水平较低有关，在当前阶段的情况需要进一步证实⑤。因此，收入与汇款效应对农地利用效率的影响，其关系具有一定的复杂性，具体情况也存在不确定性。

3. 通过改变农业地位间接影响农地利用效率

随着城市化进程的进一步推进，农村人口继续向城市转移，农民兼业化程度会进一步加剧，甚至出现副业化的情况⑥。这种情况下，农业的地位会逐步下降，人口城市化转移的正面效应将无法显现。农民缺乏投资农地的积极性，因为在农业生产收入占比大幅度下降的情况下，农地利用会出现要素替代不充分或无替代的情况，后一种情况的现实表现

---

① Croll, E. J., Huang, P., "Migration for and against agriculture in eight Chinese villages", *The China Quarterly*, 1997, Vol. 149, pp. 128 – 146.

② Wouterse, F., Taylor, J. E., "Migration and income diversification: evidence from Burkina Faso", *World Development*, 2008, Vol. 36, No. 4, pp. 625 – 640.

③ Mines, R., de Janvry, A., "Migration to the United States and Mexican rural development: A case study", *American Journal of Agricultural Economics*, 1982, Vol. 64, No. 3, pp. 444 – 454; Davis, J., Lopez – Carr, D., "Migration, remittances and smallholder decision – making: implications for land use and livelihood change in Central America", *Land Use Policy*, 2014, Vol. 36, pp. 319 – 329.

④ Wu, H. X., Meng, X., "Do Chinese farmers reinvest in grain production?", *China Economic Review*, 1996, Vol. 7, pp. 123 – 134.

⑤ 郭军华、倪明、李帮义：《基于三阶段 DEA 模型的农业生产效率研究》，《数量经济技术经济研究》2010 年第 12 期。

⑥ Goodwin, B., Mishra., A., "Farming efficiency and the determinants of multiple job holding by farm operators", *American Journal of Agricultural Economics*, 2004, Vol. 86, pp. 722 – 729.

为土地撂荒①。而在当前的制度环境下,随着我国"刘易斯拐点"的到来②,劳动力非农就业工资大幅度提升,农村土地流转规模尚不普遍,进一步影响了资本投资和技术效应的发挥。农业地位的弱化,在小农经营模式下促进了农业生产趋向单一化和粗放化,从而对农地利用效率产生负向作用。

4. 通过影响农业生产结构、农地利用强度/农地利用的集约水平间接影响农地利用效率

人口城市化对农地利用强度的影响主要有两个路径:一方面城市扩张占用农用地使农地数量锐减,从理论上需要提高农地利用集约水平以保证粮食安全;另一方面,农村人口的转移改变了农民的消费水平和种植结构,从而影响农地利用强度和集约水平。Li 等研究了城镇化扩张对土地利用强度的影响,以复种指数为因变量,以耕地被占用面积为关键自变量,在控制人均耕地面积、工业总产值、人均国民生产总值、人均农业投入等变量的基础上,选取 1989 年、1995 年、2000 年三个时序县级截面组成面板数据进行了回归分析,发现城镇化对农地利用强度有负向影响③。此外,农业生产与消费并未分开,人口城市化减少了农民对自身粮食生产的依赖性④。农民可能会改变种植结构,减少粮食生产而增加经济作物的种植,提高土地收益,促进农地利用集约化水平的提高⑤。同时,在劳动力日益减少和劳动力成本大大提升的情况下,农民可能会减少劳动密集型农作物的生产、增加劳动节约型作物的种植⑥。

---

① 朱丽莉:《农村劳动力流动、要素结构变动与农业生产效率研究》,博士学位论文,南京农业大学,2013 年,第 16 页。
② 蔡昉、都阳:《工资增长、工资趋同与刘易斯转折点》,《经济学动态》2011 年第 9 期。
③ Li, J., Deng, X., Seto, K. C., "The impact of urban expansion on agricultural land use intensity in China", *Land Use Policy*, 2013, Vol. 35, No. 11, pp. 33 – 39.
④ Feng, S., Heerink, N., Ruben, R., et al., "Land rental market, off – farm employment and agricultural production in Southeast China: A plot – level case study", *China Economic Review*, 2010, Vol. 21, pp. 598 – 606.
⑤ Damon, A. L., "Agricultural land use and asset accumulation in migrant households: The case of El Salvador", *The Journal of Development Studies*, 2010, Vol. 46, No. 1, pp. 162 – 189;杨进、钟甫宁、陈志刚等:《农村劳动力价格、人口结构变化对粮食种植结构的影响》,《管理世界》2016 年第 1 期。
⑥ 钱龙、洪名勇:《非农就业、土地流转与农业生产效率变化——基于 CFPS 的实证分析》,《中国农村观察》2016 年第 12 期。

部分农民甚至会通过减少种植规模或降低复种指数,来适应劳动力的变化。这种情况下,种植规模或者复种指数的改变降低了农地利用强度,从而降低了农地利用效率。

5. 通过影响土地利用状况、资本和技术要素的替代关系间接影响农地利用效率

农村劳动力转移有利于促进土地流转,提高农地经营的规模,从而发挥规模效应①。一定情况下,如果没有劳动力的城市化转移,土地产权、土地买卖和租赁并不能扩大农地规模,人口城市化成为扩大农户经营规模的重要条件②。同时,劳动力投入要素减少的情况下,为了维持农业生产的稳定和增长,农民会主动或被迫增加替代要素投入和提高生产技术水平,从而改变要素间的替代关系③。然而,也有研究认为农村劳动力转移与农业技术水平的提高并不存在必然的联系,因为新技术并不一定被采用④。而且,资本和技术与劳动力之间不存在完全的替代关系,其替代的边际收益呈递减趋势,在一定要素投入组合下存在收益边界的约束⑤。那些与环境密切相关的要素投入并不是越多越好,如化肥和农药的使用可能带来土壤板结、生物多样性降低等危害,反而不利于农地利用效率的提高⑥。

总之,人口城市化对农地利用效率既有正向的作用,也有负面的影响。这些影响通过直接或间接的路径作用于农地,并且在作用的过程中相互交织和融合,从而形成影响机制,如图 2-6 所示。当然,最终作用的结果取决于正反两方面的综合力量。既有可能正向的收入效应和要

---

① 屈小博:《不同规模农户生产技术效率差异及其影响因素分析——基于超越对数随机前沿生产函数与农户微观数据》,《南京农业大学学报》(社会科学版) 2009 年第 3 期。

② 钟甫宁、纪月清:《土地产权、非农就业机会与农户农业生产投资》,《经济研究》2009 年第 12 期。

③ Mendola, M., "Migration and technological change in rural households: complements and substitutes", *Journal of Development Economics*, 2008, Vol. 85, pp. 150 – 175.

④ Oberai, A., Singh, D., "Migration, production and technology in agriculture: A case study in the India Punjab", *International Labor Review*, 1982, Vol. 121, No. 3, pp. 327 – 343.

⑤ 朱丽莉:《农村劳动力流动、要素结构变动与农业生产效率研究》,博士学位论文,南京农业大学,2013 年,第 15—16 页。

⑥ Phimister, E., Roberts, D., "The effect of off – farm work on the intensity of agricultural production", *Environmental & Resource Economics*, 2006, Vol. 34, No. 4, pp. 493 – 515.

素替代作用强于负向的劳动力流失效应,将负面影响予以抵消,也有可能出现相反的情况。实际情况则需要进一步的检验。

目前采用计量模型分解这一影响机制还存在较大的难度。本书基于中介效应模型,通过选取代理变量的方法,分析代理变量的调节作用以检验人口城镇化对农地利用效率在不同影响路径上的差异。

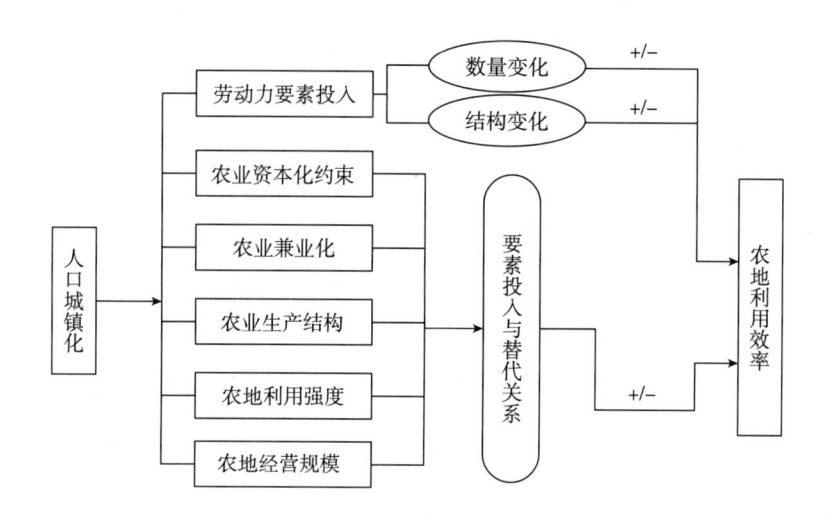

图 2-6　人口城镇化对农地利用效率影响机制的概念框架

四　关于人口城镇化的动力

在农村劳动力城镇化的进程中,涉及劳动力由农业部门流向非农业部门,由农村流向城市。推动这种流动发生的动力既有来自非农业部门和城市的吸引力,也有来自农业部门和农村的推动力。已有理论和研究多关注来自于非农业部门和城市的吸引力,而对来自农业部门和农村的推动力则关注较少。传统理论认为,城市化与工业化具有很强的相关性和进程上的一致性,工业化从劳动力就业、生产、消费和结构转变等方面影响和推动着城市化[①]。工业化与城市化的这种相关关系在本书关于英国、美国、日本的城市化进程与农地利用关系梳理中可以得到证实。

[①] "工业化与城市化协调发展研究"课题组:《工业化与城市化关系的经济学分析》,《中国社会科学》2002年第2期。

传统劳动力转移理论也是基于发达国家的实践认为实际收入差距是城市化的主要动力之一。但随着世界各国城市化与工业化进程的推进，城市化与工业化的关系表现出了新的特征，尤其是在巴西、印度、墨西哥等新兴发展中国家，出现城市化快于工业化的问题，引起了相关学者对农村劳动力转移动力的重新审视。如 Durand 和 Paláez 通过分析拉丁美洲的城市化水平和城乡收入差距，发现在 20 世纪 60 年代，拉丁美洲的人口城市化水平约高于根据收入差距预测的 11 个百分点[1]。

在这种背景下，预期收入差距理论得以建立和发展，并逐渐成为解释发展中国家人口城镇化动力的核心理论。预期收入差距理论主要认为，农民预期转移到城市就业的收入大于其在农村的平均收入时，转移就会发生[2]。该理论为发展中国家城市化快于工业化提供了有力的解释，并成为研究农村劳动力转移动因的重要支撑。很多学者也在将预期收入差距理论作为其研究支撑的基础上对其进行了扩展和深化。概括起来，其扩展和深化的方向主要有两种类型：①从预期收入差距的衡量方法方面，细化城市部门在为劳动力提供收入方面的不同进而分析其对收入差距的影响[3]。其中，该方法的一个重要的方向是使用绩效/效率工资来衡量城市部门的收入，其假设依据是城市部门通过绩效工资提供部门激励[4]。②从预期收入差距的影响因素方面，将搜寻与匹配模型引入预期收入差距理论，认为农村劳动力转向城市部门存在搜寻和匹配不协

---

[1] Durand, J. D., Paláez, C. A., "Patterns of Urbanization in Latin America", *Milbank Memorial Fund Quaterly*, 1965, Vol. 43, No. 4, pp. 166 – 196.

[2] Todaro, M. P., "A model for labor migration and urban unemployment in less developed countries", *The American Economic Review*, 1969, Vol. 59, No. 1, pp. 138 – 148.

[3] Brueckner, J., Zenou, Y., "Harris – Todaro models with a land market", *Regional Science and Urban Economics*, 1999, No. 29, pp. 317 – 339.

[4] Stiglitz, J., "The efficiency wage hypothesis, surplus labor and the distribution of income in LDCs", Oxford Economic papers, 1976, Papers 28, pp. 185 – 207; Moene, K. O., "A reformation of the Harris – Todaro mechanism with endogenous wages", *Economic Letters*, 1988, No. 27, pp. 387 – 390; Brueckner, J., Kim, H., "Land markets in the Harris – Todaro model: A new factor equilibrating rural – urban migration", *Journal of Regional Science*, 2001, Vol. 41, pp. 507 – 520.

调的就业机会差距（searching friction）问题①。此外，Stark 等还引入了城市劳动力需求弹性的概念，进一步从预期收入差距的影响因素方面探讨劳动力转移的动力②。并且，Stark、Bloom、Taylor 等发展了新迁移经济学，指出农村劳动力的转移决策是以家庭为单位，为了规避风险而作出的理性决策③。在新迁移经济学关于农村劳动力转移的相关论点中，对劳动力转移的关注点已经从城市部门的吸引力转移到农村部门的推动力方面。对于以家庭为单位经营农地而言，在新迁移经济学的理论框架下，农村劳动力转移的动因跳出了从工业化和城市化的互动关系方面进行解释的视角，为农户家庭劳动力转移动因提供了有效解释。

除了预期收入差距和新迁移经济学对农村劳动力转移动因的解释，预期城乡效用差距也是劳动力转移的重要动因之一。Lall 等认为，城乡间的预期效用差距（公共基础设施、教育、医疗和养老等）在促进农村劳动力转移方面与预期收入差异同等重要④。虽然农村地区拥有更密切的社交关系和社交网络，但经济上的贫困、公共设施的匮乏、人地关系的紧张以及较少的工作机会使得农村地区对于劳动力转移的吸引力弱于推动力，而城市地区的情况则相反⑤。此外，随着工业化进程的推进，城市部门提供的工作机会性质也在逐渐转变。劳动力在产业之间分

---

① Banerjee, B., "Information flow, expectations and job search", *Journal of Development Economics*, 1984, Vol. 15, pp. 239 – 257; Lee, C., "Migration and the wage and unemployment gaps between urban and non – urban sectors: A dynamic general equilibrium reinterpretation of the Harris – Todaro equilibrium", *Labour Economics*, 2008, Vol. 15, pp. 1416 – 1434.

② Stark, O., Gupta, M., Levhari, D., "Equilibrium urban employment in developing countries: Is migration the culprit?", *Economic Letters*, 1991, Vol. 37, pp. 477 – 482.

③ Stark, O., Bloom, D., "The new economics of labor migration", *The American Economic Review*, 1985, Vol. 75, No. 2, pp. 173 – 178; Stark, O., Taylor, J. E., "Migration incentives, migration types: The role of relative deprivation", *Economic Journal*, 1989, Vol. 101, No. 408, pp. 1163 – 1178.

④ Lall, S. V., Selod, H., Shalizi, Z., Rural – urban migration in developing countries: A survey of theoretical predictions and empirical findings, The World Bank Policy Research Working Paper, 2006, Series 3915.

⑤ Lee, E. S., "A theory of migration", *Demography*, 1966, No. 1, pp. 10 – 14.

配的方向面临调整，第三产业已经成为吸引农村劳动力转移的新高地①。在全球化的背景下，农村劳动力转移伴随着产业结构的变化和产业关系的调整，也受到农业生产本身的影响。Glaeser 在城市化、农村发展和经济开放度模型的基础上，采用 119 个国家 1961 年、139 个国家 2010 年的截面数据，研究了城市化水平和农地生产率之间的关系，发现 2010 年城市化和农地生产率之间的关系比 1961 年显著减弱；并且，2010 年小国家的农地生产率和城市化水平之间存在负相关关系②。这说明在某些情况下，农村劳动力转移的动因可能并不是农地利用效率提高带来了劳动力剩余，而是农地利用效率低下带来的农村贫困。

受土地、户籍等因素的影响，我国农村劳动力转移的特征比较复杂。农村劳动力转移事实上被割裂为两个过程：一个是农村劳动力离开农村部门，另一个是离开农村部门的劳动力迁居到城市③。我国实行以家庭联产承包责任制为基础的农地经营制度，在前一个过程中，农村劳动力的转移表现出个体城镇化的特征；在后一个过程中，农村劳动力转移表现出依赖农业和农地的黏滞性。程名望等将全国 31 个省份的宏观数据与 2004 年全国农村固定观察点的数据进行结合，运用动态递归方法研究了农村劳动力转移的影响因素，发现来自城市部门就业机会吸引依然是农村劳动力转移的根本动力，这一结论通过了 Logit 模型的稳健性检验和微观调查数据描述性统计分析的验证④。相同的论点也存在于"工业化与城市化协调发展研究"课题组、仇保兴、辜胜阻和武兢等的研究中⑤。城市部门就业机会一般会通过影响预期城乡收入差距影响农

---

① Chauvin, J. P., Glaeser, E. R., Ma, Y., et al., "What is different abour urbanization in rich and poor countries? Cities in Brazil, China, India and the United States", *Journal of Urban Economics*, 2017, Vol. 98, No. 3, pp. 17 – 49.

② Glaeser, E. R., "A world of cities: The causes and consequences of urbanization in poor countries", *Journal of European Economic Association*, 2014, Vol. 12, No. 5, pp. 1154 – 1199.

③ 蔡昉：《刘易斯转折点后的农业发展政策选择》，《中国农村经济》2008 年第 8 期。

④ 程名望、史清华、徐剑侠：《中国农村劳动力转移动因与障碍的一种解释》，《经济研究》2006 年第 4 期。

⑤ "工业化与城市化协调发展研究"课题组：《工业化与城市化关系的经济学分析》，《中国社会科学》2002 年第 2 期；仇保兴：《我国城镇化的特征、动力与规划调控（续）》，《城市发展研究》2003 年第 2 期；辜胜阻、武兢：《城镇化的战略意义与实施路径》，《求是》2011 年第 5 期。

村劳动力的转移行为。但也有学者认为，城乡收入差距对农村劳动力转移的影响并没有预期的显著，如王春超基于农民理性行为的分析框架，采用1991—2003年中国劳动统计相关数据的实证分析表明，城乡收入差距是农村劳动力转移的初始动力，但不能形成持续的激励机制①。然而，该研究也证实了预期收入差距对农村劳动力转移第一个过程，即农民离开农村部门的重要作用。事实上，其研究结果也从侧面反映出农地利用和农业生产对农村劳动力转移存在一定的影响。

可以看出，虽然在具体的影响因素方面还存在一些分歧，但对人口城镇化动力的已有研究，既关注到了来自城市的吸引力，也关注到来自农村的推动力。但是，总体而言，还鲜有从农地利用效率角度探索农地利用对农村劳动力转移的影响。鉴于农地利用在我国农户家庭中的经济地位和承担的社保功能，根据劳动力转移理论，农地利用可能通过影响预期城乡收入差距影响农民的转移行为。因此，有必要考察农地利用效率的变化是否对农村劳动力转移产生逆向的因果关系。但根据已有研究可知，农地利用效率不能完全决定预期收入差距，后者更大程度上取决于城市就业机会。因此，在实证分析人口城镇化与农地利用效率的影响关系时，可以忽略相关的内生性问题。

五　文献综述小结

人口城镇化是中国自改革开放以来最重要的经济社会特征之一。劳动力资源在这一进程中重新配置。作为农地利用重要的投入变量，农村人口城镇化转移必然会引起农地利用投入产出关系的转变，从而影响农地利用效率。但是，农村人口转移对农地利用效率的影响具有双面性，在不同国家和不同的城镇化阶段具有不同的特征。已有研究分别在农地利用效率的衡量方法、空间差异特征、影响因素以及农村人口城镇化动力等方面进行了深入的探索，也涉及农村劳动力转移对农地利用效率的影响分析。在如何衡量农地利用效率、农村劳动力非农就业对农地利用的影响、农村劳动力迁移的动力以及如何改造传统农业方面为本书提供了重要的理论和方法支撑。但农村人口城镇化与农地利用效率之间的关

---

① 王春超：《收入差异、流动性与地区就业集聚》，《中国农村观察》2005年第1期。

系具有复杂性和区域差异性：农村劳动力的外流使得劳务大量输出地区的农业劳动力供应趋于紧张，如果没有足够的替代要素投入将会影响土地的生产能力，对农产品的供给产生威胁。而且，在农村劳动力本来就短缺的地方，农村劳动力的外流会显著影响农地利用效率。目前的研究尚缺乏农村人口转移对农地利用效率影响区域差异的关注。对不同区域的城镇化动力及农地制度改革路径的探讨也较少涉及。

第三节　本章小结

城镇化是人类经济社会发展到一定阶段的客观要求和必然产物。农村劳动力由农业部门转向非农业部门、农村人口由农村转入城市是世界各国城镇化发展的基本特征。西方国家的城镇化进程先于我国，在农地资源与人口禀赋方面与我国也有显著差异，而且不存在我国城乡分割的二元土地和户籍制度，但其人口城镇化进程与农地利用的关系对我国具有重要的启示。国内外相关研究表明，农村劳动力转移对农地利用效率的影响具有复杂性，存在农村劳动力相对于农业生产是否剩余、技术和资本要素对劳动力替代水平的争论。对这一复杂性问题的考察，也为本书在理论和方法上提供了重要支撑。

本章首先梳理了具有代表性的西方国家城市化进程，及此进程中城市化、工业化和农业现代化的关系，得到的相关启示有：①城市化与农地利用关系的发展需要与本国的历史发展阶段相协调。英、美、日城市化进程在相对正面的农地制度改革下起步，并在与农业相关的工业化需求相结合的情况下加速发展，农地利用效率也实现了总体的提高。而巴西则比较特殊，属于"农地利用规模高度集中和农地生产资料分配失衡"这种负面农地制度推动下的城市化起步，农民产生分化，农村人口大规模流失，产生过度的城市化。②城市化对农地利用效率的影响具有时空差异性。在农村劳动力剩余情况和劳动力不足情况下，其转移对农地利用效率的影响存在时间和空间的差异。③城市化的动力主要是来自城市的"吸力"和来自农村的"推力"。来自农村的推力——农村的贫困和农地利用低效率，也会在一定情况下成为城市化的主要动力。④科学的农地制度安排对促进城市化和农地利用关系的健康发展至关重要，是促进城市化和农地利用关系的发展与本国的历史发展阶段相协调的基本制度。

其次，通过对已有研究的梳理，本书认为相关学者已在农地利用效率的衡量方法、空间差异特征、影响因素以及农村人口城镇化动力等方面已进行深入探索，也涉及农村劳动力转移对农地利用效率的影响分析。其相关结果对如何衡量农地利用效率、农村劳动力非农就业对农地利用的影响、农村劳动力迁移的动力以及如何改造传统农业方面为本书提供了重要的理论和方法支撑。但已有研究尚缺乏农村人口转移对农地利用效率影响区域差异的关注，在农地利用效率测量方法和指标的选取方面尚存在争议，也鲜有基于人口城镇化对农地利用效率影响机制的改革路径探讨。

第三章 理论基础

第一节 土地报酬递减规律

土地报酬递减的思想最早出现在法国经济学家、重农学派代表人物杜尔阁（Turgot, A. R. J.）于1968年所写的《圣柏拉威回忆录书后》一文中。他在该文中谈道，"将种子撒在土地肥沃，但未开垦的土地上，或许是一种几乎全部损失的投资。若辅以投入一个劳动力，则收益必可提高，再加以两个、三个的劳动力，则收益不仅两三倍，或许四倍到十倍增加。增加的比例，大于投资增加的比例，直到产量增加与投资增加的比例达到最大限度点。超过该点，增加投资，收益虽然也继续增加，但增加的比例越来越少，直至土地生产力耗尽为止"①。该思想经过马尔萨斯（Malthus, T. R.）《人口论》（1978年发行）一书的传播，影响到古典政治经济学家亚当·斯密（Smith, A.）、大卫·李嘉图（Ricardo, D.）以及马克思（Marx, K. H.）关于地租的相关理论，并在之后的传播中得到了进一步的发展和完善。英国古典经济学家西尼尔（Senior, N. W.）在1836年为该规律加入了"农业技术在一定时期内保持不变"这一非常重要的前提；美国边际效用学派代表人物克拉克（Clark, J. B.）在1900年将投入土地上的生产要素划分为不变要素和可变要素，使得原来混合在一起的土地、资本、劳动、技术的收益规律

---

① 刘潇然：《土地经济学》，河南大学出版社2012年版，第460—470页；毕宝德：《土地经济学》（第七版），中国人民大学出版社2016年版，第66页。

得以厘清；美国农业经济学家布莱克（Black, J. D.）在1926年出版的《农业生产经济学导论》一书中，提出和绘制了影响深远的总产量曲线、平均产量曲线和边际产量曲线的概念和图示，系统分析了不同阶段的报酬变化，强调了可变要素生产率的重要性，为合理安排农业土地要素投入提供了理论依据[1]。该规律的定量分析如下：

设土地产量为 Y，生产要素投入量为 X_i（$i=1, 2, 3, \cdots, n$），则其生产函数可以用式（3.1）表示。

$$Y = F(X_i)(i=1, 2, 3, \cdots, n) \tag{3.1}$$

在其他生产要素不变时，生产要素 j 的投入量为 X_j，则 X_j 与土地产量之间的关系为：

$$Y = \Phi(X_j) \tag{3.2}$$

则总产量（Total Product, TP）、平均产量（Average Product, AP）、边际产量（Marginal Product, MP）变化关系，如图3-1所示。

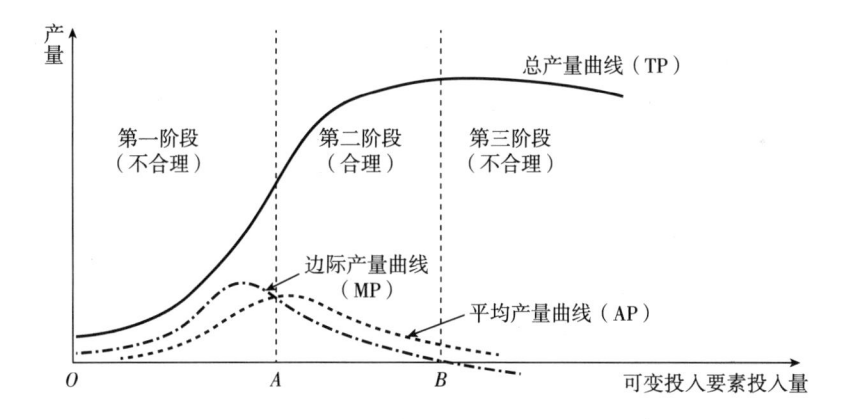

图3-1　不同投入水平下产量生产率曲线变化

资料来源：毕宝德：《土地经济学》（第七版），中国人民大学出版社2016年版，第69页。[2]

---

[1] 毕宝德：《土地经济学》（第七版），中国人民大学出版社2016年版，第67页。

[2] 关于TP、AP、MP的起点是否从0点处开始的讨论，本书结合周诚的《土地经济学》，商务印书馆2003年版，第108页和黄贤金、张安录《土地经济学》（第二版），中国农业大学出版社2016年版，第165页的图示，最后判定为TP、AP和MP不应当从0开始，因为在其他要素不变时，即使 X_j 投入量为0，总产量也有较大的可能不为0，故TP、AP和MP均不应从0点起始。

(1) O—A 第一阶段：随着可变要素 X_j 的持续投入，在 MP 达到最高点之前，TP 增速越来越快，之后增速放缓，AP 和 TP 均一直增加。在投入达到 A 点时，MP 和 AP 相交，AP 达到最大，TP 继续上升。在该阶段可以通过不断加大可变要素的投入，持续提高 TP 和 AP。

(2) A—B 第二阶段：MP 和 AP 均开始下降，但 TP 仍处于上升阶段。在投入增加到 B 点时，MP 为 0，TP 达到最大，AP 仍处于下降状态。该阶段如果有需要提高 TP，可以持续投入要素量到 B 点。

(3) B 之后第三阶段：在一定时期内，其他变动投入要素不变，尤其是土地生产科技水平稳定的情况下，超过 B 点之后继续投入 X_j 要素，AP 递减，MP 可能为 0 或负数，TP 可能保持不变或减少，但均无增加的可能性。

因此，一定时期内在其他投入要素不变的情况下，投入产出的最佳组合处于 A—B 第二阶段。在第一阶段，变动要素和不变要素的功能尚未得到充分发挥，总生产率处于大幅提升阶段，此时停止投入 X_j，则会极大地损害总生产率；在第三阶段，不变要素的功能已得到充分发挥，此时停止投入或减少投入 X_j，则有利于保持总体生产率，优化投资组合和社会资源配置。

我国不同区域的农地对农村劳动力投入量的需求存在不同。土地报酬递减规律对本书的启示在于，在农村劳动力供给相对于农地劳动力需求紧缺的区域，若农村劳动力和农地产量的关系仍处于第一阶段，那么农村劳动力的转移对农地产量是不利的，会降低农地的利用效率；而在农村劳动力供给相对于农地劳动力需求剩余的区域，农村劳动力和农地产量的关系处于第三阶段，则农村人口的转移是有利的，不仅不会影响农地利用效率，还可以优化社会劳动力资源的配置。

第二节 城乡二元经济理论

城乡二元经济结构理论是由英国经济学家、诺贝尔经济学奖获得者刘易斯（Lewis, W. A.）于 1954 年首先提出。在其《劳动无限供给条件下的经济发展》一文中，阐述了"两个部门结构发展模型"的概念，揭示了发展中国家并存着以传统生产方式为主的农业经济体系和城市现代工业体系两种不同的经济体系,这两种体系构成了"二元经济结构"①。由于发展中国家农业中存在边际生产率为零的剩余劳动力,因此农业剩余劳动力的非农转移能够促使二元结构逐步削减。此后,费景汉和拉尼斯(Fei and Ranis)修正了刘易斯模型中的假设,在考虑工农业两个部门平衡增长的基础上,完善了农业剩余劳动力转移的二元经济发展思想,从而使刘易斯—费景汉—拉尼斯模型成为在古典主义框架下分析二元经济问题的经典模型②。

由于传统农业部门人口过剩,而耕地数量是有限的,加之生产技术一定时间内很难有突破性进展,生产的产量在达到一定的数量之后,基本是无法再增加的,所以每增加一个人所增加的产量几乎为零,即农业生产中的边际生产率趋于零,有时甚至是负增长,该部分过剩的劳动力被称为"零值劳动人口"。正是由于大量的"零值劳动人口"的存在,才导致发展中国家经济发展水平长期处于低水平,造成城乡差距。在城市现代工业体系中,各工业部门具有可再生性的生产资料,生产规模的扩大和生产速度的提高可超过人口的增长,即工业部门的劳动边际生产率高于农业部门的劳动边际生产率,工资水平也略高于农业生产部门,所以可以从农业部门吸收农业剩余劳动力。由于工业部门所支付的劳动力价格只要比农业部门的收入略高,农业剩余劳动力就会选择转移到工业部门,所以农村劳动力是廉价的,这样工业部门可以支付较少的劳动报酬,把多余资本投入到扩大再生产的过程中。这样一来又可以吸收更多的农民到工业部门就业,形成一个良性运行过程,促使农业剩余劳动力的非农转移,使二元经济结构逐步削减。

费景汉、拉尼斯在考虑工农业两个部门平衡增长的基础上,完善了农业剩余劳动力转移的二元经济发展思想③。他们首先将剩余农民分为

---

① Lewis, W., "Economic development with unlimited supply of labor", *The Manchester School of Economic and Social Studies*, 1954, Vol. 22, No. 2, pp. 139 – 191.

② Fei, J. C. H., Rains, G., *Development of the Labor Surplus Economy: Theory and Policy*, Homewood, Ⅲ., Irwin, 1964, pp. 123 – 136.

③ 周剑麟:《二元经济论:过去与现在》,人民出版社 2013 年版,第 49—57 页;高帆:《中国城乡二元经济结构转化:理论阐释与实证分析》,上海三联书店 2012 年版,第 29—52 页;张桂文:《中国二元经济结构转换的政治经济学分析》,经济科学出版社 2011 年版,第 11—15 页。

两个部分：一部分是不增加农业总产出的农民，即边际产出为零的那一部分农民；另一部分是不增加农业总剩余的农民，即虽然边际产出不为零，但并不能满足自己消费需求的那一部分农民。他们认为，工农数量的转换必须经过三个阶段，如图3-2所示：

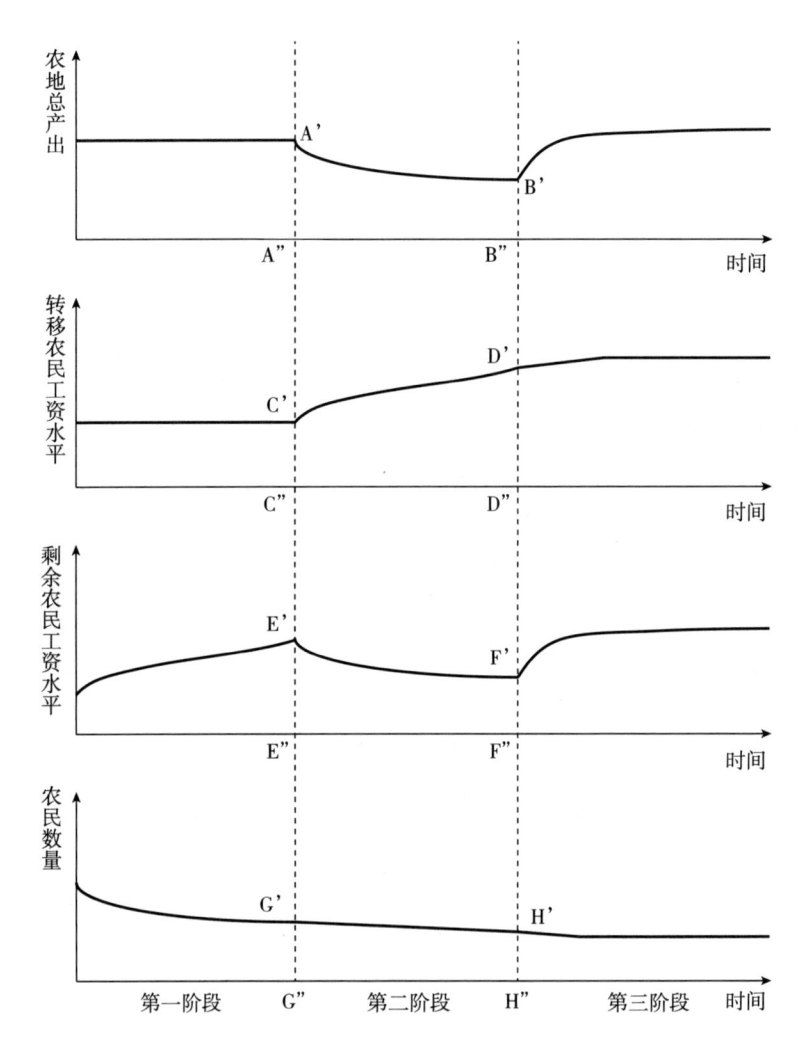

图3-2 城乡二元经济不同阶段主要变量变化

资料来源：笔者整理。

第一阶段：边际劳动生产率为零的农民向工业部门转移。因其边际生产率为零，所以这部分农民的转移，不会对农业总产出水平产生影响。只要工业部门的发展有增加劳动力的需求，就会吸引这部分农民向工业部门转移。付给这部分农民的工资相当于他们在农业部门所得到的报酬即可，从而促进工业积累和工业部门的进一步扩张。并且由于农民数量的减少，其他农民的人均所得也会增加。

第二阶段：当前一部分人转移到工业部门之后，后一部分人由于工业部门的吸引也开始流向工业部门。这时，工农数量的转换进入第二阶段。由于后一部分农民的边际产出不为零，他们转出农业部门后，不仅农业总产出水平会下降，而且其他未流出的农民人均所得也会下降，当农民总产出下降到一定水平时，必然会引起农产品（尤其是粮食）相对价格的上涨，从而迫使工业部门提高工资，增加成本。这样就妨碍工业部门的积累和扩张，进而妨碍其对剩余农民的吸纳。因此，这一阶段必须依靠提高农业劳动生产率的办法，以补偿那些并不完全"剩余"的农民流出农业部门所造成的影响。否则，工农数量的转换就会难以顺利实现，当工农数量的转换度过费景汉和拉尼斯所谓的"粮食短缺点"后，工业部门继续吸纳剩余农民。

第三阶段：当农业部门中不再有剩余农民（不增加总产出的和不增加总剩余的农民）时，工农数量的转换就进入第三阶段。在第三阶段中，社会劳动力在工农两部门间的分配将由竞争性的工资水平决定，不仅农业部门要向工业部门继续提供剩余，而且工业也要反过来支持农业的发展。这就意味着传统农业必然转化为商业化农业。

城乡二元经济结构理论中关于农村劳动力转移和农地产出关系的表述，与上文土地规模报酬递减规律得出的论点，形成本书"人口城镇化对农地利用效率影响的区域差异研究"的基本支撑：边际产出率不为零的农村劳动力发生转移，会降低农地的产出水平；边际产出率为零的农村劳动力转移，不会降低农地的产出水平。此外，城乡二元经济结构理论还为本书第三个议题"人口城镇化对农地利用效率影响的改革路径"设计提供方向：促使传统农业向现代农业转换；在农村人口城镇化降低了农地利用效率时，积极提高农业劳动生产率，以促进二元经济结构的削减。

第三节　农村劳动力转移理论

不同于城乡二元经济理论关注农村劳动力转移与工农部门发展的互动关系，农村劳动力转移理论更多地关注农村劳动力从农业部门、农村转向工业部门、城市的动力。该理论从宏观和微观两个视角进行了解释：宏观方面主要围绕城乡收入差距、城市就业方面进行解释，其代表人物包括前文述及的刘易斯、费景汉、拉尼斯和托达罗（Todaro, M. P.）等；微观方面则从个体或者家庭的决策视角进行分析，该视角也是新迁移经济学的重要内容，代表人物是斯塔克（Stark, O.）。

一　宏观视角

城乡二元经济理论的基本假设是工业部门劳动生产率高于农业部门，农村劳动力的转移受城乡实际收入差距的影响，工业部门只要支付高于农业劳动平均水平的工资，农村劳动力就存在向城市转移的倾向，直到两个部门劳动生产率相当。其潜在的逻辑是城市存在大量的工作机会，能充分吸纳农村转移人口。托达罗则修正了这一观点，认为城市和乡村都存在失业和就业不充分问题，是城乡预期收入差距而非城乡实际收入差距决定了农村劳动力向城市转移的规模、方式和程度。为此，他引入了就业机会的概念，认为只有当农民预期转移到城市就业的收入（由城市就业机会和实际城乡收入差距决定）大于其在农村的平均收入时，转移才会发生[①]。

预期收入理论的基本思想是：假设经济体中存在城市和农村两个区域，设城市劳动力为 N_u，其中参与工业部门就业的为 N_e，农村劳动力转移规模为 M。M 是农民对预期城乡收入差距 $eIncome_{\_dif}$ 反应的结果。预期城乡收入差距的计算公式如下：

$$eIncome_{\_dif} = uIncome \times \varphi - rIncome \tag{3.3}$$

---

① Todaro, M. P., "A model for labor migration and urban unemployment in less developed countries", *The American Economic Review*, 1969, Vol. 59, No. 1, pp. 138 – 148；Harris, J., Todaro, M. P., "Migration, unemployment and development: A two – sector analysis", *The American Economic Review*, 1970, Vol. 60, No. 1, pp. 126 – 142.

$$\varphi = \frac{\tau \times N_e}{N_u - N_e} \tag{3.4}$$

其中，uIncome 是城市劳动力实际工资，φ 是就业机会概率，rIncome 是农业劳动力实际收入，τ 是工业部门新就业机会创造率。托达罗认为，农村劳动力转移规模 M 随着 eIncome_dif 的扩大而增加，即是预期收入差距的增函数。由 M 的决定函数可以看出，发展中国家农村劳动力向非农产业流动和城市转移，一方面是城乡收入差距扩大的结果，另一方面是受工业部门创造就业机会的影响。

$$M = f(eIncome\_dif), f > 0 \tag{3.5}$$

二 微观视角

托达罗关于预期城乡收入差距的分析是基于经济中的个体行为决策作出的（虽然其分析视角是宏观的）。对于农业生产来讲，一个更适用的概念是农民是以家庭为单位进行生产决策和分配劳动力的。这种情况尤其适用于我国实行以农村家庭联产承包责任制为基础的农业经营现状。新迁移经济学（New Economics of Labor Migration）则从这一角度强调了家庭决策在农村劳动力转移中的重要性。

新迁移经济学认为，农村劳动力的转移是以家庭为单位做出的决策，这样在决策过程中不仅要受个体预期收入最大化的影响，还受家庭风险最小化的制约[1]。其对预期收入理论的补充在于，即使在城乡预期收入差距不存在的情况下，农村劳动力转移也会持续存在。这种情况下，其转移的意义在于降低农户经营农业的风险。因此，贫困农户相较于富有农户更倾向于转移到非农部门和城市。农户收入水平会影响到农村劳动力转移动机。

新迁移经济学为分析劳动力转移对农地利用的影响提供了新的视角，即在分析时需要考虑农村劳动力的双向效应：由转移带来的劳动力

---

[1] Stark, O., Bloom, D., "The new economics of labor migration", *The American Economic Review*, 1985, Vol. 75, No. 2, pp. 173 – 178; Stark, O., Taylor, J. E., "Migration incentives, migration types: The role of relative deprivation", *Economic Journal*, 1989, Vol. 101, No. 408, pp. 1163 – 1178.

投入减少效应及经济与家户连在一起而产生的收入效应①。此外，对农户而言，家庭劳动力未发生转移时，来自于农地的收入是其收入的主要来源。因此影响农业收入的农地利用效率可能对农村劳动力转移也存在一定的影响。农村劳动力转移也可能是由于农地利用效率低，农户为了分散风险而做出的理性选择。这种情况下，可能出现随着农地利用效率的提高，农村劳动力转移率先增加后降低的情况。因为，在农地利用效率偏低的情况下，农户家庭为了分散风险而具有转移家庭劳动力的动力，而在农地利用效率提高到一定程度的情况下，这种动力开始减弱，其原因是在其他条件不变的情况下，来自农地经营收入的提高缩小了预期城乡收入差距②。

农村劳动力转移理论对本书的支撑在于一方面提供了分析农村劳动力转移产生的双向效应综合作用于农地利用，从而影响了农地投入产出关系，即农地利用效率的依据；另一方面也为本书进行更深入的分析农村劳动力转移动力，尤其是其转移不利于农地利用效率的情况下，农村劳动力仍向非农部门和城市转移这一行为提供了解释逻辑和影响预期。

第四节　城市化、农村发展与经济开放度理论

美国著名城市经济学家爱德华·格莱泽（Glaeser, E. L.）基于保罗·克鲁格曼（Krugman, P. R.）《地理与贸易》一书中关于经济开放度的思想③，在松山（Matsuyama）④ 和科林（Gollin）⑤ 等人关于城市化、农业产出和经济增长研究的基础上，在其2014年发表的一篇论文

---

① Rozelle, S., Taylor, J. E., de Brauw A., "Migration, remittances, and agricultural productivity in China", *The American Economic Review*, 1999, Vol. 89, No. 2, pp. 287 – 291.

② 该情况发生的前提是农民拥有对农地增收的占有权，这也比较符合我国的农地经营情况。

③ Krugman, P., *Geography and Trade*, Massachusetts: MIT Press, 1991.

④ Matsuyama, Kiminori., "Agricultural Productivity, Comparative Advantage, and Economic Growth", *Journal of Economic Theory*, 1992, Vol. 58, pp. 317 – 334.

⑤ Gollin, D., Jebwab, R., Vollrath, D., "Urbanization with and without Industrialization", *Journal of Economic Growth*, 2016, Vol. 21, No. 1, pp. 35 – 70.

里系统阐述了城市化、农村发展和经济开放度理论①。该理论的主要观点是：在封闭的经济里，城镇化依赖于农业发展；而在开放经济中，农村的贫穷和绝望会逼迫人们离开农村转移到城市。

该理论的基本假设有：①单一土地维度上存在一个长度为2d的城市，城市和农村人口总计为N。②城市不占有土地，并且生产的工业产品不需要运输成本即可达到需求市场。③农地生产农产品，其运输成本适用于冰山运输成本（iceberg transportation costs）②。即1单位农产品在运输d单位距离后，有$e^{-\tau d}$单位产品到达目的地。④所有的农产品必须被运输到城市进行交易，到城市中心的距离（$[0,d]$）成为农地最重要的特征。⑤农村人口密度是到城市距离d的函数，记为$n(d)$。

每一个农村人口的农产品产出用式（3.6）表示。其中C_-和γ（$0<\gamma<1$）均为常量，L指农村人口的人均农地面积，A_A指农业生产率。

$$C_- + A_A L^\gamma \tag{3.6}$$

因人均农地面积（L）是农村人口密度$[n(d)]$的倒数，则式（3.6）可改写为：

$$C_- + A_A n(d)^{-\gamma} \tag{3.7}$$

距离城市中心d处的农业总产出为：

$$C_- n(d) + A_A n(d)^{1-\gamma} \tag{3.8}$$

个人效用函数u，其表达式如式（3.9）所示。其中，θ_i代表当地效用水平，农村为1，C代表农产品的消费，M代表对工业用品的消费，α是常量（$0<\alpha<1$）。

$$u = \theta_i / [\alpha^\alpha (1-\alpha)^{1-\alpha}] (C - C_-)^\alpha M^\alpha \tag{3.9}$$

假设一个农民生产农产品的最低产出C_-等于生存所需的最低水平，农产品价格为1，工业产品价格为P_M，农村人口在城乡之间自由流动，农地产权未进行确权，并且在任意地方的农民可以分享当地的农业总产出。则距离市中心d处一个农民的所得为：

---

① 参阅 Glaeser, E. R., "A world of cities: The causes and consequences of urbanization in poor countries", *Journal of European Economic Association*, 2014, Vol. 12, No. 5, pp. 1154–1199.

② "冰山运输成本"的概念由萨缪尔森提出，指产品从生产地运往消费地的过程中，有一部分像"冰山"一样在途中"融化"掉了，即1单位的产品在运送过程中，只有τ（$\tau<1$）单位部分到达了目的地，其余$1-\tau$单位损耗掉了。

$$A_A n(d)^{-\gamma} P_M^{\alpha-1} e^{-(1-\alpha)\tau d} \tag{3.10}$$

空间均衡的状态为（人口密度从市中心开始以指数形式递减）：

$$n(d) = e^{-(\frac{(1-\alpha)}{\gamma}\tau_d)} n(0) \tag{3.11}$$

该理论对本书的支撑主要在于分析农村人口城镇化动力。人口的城镇化在一些区域伴随着农业的繁荣，而在一些区域伴随着农业的衰落。人口城镇化对农地利用效率影响为正的区域，存在农村剩余劳动力。城镇化的动力既有农业的推动，又有城市的吸引；人口城镇化对农地利用效率影响为负的区域，农村劳动力短缺情况下的人口城镇化动力更多地在于逃离贫穷和衰落的农村。该理论与新迁移经济学的农村劳动力贫困转移论点共同支撑本书提出的人口城镇化动力相关假说。

第五节　小农经济与小农生产理论

严格意义上来讲，小农经济（Small-scale Peasant Economy，SSPE）与小农生产并未形成系统的理论模型，但围绕其的争论却一直存在，因为在世界范围内小农经济和小农生产依然普遍存在并处于持续发展之中，尤其对于我国实行以家庭联产承包责任制为基础的农民集体所有制而言。相关学者围绕小农经济特征、发展方式的探讨对本书探索我国农地利用的改进路径具有重要的启发意义。对小农经济与小农生产方式的探讨，比较经典的是马克思、舒尔茨、恰亚诺夫、速水佑次郎（Yujiro Hayami）等，目前已经形成一系列成熟的理论观点。

在马克思理论的相关阐述中，小农经济最主要的特征在于农业生产和生产资料的分散化以及用于自给自足的首要生产目的。马克思认为，小农生产方式具有排斥生产过程的分工与协作，不利于农业资本集聚与发展的特质，因此降低生产成本的难度较大，且不适宜劳动生产率的提高，从而在与农业机械化大生产的竞争中处于弱势地位。这种弱势地位不仅表现在成本节约与效率的提高方面，还表现在利用银行贷款改善农业生产条件和进行农业投资上。因此，小农生产最终会在税收和高利息贷款的双重困境下走向消亡[①]。

---

① ［德］卡尔·马克思：《资本论》（第三卷），人民出版社2004年版，第70—85页。

在小农生产是否有效这一判断上，农业经济相关学派提出了不同于马克思的观点。最著名的是舒尔茨的"贫穷却有效的生产假说"，以及恰亚诺夫的"劳动—消费均衡论"。前者认为，传统农业生产中，农民是理性经济人，追求效益最大化和生产要素配置最优化，因此小农生产是贫穷却有效的。同时，小农生产正因其规模适中、生产灵活而能够迅速地应对市场需求变化。传统农业生产不能成为经济发展动力的根源在于人力资本培育的缺位和新生产要素供给的缺失[1]。当然，舒尔茨所谓的小农经济已经跳出了马克思小农经济理论中自给自足的范畴。恰亚诺夫则基于小农生产的自给自足性，进一步提出了小农生产的决定因素在于家庭的劳动供给和消费满足，因此小农经济对土地、资本和劳动的配置方式并不同于资本主义生产方式下的情况。家庭式农场可以在农地利用利润很低的情况下，依靠更多的劳动投入意愿、较低的劳动报酬可承受水平来维持农场的生存，也就是说家庭对其投入劳动程度的衡量是与其消费需求相均衡的，在需求未满足的情况下，农民通过自我剥削，来保证小农生产的有效性（恰亚诺夫，1996）[2]。另外，速水佑次郎也认为小农是理性的，基于家庭经营的农业生产是高效率的。他进一步提出了小农生产的发展路径"农业生产三阶段论"（以满足农产品产量需求为特征的阶段、以提高农民收入水平和消灭农民贫困为特征的阶段以及以调整农业生产结构和生产方式为特征的阶段）[3]。

不同学派对小农经济的界定也存在差异。马克思理论中关于小农的界定，主要强调以家庭为单位的生产方式和生产的分散性，以及生产首要目的在于自给自足。因此，对小农的界定更具有阶级特性。恰亚诺夫的"劳动—消费均衡理论"主要强调以家庭为单位的生产方式，消费的范畴包括对农产品的需求以及借由农业劳动收入换来的其他需求。舒尔茨的"贫穷却有效的生产假说"较多关注的是与资本主义雇用型农

---

[1] ［美］西奥多·W. 舒尔茨著：《改造传统农业》（第二版），梁小民译，商务印书馆2006年版，第150—174页。

[2] ［俄］恰亚诺夫著：《农民经济组织》，萧正洪译，中央编译出版社1996年版，第257—265页。

[3] ［日］速水佑次郎、［美］拉坦著：《农业发展：国际前景》，吴伟东等译，商务印书馆2014年版，第50—70页。

场相对应的家庭农场。速水佑次郎的"农业生产三阶段论"则与舒尔茨假说的概念范畴相近。结合各个学派的侧重点,以及当前农业发展趋势,本书认为家庭农场更符合农业经济学主流观点对当前小农生产的界定。作为一种农业生产方式,只要被纳入市场化的企业经营与管理方式中来,不论是否属于家庭分散或独立经营,都脱离了传统小农生产的局限,可称作现代性"小农经济"。

小农经济相关理论观点的另一个重要贡献在于对"现代小农经济下农地是否会出现兼并现象"的判断。传统小农经济改变为现代小农经济需要一个较长的发展时期。这一改变通常伴随着工业化和城市化的发展,也需要跨越不同的阶段。在转变的过程中,随着农村劳动力的非农就业转移和城市化,首先出现的是农民阶级内部的分化,无劳动力转移的农民家庭开始处于弱势地位。但在当前的社会背景下,并不会引起大农户排斥小农户,土地恶性兼并的情况①。这是因为,农地资源的稀缺性使得农地本身的价值远远高于农地经营的价值。在产权体系完善的情况下,大农户通过土地使用权流转来实现土地规模经营的成本远远小于通过购买土地所有权来兼并土地的成本。这在一定程度上支撑了我国当前推行的农地三权分置改革,即鼓励通过农地经营权的流转实现土地的规模经营。

小农经济与小农生产相关理论对本书的另一个重要意义,在于为本书明晰我国农地利用改革路径的基础和方向提供了支撑。首先,现代小农经济理论提倡对农地进行适度的规模经营,这样一方面可以保证家庭经营的灵活性和内生动力,避免大农场生产在激励和监督方面的低效性;另一方面以适度的规模降低生产成本,提高机械水平和现代技术水平,发挥规模经济效应。因此,我国小农生产改革的方向既不是资本主义大农场,更不是日益分散的农地经营细碎化。其次,规模经营仅是提高农地利用效率的路径之一。更加综合的做法应把家庭经营的理性和有效性与工业和金融资本等融合到一起,提高人力资本和新的生产要素供

---

① [日]速水佑次郎、[美]拉坦著:《农业发展:国际前景》,吴伟东等译,商务印书馆2014年版,第50—70页;[日]速水佑次郎、神门善久著:《发展经济学——从贫困到富裕》(第三版),李周译,社会科学文献出版社2009年版,第236—260页。

给。最后，不同的经济社会发展阶段，提高农地利用效率具有不同的侧重目标。在我国经济社会发展进入新常态的背景下，应将提高农地利用效率的路径融合到城镇化和现代化进程之中。

第六节 产权理论与制度变迁理论

产权理论和制度变迁理论是新制度经济学的两大重要内容。新制度经济学兴起于 20 世纪 70 年代，以产权理论的代表人物科斯（Coase, R. H.）1937 年发表的《企业的性质》为产生标志。新制度经济学引入了"交易成本"的概念，放松了新古典经济学"零交易成本"的假设，通过分析因交易成本而产生的市场不确定性对资源配置的影响，将制度分析纳入经济分析之中，从而增强了对经济现象的解释力。因此，交易成本成为新制度经济学中一个重要的概念，产权理论和制度变迁理论都是在此基础上构建相应的框架体系的。

产权理论以科斯 1960 年发表的《社会成本问题》为开端，经过德姆塞茨（Demsetz）、阿尔钦（Alchian, A.）、巴泽尔（Barzel, Y.）和张五常人对其的发展，目前已经形成一套成熟的理论体系，并成为制度变迁理论的基石。产权理论的基本观点是：财产权的明确可以降低市场交易的成本；在交易费用不为零的情况下，不同财产权利的安排会产生不同的资源配置结果；财产权利的安排是资源配置的基础[①]。产权的本质是社会关系，其功能在于通过设置排他性权利来实现社会约束与激励。当产权缺失或界定不清时，就会出现制度运行的外部性，从而使社会约束与激励机制产生扭曲[②]。

制度变迁理论的发展经历了三个重要的历史时期，并在新制度经济学兴起时得到以诺斯为代表人物的重要完善。诺斯将"产权理论"与"制度变迁"相结合，认为制度变迁通过影响产权安排来影响资源配置，进而影响经济增长。在与产权理论相结合的基础上，诺斯进一步结

---

① ［美］科斯等著：《财产权利与制度变迁：产权学派与新制度学派译文集》，刘守英等译，上海人民出版社 2014 年版，第 24—38 页。

② 张五常：《佃农理论：应用于亚洲的农业和台湾的土地改革》，易宪容译，商务印书馆 2000 年版，第 26—34 页。

合"国家理论"和"意识形态理论"将制度变迁理论发展成为新制度经济学的重要内容。制度变迁理论的基本观点有：有效的产权安排应是排他性的，明晰的产权界定可以降低对未来不确定因素的预期，从而提升交易或契约发生的概率；有效的产权制度安排有利于创建一个有效的市场环境并促进技术进步；国家为了获得税收，应通过产权制度安排提供相应的服务；有效的制度安排应该将意识形态的构建纳入其中[①]。制度变迁理论在土地制度相关研究中有着重要的应用，如分析我国在20世纪80年代初期推行的家庭联产承包责任制，在当时未发生技术进步的情况下，农地利用效率的极大提高就应归因于制度变迁的作用。因此，制度变迁理论提供了一个在当前技术水平与信息成本约束下，何种要素会导致经济增长的新的分析视角。

产权理论和制度变迁理论为本书从制度层面探讨农地利用改革路径提供了思路[②]。对农地产权的清晰界定可以提高农地利用中各种资源的配置效率，降低交易成本，保障农地交易中约束和激励机制的运行。同时，对人口城镇化发展对农地利用带来的负外部性，如耕地减少、农地质量下降等问题，产权理论为本书提供了将"外部性"问题引入市场机制，利用市场交易将外部性问题内部化的思路。同时，提高农地利用效率的路径除了基于产权制度变革外，以农用地所有权、承包权和经营权"三权分立"的形式为土地流转提供产权保障，还需要依赖技术变革。制度变迁理论指出需要把技术变革的成果通过相关的制度安排固定下来，才能形成持久的发展动力。

第七节 本章小结

农村劳动力向非农就业和城市转移是发展中国家工业化和城市化进

[①] [美]诺斯著：《制度、制度变迁与经济绩效》，杭行译，格致出版社2008年版，第30—189页。

[②] 需要说明的是，本书仅基于产权理论和制度变迁理论讨论实证分析后的农地制度改革路径，在农地利用效率及相关分析中，并未将制度要素纳入进来作为解释变量。其原因一方面是因为观测区间内，我国农地利用制度并未发生本质性转变；另一方面是因为地区异质性带来的制度要素作为虚拟变量赋值的困难性。

程中的重要特征和必经过程。我国作为全球最大的发展中国家，同时又作为具有独特的土地产权体系和土地管理制度的国家，在分析人口城镇化对农地利用效率的影响，以及相应框架下的人口城镇化动力、农地利用改革路径等议题时，既需要基于普遍性的理论，又需要放入中国的情境下进行分析。前者为后者提供分析的支撑，后者是前者的应用，并在一定条件下验证和发展前者。本书基于对以上六个理论的梳理，构建起下文分析的支撑：

首先，关于人口城镇化对农地利用效率的影响部分，农村劳动力转移通过影响农地生产要素的投入结构，来影响农地的投入产出关系，即农地利用效率。根据土地报酬递减规律和城乡二元经济理论，这一关系随着劳动力转移阶段的不同而变化。因此，农村劳动力转移对农地利用效率的影响可能是非线性的。这对于本书在实证分析中确定农村劳动力转移变量的形成和分析二者之间的非线性关系具有重要的指导意义。

其次，关于人口城镇化与农地利用效率关系的进一步审视，劳动力转移理论和城市化、农村发展与经济开发度理论为该部分提供了逻辑的出发点，即农地利用低效率代表的农业衰落是否在中国情境下更加促进了农村劳动力的转移。此外，劳动力转移理论也为本书设置关键控制变量提供了支撑。

最后，关于城镇化持续健康发展和农地利用效率提升的改革路径设计。基于本书的实证分析结果，这六个理论将从不同的方面提供制度设计思路和依据，具体情况将在第七章进一步阐述。

第四章　农地利用效率测算及时空差异分析

第一节　农地利用效率测算

一　指标选取

农地利用是人类劳动与土地结合获得物质产品和服务的经济活动过程。在这一过程中，从投入方面来讲，依据要素的属性，可将投入要素分为土地、劳动力、资本和技术四类。这一区分和经典的探讨投入产出关系的柯布—道格拉斯生产函数相一致。就土地投入要素而言，影响农地利用效率的除了土地数量，还有土地质量。劳动力投入要素也具有相同的特质，在数量和质量上都会一定程度地影响农地利用效率。而且，劳动力投入和技术投入具有一定的交叉性，因为涉及农地利用的技术革新必然是人类科学劳动的成果。从这一方面来讲，理论上和现实中都很难清晰地界定人类对农地利用的劳动力投入，比较可行的是关注劳动力投入的数量变化，而将质量变化和技术进步物化在对机械、肥料等生产要素的使用中，不设单独的指标来反映技术进步和劳动力质量对农地利用效率的影响[①]。资本投入要素虽然涉及很多方面，但属于相对比较容易界定的范畴，也可物化在对机械、肥料等生产要素的投入方面。结合

[①]　国家统计局陕西调查总队课题组：《农村土地制度变迁对粮食生产影响的实证分析》，《调研世界》2015年第4期。

我国农地利用的实际情况、研究的可行性及数据的可获得性，本书重点从土地、劳动力和资本三个方面界定农地利用的投入要素。此外，由于本书采用2000—2014年县级面板数据，基于面板数据在截面间和时间上的特征，本书假定在此期间，影响农地利用的地域要素相对稳定，如农地质量、降雨量、积温等。同时，由于自然灾害情况具有随机性，加上县级数据缺失比例较大，本书未将其列入影响农地利用效率的投入指标中。

农地利用效率反映农地的投入产出关系，其变化可以反映农地投入产出关系的调整。衡量农地的投入要素是一个复杂的界定过程，因此在选取农地投入要素时，本书利用面板数据侧重关注可变投入要素的影响。而对农地产出要素的界定，则相对容易。衡量农地的产出，既可以用产量，也可以用产值。但在全国范围内，农地包括不同的土地利用类型，每一种土地利用类型对应的产物也存在差异。因此，以产量作为衡量依据，需要选取在全国范围内具有普遍意义的可比性指标。在以产值来衡量产出时，根据我国的统计制度，需要消除通货膨胀的影响，通常的做法是用物价指数来进行平减。本书选取粮食总产量和平减后的农业产值共同作为衡量农地产出的指标。

二 指标界定

结合指标选取的分析，根据数据的可获取性，本书选取的投入指标有4项，分别是：农业从业人员数、农用地面积、农业机械总动力和农业化肥施用量。产出指标有2项，分别是：粮食产量和农业总产值。各指标的统计解释如下[①]：

（一）投入指标

1. 农业从业人员数（Agricultural Labors，*Agrilabor*），代表农村劳动力的实际投入数量

在综合比较"乡村从业人员数""第一产业从业人员数""农业从业人员数""乡村人口数"等指标的统计含义之后，本书选取"农业从业人员

---

① 对各统计指标的界定综合参照《中国统计年鉴》《中国县（市）社会经济统计年鉴》《中国农村统计年鉴》及相关统计资料。

数"代表农地的农村劳动力投入数量①。农业从业人员数统计在乡村从业人员之下，指乡村人口中16周岁以上实际参加农业生产经营活动并取得实物或货币收入的农村劳动力。该指标既包括劳动年龄②内经常参加农业劳动的人员，也包括不足和超过劳动年龄但经常参加农业劳动的人员，但不包括户籍在家的在外学生、现役军人和丧失劳动能力的人。因此，该指标可以代表农村人口中对农地实际投入的劳动力资源数量，其计量单位为人数。

2. 农用地面积（Land for Farming, Forestry, Animal Husbandry and Fishery, *Agriland*），代表农业生产中土地的投入量

本书选取"农用地面积"而非"农作物播种面积""水产养殖面积"等指标，主要基于两方面的原因：一方面是不同农用地类型之间的投入面积难以进行直接加总，涉及复种指数、投入次数等处于同一统计周期内的权重指标无法确定问题；另一方面是农用地面积这一指标可以在全国范围内统一，从而在区域之间具有可比性，并可以在较大程度上代表农业生产中土地要素的真实投入量。目前，农用地包括耕地、园地、林地、牧草地和其他农用地五类，计量单位为公顷（ha）。

3. 农业机械总动力（Total power of agricultural machinery, *Mechi*），代表物化在农业生产中的资本、技术等要素的投入

主要指用于农业生产经营活动的各种动力机械的动力总和，包括以柴油、汽油、电力和其他动力为能源的耕作机械、收获机械、农用排灌机械、林业机械、农产品加工机械、畜牧机械、渔业机械、其他农用机械。这一指标与农用地面积和农业从业人员数从要素涉及的范围上具有一致性。农业机械总动力以法定单位万千瓦（万kW）为计量单位。

4. 农业化肥施用量（Consumption of chemical fertilizers, *Ferti*），与农业机械总动力类似，该指标代表物化在农业生产中的资本、技术等要素的投入

包括按折纯量计算的、年内实际用于农业生产的氮肥、磷肥、钾肥

---

① 乡村从业人员数包括乡村劳动力资源中从事工业、建筑业、交通运输业等人员；第一产业从业人员包括城镇户籍中从事第一产业的人员；乡村人口数包括乡村从业人员之外的、非劳动年龄的儿童、老人等非劳动力资源。

② 根据《中华人民共和国劳动法》，劳动年龄的区间是16周岁至退休年龄（一般情况下，男性60周岁，女性55周岁）。

和复合肥的数量。其中，既包括用于农作物种植、幼林抚育的肥料，也包括用于人工牧草地种植、水产养殖等其他农业生产的肥料，其计量单位是吨（ton）。

（二）产出指标

1. 粮食产量（Output of grain，*Grain*），主要包括集体统一经营和农民家庭经营的、按标准粮折算的粮食产量

由于粮食安全具有重要的国家战略意义，粮食产量是划定耕地红线的参考标准①。因此，本书选取该指标作为衡量农地产出的指标之一，其计量单位是吨（ton）。

2. 农业总产值（Gross output value of Farming, Forestry, Animal Husbandry and Fishery，*Agripro*），即农林牧渔业总产值，指以货币形式表现的农业全部产品总量和对农业生产活动进行的各种支持性服务活动的价值

该指标反映了统计周期内农业生产的总规模和总成果。可作为分析农业发展速度和生活水平，研究农业与国家发展、工业建设、人民生活关系的重要指标，也可作为计算和衡量农业劳动生产率和农业增加值的基础资料。在综合衡量"第一产业增加值"和"农业总产值"的指标含义后，本书选取农业总产值作为农地产出的第二个指标，其计量单位是万元（万 yuan）。

三 研究范围界定

收集相关指标数据之前，需要确定研究对象的范围。本书以县级行政单位为研究对象，主要原因有三个方面：首先，以县级行政单位为研究对象，具有重要的决策内涵。县域经济是我国国民经济的基本单元，是构造地带经济、经济圈、城市集群等区域经济的基础②。我国当前经济社会中存在的主要问题，如城乡二元结构、区域发展不均衡、"三农"问题都集中反映在县域尺度上③。因此，以县级行政单位为研究对

---

① 唐建：《粮食生产技术效率及影响因素研究》，《农业技术经济》2016 年第 9 期。
② 赵玉芝、董平：《江西省县域经济差异特征及其成因分析》，《人文地理》2012 年第 1 期。
③ 彭宝玉、覃成林、阎艳：《河南省县域经济发展分析》，《经济地理》2007 年第 3 期。

象，相关结论和建议更具有可信性和针对性。其次，县级行政单位是我国行政架构的基本单元，是国家行使各种管理职能的基础单位。国家各项制度的落实，尤其是统计制度、土地利用规划制度都以县级行政单位为基础。在当前阶段，县级行政单位是在全国层面上能够收集到统计资料的最小统计单位①。最后，以县级行政单位为研究对象，具有重要的学术价值。采用宏观层面的数据，已有研究多以省域为单位，如李明艳②，也有研究以部分区域和市或者某个县为单位，如王良健、李辉，王晓丽、祝源清③，还未发现以全国层面的县级行政单位为基础的相关研究。但省域或区域内县级情况存在较大差异，市级层面虽然差异减小，但还不够基础，以部分或某个县为单位则缺乏全国的可比性。本书采用全国层面县级行政单位为研究对象，探索农地利用的投入产出关系变化，在研究对象上相对于已有研究具有新的拓展。

根据国家统计局公布的数据，我国至2014年有2854个县级行政单位④。由于本书涉及的数据截面跨度较大，时序较长，需要考虑行政区划的调整以及部分县级行政单位在农地利用方面的特殊性。对于行政区划的调整，主要涉及：①行政区划类型的变更，主要包括撤县设市、撤县设区或撤市设区；②行政区划的调整，主要包括新设、合并、撤销和内部调整；③仅行政区划名称的变更。针对第一种和第三种情况，行政区划在统计范围上并未发生影响数据数量的变化；第二种情况则需要在收集数据的过程中，结合时序数据加以甄别：一般情况下，发生新建、被合并和撤销的，在时序数据上可以较容易鉴别，表现为出现新的县级行政单位，或者消失。合并其他县或者内部发生调整的，因为统计范围的变化，在时序上通常表现为某一年份之后数据呈现异常值特征。本书通过观察相关指标的频率分布，结合数据的异常值诊断方法和数据特征

---

① 在部分县级统计年鉴和资料中，也公布了乡镇这一最基础行政级别的相关统计数据。但这些统计数据无法在时间上形成连续性，更无法在全国层次上形成全面的乡镇统计数据。

② 李明艳：《劳动力转移对区域农地利用效率的影响——基于省级面板数据的计量分析》，《中国土地科学》2011年第1期。

③ 王良健、李辉：《中国耕地利用效率及其影响因素的区域差异》，《地理研究》2014年第11期；王晓丽、祝源清：《基于数据包络分析方法的吉林省县域农业生产效率评价》，《税务与经济》2014年第2期。

④ 不包括香港、澳门和台湾地区。

进行排除①。对于合并或调整之后在时序数据上无显著变化的行政区划变更，本书认为其对样本质量的干扰较小，其影响可以忽略。另外，部分市辖区在农地利用方面具有特殊性，突出表现为地类中已经没有农用地或者非常少，如北京市东城区和西城区，这种情况下相关指标会表现为较大比例的缺失，也予以排除。对于未明显发现行政区划变更，在农地利用方面也无特殊性，但相关指标数据存在较大缺失比例（>5年），也予以删除。本书选取了1961个县级行政单位。其各自类型所占比例及样本在全国的代表性如图4-1、图4-2所示。具体情况如表4-1所示。

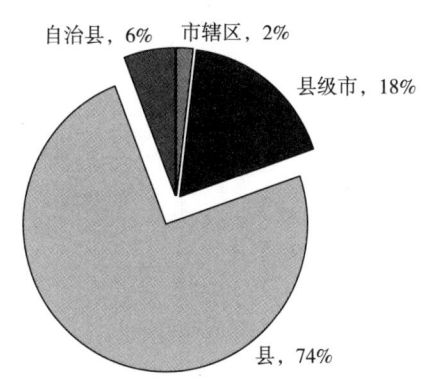

图4-1 本书所选样本县各类型比例

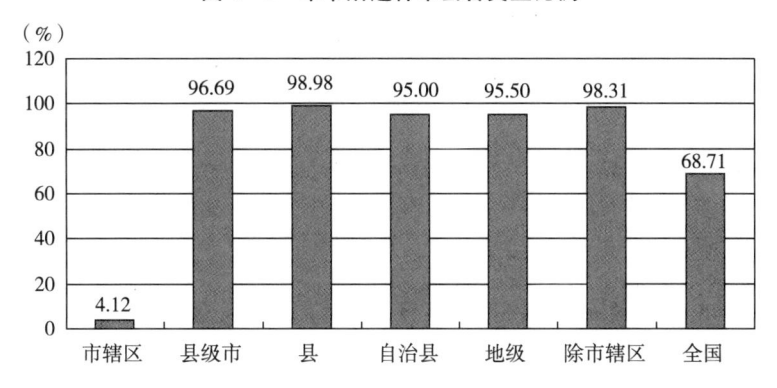

图4-2 本书所选样本县各类型占全国县比例

---

① 程开明：《统计数据质量诊断与管理研究》，浙江工商大学出版社2010年版，第83—111页。

表4-1　2014年全国行政区划（左）与本书县级行政单位样本（右）对比

	地区	地级(个)	县级(个)	市辖区	县级市	县	自治县	地级(个)	县级(个)	市辖区	县级市	县	自治县
全国		333	2854	897	362	1475	120	318	1961	37	350	1460	114
1	北京市		16	14		2			7	5		2	
2	天津市		16	13		3			3			3	
3	河北省	11	171	39	20	106	6	11	135	5	19	105	6
4	山西省	11	119	23	11	85		11	95		11	84	
5	内蒙古自治区	12	102	22	11	66	3	11	78	3	8	64	3
6	辽宁省	14	100	56	17	19	8	14	44		17	19	8
7	吉林省	9	60	21	20	16	3	9	39		21	16	2
8	黑龙江省	13	128	65	17	45	1	13	65	2	17	45	1
9	上海市		17	16		1			1			1	
10	江苏省	13	99	55	23	21		12	46		24	22	
11	浙江省	11	90	35	20	34	1	11	58		22	35	1
12	安徽省	16	105	43	6	56		16	61		5	56	
13	福建省	9	85	28	13	44		8	58		14	44	
14	江西省	11	100	20	10	70		11	79		8	71	
15	山东省	17	137	51	28	58		17	88	1	30	57	
16	河南省	17	158	50	21	87		17	109	1	21	87	

续表

	地区	地级(个)	县级(个)	市辖区	县级市	县	自治县	地级(个)	县级(个)	市辖区	县级市	县	自治县
17	湖北省	13	103	39	25	37	2	11	60		23	35	2
18	湖南省	14	122	35	16	64	7	14	88	2	16	63	7
19	广东省	21	119	61	21	34	3	15	65		23	39	3
20	广西壮族自治区	14	110	36	7	55	12	14	75	1	7	56	11
21	海南省	3	24	8	6	4	6	1	16		6	4	6
22	重庆市		38	21		13	4		23	4		15	4
23	四川省	21	183	49	14	116	4	21	138	2	14	118	4
24	贵州省	9	88	14	7	56	11	9	75	1	7	56	11
25	云南省	16	129	13	13	74	29	16	113	1	12	74	26
26	西藏自治区	7	74	3		71		7	58		1	57	
27	陕西省	10	107	25	3	79		10	86	3	3	80	
28	甘肃省	14	86	17	4	58	7	13	73	6	3	57	7
29	青海省	8	43	5	3	28	7	8	30		2	22	6
30	宁夏回族自治区	5	22	9	2	11		5	13		2	11	
31	新疆维吾尔自治区	14	103	11	24	62	6	13	82		14	62	6

注：1. 其中只有内蒙古有旗（49个）和自治旗（3个），样本中旗（47个）和自治旗（3个），分别归入县和自治县下；2. 不包括香港、澳门和台湾地区。

资料来源：http://data.stats.gov.cn/tablequery.htm?code=AD01，样本数据由本书整理而得。

四 数据处理与统计描述

本书基于《中国县域统计年鉴》(2001—2015),各省级、地级统计年鉴(2001—2015),建立原始面板数据。经过样本的初步筛选和删除后,剩余样本相关指标在部分年份上仍存在缺失,需要借助插补方法处理缺失数据。面板数据的缺失,插补信息一方面来自于截面,另一方面来自于时序。本书在单个截面缺失比例较小(≤2年)且非连续缺失的情况下,采用移动平均法进行插补。对于农业总产值、化肥施用量较大比例(≤5年)连续缺失的情况,分别借助农用地面积和第一产业增加值、粮食产量进行回归插补[①]。此外,我国在2007年进行了全国第二次土地调查,农地数据在2009年之前和之后变化较大。本书用2009年年末农地所涵盖地类年内增加和年内减少数据倒推2009年年初数据,作为2008年年末数据,与原2008年年末数据进行比较,以此为基础倒推2008年之前的实际数据。其基本思路如图4-3所示。在补全农业总产值数据后,用居民消费价格指数(CPI)进行平减,以消除通货膨胀的影响。

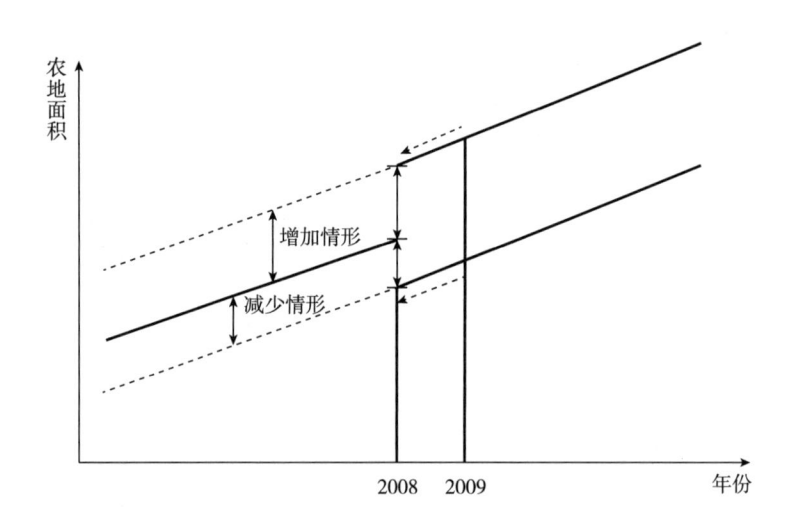

图4-3 农地数据2009年前后调整思路

---

① 金勇进、邵军:《缺失数据的统计处理》,中国统计出版社2009年版,第60—64页。

各指标的描述性统计分析如表 4-2 所示。从标准差、最大值与最小值的差值可以初步推测,样本县的差异性较大。

五 数据包络分析 Hybrid 模型

提高农地利用效率,关注点为如何在不减少产出的情况下,优化投入要素的比例,进而优化投入产出关系。因此,适宜采用投入导向的目标规划。数据包络分析通过考察无效 DMU 的改进方式,即距离函数,来测算效率值。距离函数的设定关系到效率值测算结果的准确性与可靠性。对于投入导向的目标规划,传统 BBC 和 CCR 模型基于径向距离函数,即无效率的改进用所有投入可以等比例缩减的程度,来衡量效率值。在投入要素数量大于等于 3 时,有些投入要素需要保持相对固定的比例,有些要素互相之间则具有可替代性,此时用径向距离函数衡量会造成效率值的偏差[1]。在这种情况下,需要使用混合模型(Hybrid Model)在同一目标规划中包含径向和非径向距离函数来测算效率。

在农地利用的投入要素中,劳动、资本和技术之间存在替代关系,本书将其设定为非径向指标。土地与劳动、资本和技术之间也存在一定的替代关系,但这种关系相对较弱。为了强调土地要素在农业生产中的重要性,将农地投入设定为径向指标。作为产出项,粮食产量和农业总产值为径向指标。本书所采用模型的具体规划式为:

$$\begin{cases} \min \psi = 1\frac{1}{4}(1 - eff) - \frac{1}{4}\sum_{i=1}^{3} s_i^{N-}/I_{ik}^N \\ s.t.\ I^R\lambda + s^{R-} - effI_k^R = 0 \\ I^N\lambda + s^{N-} = I_k^N \\ O\lambda \geq o_k \\ \lambda, S^- \geq 0, \end{cases} \quad (4.1)$$

其中,ψ 是非径向投入指标投影值关联系数矩阵的最大特征根,eff 表示农地利用效率值,R 表示径向指标,N 表示非径向指标,其他指标

---

[1] 成刚:《数据包络分析方法与 MaxDEA 软件》,知识产权出版社 2014 年版,第 143 页。

表4-2 农地投入产出指标描述性统计分析

变量		观测量	均值	标准差	最小值	最大值	偏度	峰度	单位	观测区间（年）
产出	粮食产量（Grain）	29415	244165.90	273292.40	14.00	3504505.00	3.34	22.65	吨	2000—2014
	农业总产值（Agripro）	29415	184445.60	177162.00	1380.95	1798588.00	1.94	8.39	万元	2000—2014
投入	农业机械总动力（Mechi）	29415	32.80	35.07	0.06	324.00	2.39	10.76	万千瓦	2000—2014
	农业从业人员数（Agrilabor）	29415	125207	97501.03	152	660200	1.49	5.75	人	2000—2014
	农业化肥施用量（Ferti）	29415	21152.42	22127.96	1.00	232647.00	2.18	9.77	吨	2000—2014
	农用地面积（Agriland）	29415	265317.50	360114.70	2067.90	4751045.00	5.15	41.61	公顷	2000—2014

定义同第一章第五节第二部分。Hybrid 模型通过分析农业从业人员、机械总动力和化肥施用量在生产前沿中的数量比例关系，即投影值之间的关联性，来判别它们在农地生产过程中的可替代性。

对农地利用效率的测算，还需考虑生产过程所处的规模效应阶段。本书的观测区间为 2000—2014 年，虽然难以依靠经验判断我国农地利用在该时间区间内的规模效应阶段，但鉴于时间跨度较长，可以倾向于规模效应可变状态的效率。为了相互作为参照，本书测算了规模效应可变和不变两种状态的效率值。同时，在后续的计量分析中，可以两种规模效应阶段下的效率值作为因变量，作为稳健性检验的一种方式。另外，本书为面板数据，为了保证效率值在截面和时间上的可比性，采用全局效率（Global efficiency），即不同县在不同时间参照同一最优生产前沿面。

六 效率测算结果

因数据量较大，规划求解时对分析软件有较高的要求。本书借助对决策单元数量无限制的 MaxDEA 7 软件来测算效率。因本书的分析目的只是获得各县在不同时期的效率值，不需做进一步的投影分析和效率分解，因此并未借助软件测算面板数据的 Malmquist 指数①。本书基于投入导向型 Hybrid 模型分别测算了可变规模（VRS）和不变规模（CRS）下的农地利用效率，在多次测算以诊断异常值之后，测算结果的频率分布如图 4-4 所示。

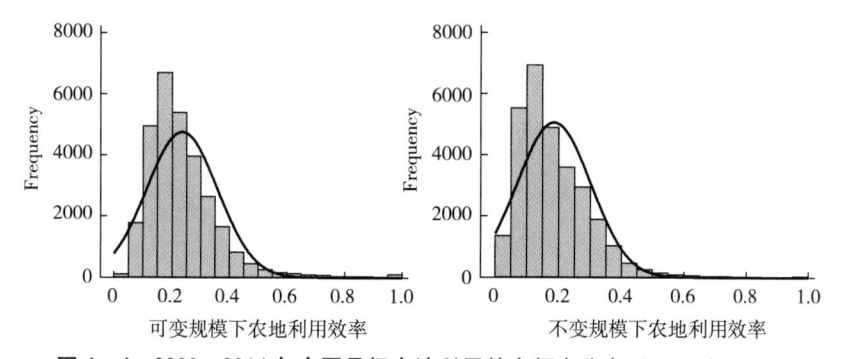

图 4-4 2000—2014 年全国县级农地利用效率频率分布（VRS 和 CRS）

---

① Malmquist 指数主要用于衡量面板数据生产率的变动情况，并可以把生产率的变动分解为技术效率的变化和技术进步。

从可变和不变规模下的频率分布直方图可以看出，与样本中位于最优生产前沿面上的县相比，大多数县农地利用效率处于中等以下水平。根据测算结果，在29415（1961×15）个决策单元中，仅有1.85%的决策单元，其可变规模效率达到0.60以上，不变规模效率下则为0.90%。可见，我国多数县的农地利用效率还有极大的提升空间。各决策单元在可变规模和不变规模下的散点图如图4-5所示。图4-5同样反映了我国多数县的农地利用效率较低的情况，另外从该图中可以看出，多数决策单元可变规模和不变规模下的效率值有相同的趋势，即可变规模效率高，不变规模效率也高；可变规模效率低，不变规模效率也低。这说明了可变规模效率和不变规模效率具有很强的一致性。只有少数决策单元出现可变规模效率高而不变规模效率低的情况。此外，几乎没有决策单元在不变规模效率高的情况下，可变规模效率处于较低水平。因"规模效应 = eff_crs/eff_vrs"，在图4-5中几乎没有决策单元分布在图4-5的左上方，说明决策单元规模效应处于（0，1］区间内。另外，左下方在可变效应和不变效应下均处于低效率水平的决策单元，其效率分布之间呈下凸趋势，表明其有处于规模报酬递增阶段的趋向。

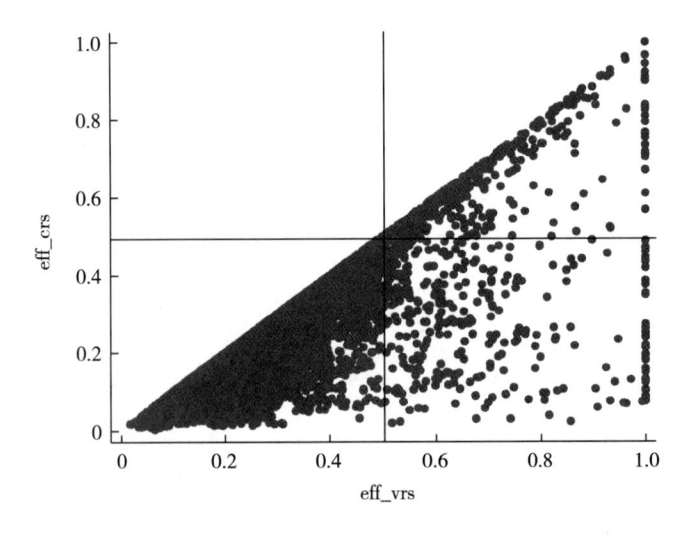

图4-5　2000—2014年全国县级农地利用效率散点（VRS 和 CRS）

位于最优决策前沿面上的决策单元,即农地效率值为1的单元,如表4-3与表4-4所示。可以看出,不变规模效应下位于最优决策前沿面上的决策单元,一定位于可变规模效应下最优决策前沿面上;而反之,则不成立。在可变规模效应下,位于最优决策前沿面上的决策单元,随着时间变化呈现先减少后增加的趋势。不变规模效应下,也有类似的特征。位于最优决策前沿面上的决策单元,在传统农业大省之间并没有表现的符合预期,如山东、江苏、河北和广东几乎没有决策单元位于最优前沿面上,而黑龙江、辽宁、河南、湖北、湖南相对符合经验预期,四川的表现则正向地超出了预期。同样,一些非农业大省,如甘肃、新疆、山西和内蒙古在最优决策单元数量的表现方面也正向地超出了预期,表明其投入产出关系比预期的要好。

表4-3 可变规模效应下位于最优生产前沿面上的县(市、旗)

年份	计数	省份	县名	效率值	年份	计数	省份	县名	效率值
2000	8	黑龙江	绥芬河市	1	2002	7	甘肃	碌曲县	1
		四川	甘孜县	1			青海	玛沁县	1
		四川	理塘县	1			青海	班玛县	1
		四川	布拖县	1			新疆	奎屯市	1
		甘肃	碌曲县	1	2003	5	山西	河曲县	1
		甘肃	夏河县	1			山西	汾西县	1
		新疆	叶城县	1			浙江	嵊泗县	1
		新疆	奎屯市	1			四川	甘孜县	1
2001	7	内蒙古	镶黄旗	1			青海	班玛县	1
		黑龙江	漠河县	1	2004	6	内蒙古	镶黄旗	1
		浙江	嵊泗县	1			辽宁	长海县	1
		江西	星子县	1			吉林	梨树县	1
		四川	炉霍县	1			黑龙江	虎林市	1
		甘肃	碌曲县	1			浙江	嵊泗县	1
		青海	玛沁县	1			江西	崇仁县	1
2002	7	内蒙古	镶黄旗	1	2005	3	辽宁	长海县	1
		浙江	嵊泗县	1			浙江	嵊泗县	1
		西藏	曲松县	1			新疆	阿合奇县	1

续表

年份	计数	省份	县名	效率值	年份	计数	省份	县名	效率值
2006	8	内蒙古	霍林郭勒市	1	2012	16	黑龙江	龙江县	1
		内蒙古	陈巴尔虎旗	1			黑龙江	肇源县	1
		内蒙古	镶黄旗	1			黑龙江	林甸县	1
		辽宁	长海县	1			黑龙江	富锦市	1
		黑龙江	绥芬河市	1			黑龙江	绥芬河市	1
		浙江	嵊泗县	1			黑龙江	望奎县	1
		河南	商水县	1			黑龙江	明水县	1
		四川	新龙县	1			黑龙江	肇东市	1
2007	5	吉林	梨树县	1			黑龙江	漠河县	1
		黑龙江	饶河县	1			河南	虞城县	1
		黑龙江	绥芬河市	1			广东	信宜市	1
		浙江	嵊泗县	1			四川	壤塘县	1
		四川	若尔盖县	1	2013	8	河北	藁城区	1
2008	2	黑龙江	克山县	1			吉林	榆树市	1
		黑龙江	绥芬河市	1			吉林	公主岭市	1
2009	5	黑龙江	克山县	1			黑龙江	双城市	1
		黑龙江	绥芬河市	1			黑龙江	绥芬河市	1
		浙江	嵊泗县	1			浙江	嵊泗县	1
		湖南	武冈市	1			河南	虞城县	1
		贵州	织金县	1			四川	壤塘县	1
2010	3	黑龙江	绥芬河市	1	2014	10	内蒙古	牙克石市	1
		浙江	嵊泗县	1			内蒙古	额尔古纳市	1
		重庆市	铜梁县	1			吉林	榆树市	1
2011	4	黑龙江	绥芬河市	1			黑龙江	绥芬河市	1
		浙江	嵊泗县	1			黑龙江	漠河县	1
		湖北	竹溪县	1			浙江	嵊泗县	1
		四川	壤塘县	1			福建	连江县	1
2012	16	辽宁	长海县	1			河南	义马市	1
		吉林	公主岭市	1			河南	虞城县	1
		黑龙江	巴彦县	1			云南	楚雄市	1
		黑龙江	双城市	1					

表 4-4　不变规模效应下位于最优生产前沿面上的县（市、旗）

年份	计数	省份	县名	效率值	年份	计数	省份	县名	效率值
2000	4	四川	理塘县	1	2011	1	四川	壤塘县	1
		四川	布拖县	1	2012	11	辽宁	长海县	1
		新疆	叶城县	1			黑龙江	巴彦县	1
		新疆	奎屯市	1			黑龙江	双城市	1
2001	2	四川	炉霍县	1			黑龙江	龙江县	1
		青海	玛沁县	1			黑龙江	肇源县	1
2002	1	青海	玛沁县	1			黑龙江	林甸县	1
2003	1	四川	甘孜县	1			黑龙江	望奎县	1
2004	2	黑龙江	虎林市	1			黑龙江	明水县	1
		江西	崇仁县	1			黑龙江	肇东市	1
2005	1	辽宁	长海县	1			河南	虞城县	1
2006	4	内蒙古	陈巴尔虎旗	1			四川	壤塘县	1
		辽宁	长海县	1	2013	2	河南	虞城县	1
		浙江	嵊泗县	1			四川	壤塘县	1
		河南	商水县	1	2014	5	内蒙古	牙克石市	1
2007	1	黑龙江	饶河县	1			内蒙古	额尔古纳市	1
2008	1	黑龙江	克山县	1			黑龙江	漠河县	1
2009	2	黑龙江	克山县	1			浙江	嵊泗县	1
		湖南	武冈市	1			河南	虞城县	1
2010	1	重庆市	铜梁县	1					

第二节　农地利用效率的时空差异

一　效率时空差异分析

（一）时间维度

农地利用效率是本书实证分析的重要变量，对其在时间和空间维度上的变化和差异进行进一步分析，有助于正确解读实证分析的结果。首先，其在时间维度上的变化，如图 4-6 所示，可以看出，在不变规模和可变规模效应下，农地利用效率在 2000—2014 年的取值均覆盖了 (0，1] 的区间范围，说明本书采用 Hybrid 模型测算农地利用效率的合理性。同时，在两种规模效应下，农地利用效率的取值均表现出集聚的趋势，即落在 [0.5，1] 区间的决策单元随时间变化而日益增多，一方面反映出部分决策单元农地利用效率的提升，另一方面也反映了农地利用效率在空间上可能表现出随时间而分化的特征。如图 4 - 6 所示，可以通过分年度农地利用效率描述统计量的变化和空间图示来进一步分析农地利用效率的时空差异①。

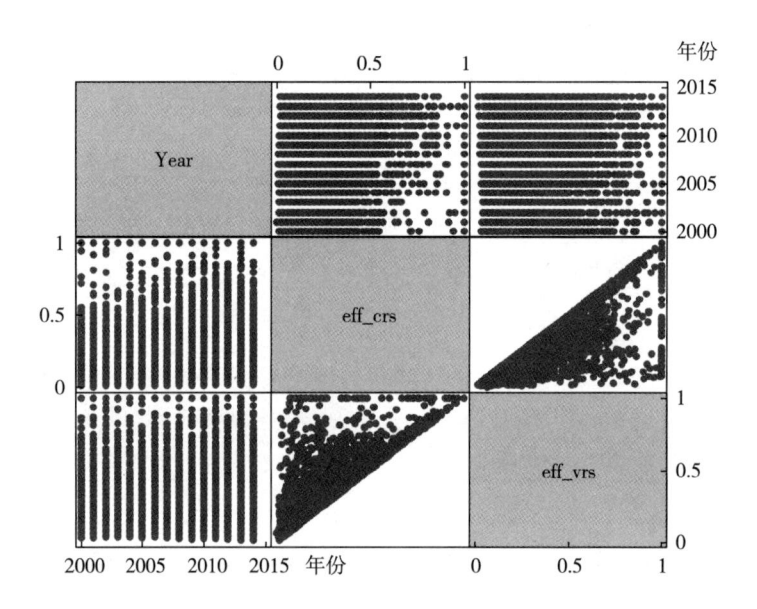

图 4 - 6　2000—2015 年全国县级农地利用效率时间维度变化
散点图矩阵（VRS 和 CRS）

如表 4 - 5、表 4 - 6 和图 4 - 7 所示，2000—2014 年，可变和不变规模效应下，农地利用效率的年度均值均表现出先随时间变化下降而后增加的趋势，但幅度较小。年度标准差则整体上呈增加趋势，也说明了农地利用效率在决策单元之间的分化加强，同时，也反映了在城镇化进

---

① 农地利用效率在年度取值上均覆盖了 (0，1] 的区间范围，确保了不同图示之间图例的一致性。

程快速推进的背景下，全国各地在提高农地利用效率方面的速度存在差异，并呈扩大的趋势。2000—2014 年，不变和可变规模效应下，农地利用效率在最大值与最小值之间的组间距日益加大，进一步反映了农地利用效率随时间变化在全国的分化趋势。

表 4-5　全国农地利用效率分年度描述统计量变化（VRS）

年份	均值	标准差	最小值	最大值	偏度	峰度
2000	0.2373	0.1124	0.0335	1	2.2973	13.8197
2001	0.2294	0.1127	0.0364	1	2.5620	15.4176
2002	0.2260	0.1118	0.0407	1	2.6084	15.6793
2003	0.2160	0.1108	0.0408	1	2.5664	14.7222
2004	0.2278	0.1113	0.0394	1	2.2604	13.3217
2005	0.2282	0.1094	0.0356	1	1.9941	11.2234
2006	0.2317	0.1176	0.0369	1	2.2157	12.5755
2007	0.2277	0.1152	0.0339	1	1.9048	10.5719
2008	0.2342	0.1190	0.0275	1	1.6863	8.2398
2009	0.2352	0.1229	0.0250	1	1.8266	9.2750
2010	0.2403	0.1268	0.0284	1	1.6730	7.7688
2011	0.2451	0.1373	0.0261	1	1.7130	7.5934
2012	0.2498	0.1470	0.0223	1	1.9998	9.0605
2013	0.2499	0.1423	0.0193	1	1.7713	7.8348
2014	0.2497	0.1427	0.0170	1	1.7633	7.8156

表 4-6　全国农地利用效率分年度描述统计量变化（CRS）

年份	均值	标准差	最小值	最大值	偏度	峰度
2000	0.1783	0.0998	0.0127	1	2.0665	14.7477
2001	0.1704	0.0963	0.0021	1	1.7894	12.2327
2002	0.1681	0.0953	0.0139	1	1.8742	12.1095
2003	0.1589	0.0902	0.0123	1	1.7185	9.8021
2004	0.1751	0.1012	0.0109	1	1.8886	11.6202
2005	0.1769	0.1024	0.0084	1	1.5830	8.8259
2006	0.1814	0.1115	0.0098	1	1.9156	11.0702

续表

年份	均值	标准差	最小值	最大值	偏度	峰度
2007	0.1797	0.1105	0.0093	1	1.5475	8.2413
2008	0.1876	0.1158	0.0094	1	1.4825	7.0285
2009	0.1895	0.1197	0.0127	1	1.5753	7.7637
2010	0.1960	0.1251	0.0141	1	1.5564	7.1108
2011	0.2009	0.1342	0.0164	1	1.5820	6.8857
2012	0.2062	0.1422	0.0191	1	1.9520	9.2321
2013	0.2061	0.1345	0.0185	1	1.5814	7.0338
2014	0.2058	0.1340	0.0170	1	1.5908	7.2404

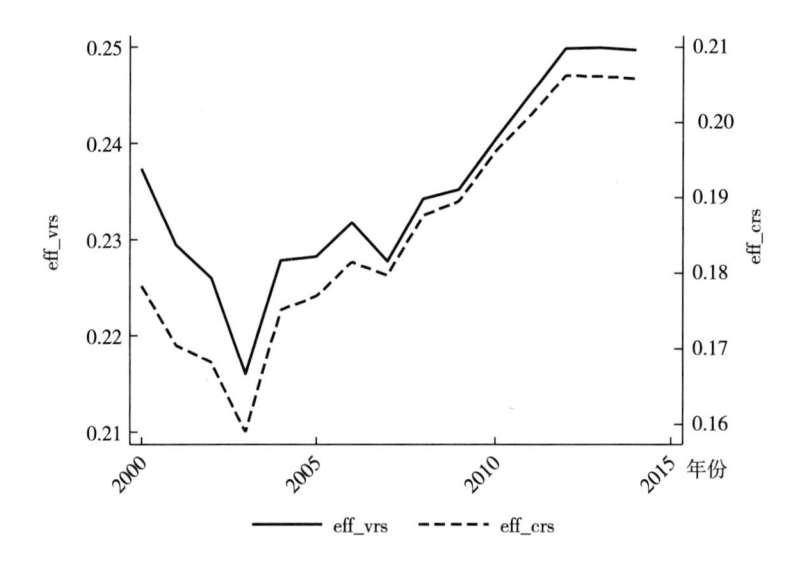

图 4-7 2000—2015 年全国县级农地利用效率平均值变化（VRS 和 CRS）

（二）空间维度

本书在 1∶400 万国家基础地理信息系统数据的基础上，分年度将县级农地利用效率数据进行导入和显化，关于各年度县级农地利用效率的空间图示，如有需要，可向笔者索取。整体来看，可变与不变规模下，农地利用效率均表现出先降低后增加的趋势，而且在空间上呈现分化与聚集的特征，从而进一步证实了本书基于时间维度对农地利用效率变化特征的判断。同时，在空间上，农地利用效率表现出更多样性的变化特征，主要为：

1. 从县域来看，农地利用效率的变化在不同县域呈现差异性特征

在观测区间内，平均来看，位于东北、华中、华东地区的多数县域农地利用效率表现出持续增长的趋势，而位于华南、西南、西北地区的多数县域则表现为降低的趋势，尤其是位于西南地区的川渝平原。这种降低的趋势在不同县域有不同的意义。对于川渝平原，其农地利用效率在较高的水平上表现出降低的趋势，反映了对生产方式变革的需求。而部分县域在较低水平上表现出降低的趋势，反映了对生产要素投入增加的需求。此外，还有部分县域的农地利用效率并无太大变化，如新疆、西藏的多数县域。

2. 从省内来看，农地利用效率表现出随"到中心城市的距离增加而衰减"的圈层特征

结合各省省会中心的分布与农地利用效率不同阈值区间的分布，可以发现省会中心周围区县的农地利用效率有高于远郊区县并向非周围区县衰减的倾向，如拉萨、乌鲁木齐、昆明和长沙等中心城市周围的农地利用效率分布，如表4-7所示。这一发现与陈佑启的研究类似，其通过对北京市城乡交错带农地集约利用水平的分析，发现在城乡交错带的外侧，随着距离的增加，土地利用集约化水平呈现逐渐降低的趋势，与"杜能模式"（Tunen Circle）基本一致[①]。这可能与省会城市周围的农地因区位条件优越，更易吸收到高质量的资本和技术投入有关。

3. 从省际来看，农地利用效率呈现省际差异大于省内差异的"差序格局"

农地利用效率水平一致的县域，空间上倾向于分布在地理位置相近的地域。这一格局与地理位置相近的地域，在经济、社会和农业生产方面更趋于相似有关，并且这一特征在东北、华北、华中、华东、西南地区的表现更加明显。另外，农地利用效率省内之间的差异在省际也存在

---

① 陈佑启：《城乡交错带土地利用模式探讨》，《中国土地科学》1997年第4期。因本书删除了大量的市辖区数据，这些市辖区多位于城乡交错带的内侧，其农地利用效率变化可能呈现不同的特征。

表4-7　县域农地利用效率均值与到中心城市距离关系变化（VRS 和 CRS）①

区域编码	区域	省份、中心城市	县域单元			
			县域名称	到中心城市的距离（千米）	eff_vrs	eff_crs
1	华北	河北、石家庄	行唐	48.60	0.320	0.294
			蔚县	270.30	0.129	0.089
			沽源	571.60	0.104	0.061
2	东北	吉林、长春	农安	81.60	0.570	0.554
			辉南	162.80	0.315	0.283
			抚松	305.20	0.195	0.169
3	华东	安徽、合肥	肥西	16.60	0.266	0.256
			无为	116.70	0.214	0.211
			祁门	339.50	0.149	0.073
4	华中	河南、郑州	荥阳	24.30	0.252	0.234
			嵩县	197.10	0.122	0.107
			栾川	265.70	0.102	0.057
5	华南	广西、南宁	武鸣	47.40	0.140	0.128
			鹿寨县	266.50	0.119	0.100
			恭城	473.20	0.112	0.089
6	西南	云南、昆明	富民	64.40	0.205	0.106
			宾川	338.80	0.142	0.123
			盈江	728.10	0.112	0.083
7	西北	新疆、乌鲁木齐	奇台	207.30	0.205	0.191
			伊吾	672.30	0.111	0.092
			民丰	1 256.60	0.091	0.084

---

① 本书按照地理区域的划分，分别在中心城市同一方向上随机选取了若干省内案例县域单元。其中，到中心城市的距离，是从该县域人民政府到中心城市人民政府的距离，具体数据借助高德地图获取。为了降低案例县域到中心城市的距离为非直线距离这一因素对分析结果的影响，在选取案例县域时，本书按照距离差异化原则进行了处理，从而使得所选案例处在距中心城市不同的圈层内。

不同，西北和西南省内农地利用效率间的差异，相对高于东北和华北地区。

4. 从区域来看，农地利用效率在不同区域之间呈现阶梯形变化

如图4-8和图4-9所示，不变规模和可变规模下，各区域农地利用效率均值随时间按照三个阶梯的顺序递减，分别是东北—华东、华中和华北—西南、华南和西北。在提升速度上，可以看出，东北地区农地

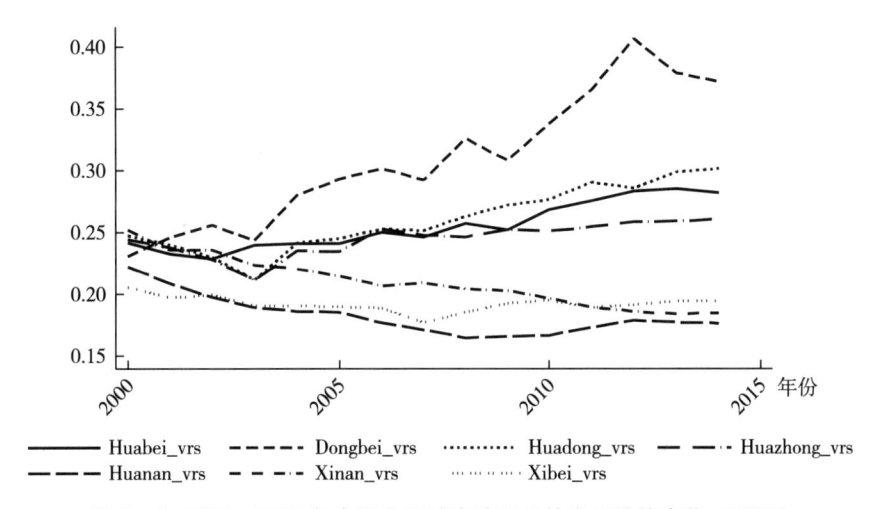

图4-8 2000—2015年全国分区域农地利用效率平均值变化（VRS）

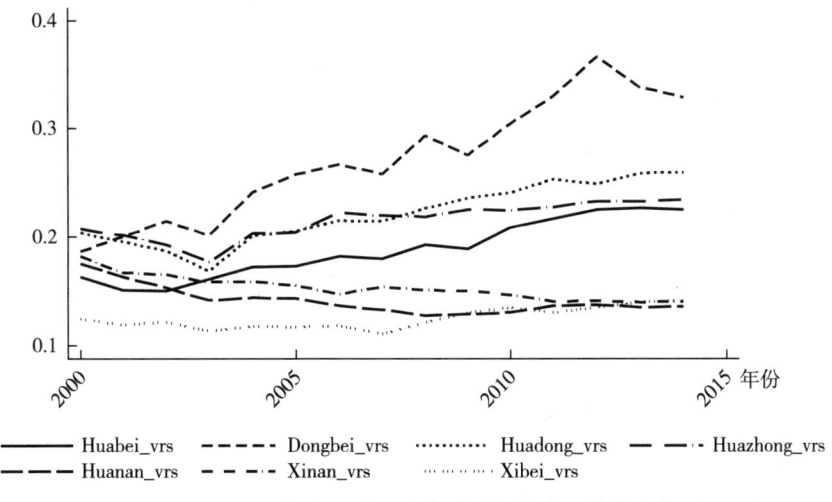

图4-9 2000—2015年全国分区域农地利用效率平均值变化（CRS）

利用效率增长最快。此外，从整体上来看，农地利用效率大区域分布情况的分界线基本与"胡焕庸线"相吻合。

二 相关启示

相比较其他研究以省或以市为研究单元，本书以县为单位，在研究对象上更加细化。同时，本书以农用地面积作为土地要素投入指标，克服了许多研究在投入产出指标选择范围上不一致的问题。并且，本书在测算方法上考虑了投入要素之间的替代关系，改进了数据包络分析方法的适用模型，从而得出一些新的农地利用效率时空分异特征。这些时空分异特征，对我国农地利用管理的启示在于：

（一）我国农地利用效率存在潜在的"中等水平陷阱"，提高农地利用效率任务艰巨

无论从不变规模效应还是从可变规模效应来看，我国大部分县域的农地利用效率还处于中等以下水平，而且在2000—2014年共15年间提升幅度很小，很多县域还出现下降的情况。2000—2014年是我国城镇化、工业化和现代化进程的重要发展期。大量农村人口离开农业和农村，城镇化率从超过30%的转折点到超过50%的转折点（从2000年的36.22%到2014年的54.77%）。而工业化和现代化的发展并没有带来农业的腾飞，农村人口城镇化在优化农地投入产出关系方面的影响并不明确，也并没有（在表面上）明显地出现如城乡二元经济理论所推断的剩余劳动力转移会促进农地利用效率提高的情况。农业化在城镇化的进程中发展滞后，要从根本上改变这一情况，需要生产方式和管理制度的双重变革。

（二）耕地跨地区占补平衡需慎重推进，并做好补充耕地质量的验收工作

由于省际县级农地利用效率的差异要大于省内，所以推行耕地异地占补平衡更需做好质量的把控。对于跨大区域进行耕地占补平衡的，可以通过指标折减来保证耕地质量账户的平衡。同时，可将农地利用效率的差异作为指标折减的参照和依据。

（三）探索提高农地利用效率的改革可以"由点及面"的形式推进

由于县域农地利用效率之间存在"差序格局"关系，新的农业生

产技术的采用、农地管理制度的变革具有空间溢出和带动效应，从而带动周围区县积极采取措施。同时，应根据农地利用效率之间的"差序格局"特点，因地制宜，针对不同差序采取多样性的改革方式，从而在充分利用地缘关系的同时，保持自洽性和适宜性。

第三节　本章小结

本章按照指标的对应性和一致性原则选取了农地生产要素的投入和产出指标，利用数据包络分析法的 Hybrid 模型，测算了我国在 2000—2014 年的县级农地利用效率，并从时间和空间角度进行了解析，主要得到以下结论：①与观测区间内位于最优生产前沿面上的县相比，我国多数县农地利用效率处于中等及以下水平，并且其总体平均水平在时间上波动范围不大，表现出处于"中等水平陷阱"的特征。②农地利用效率在观测区间内，其均值在时间上表现出先降低后增加的趋势，在空间上表现为分化的趋势（均值标准误差越来越大）。③农地利用效率在空间上表现出省域差异大于省内差异，并按照地理分布聚集的"差序格局"倾向，并且位于省会中心及其附近的县域，其农地利用效率平均水平相对高于较远县域，呈现出随到省会中心的距离增加而衰减的倾向。④各区域农地利用效率呈阶梯状分布，从高到低依次是东北—华东、华中和华北—西南、华南和西北。本章的研究结论对认识人口城镇化与农地利用效率之间的关系、优化耕地保护和农地利用政策具有重要的启示意义。

第五章　人口城镇化对农地利用效率的影响机制分析

第一节　农地利用效率影响因素的概念框架

农村劳动力转移对农地利用既存在正向的促进效应，也可能存在负向的阻碍作用，关键在于农村劳动力转移是否带动了农业生产要素投入结构向着有利于农地利用效率提高的方向转变。其他影响农地利用效率的因素，如经济发展水平、产业结构变迁，也是通过影响农地的生产要素投入结构影响农地利用效率。结合本书在第二章第二小节中对农地利用效率影响因素，以及人口城镇化对农地利用效率影响研究的文献梳理，可得农地利用效率影响因素的概念框架如图 5-1 所示。

根据农地利用效率的影响概念框架，本书首先采用计量经济学模型分析农地利用效率影响因素，重点关注人口城镇化对农地利用效率的影响。其次，通过分析劳动力转移与农地利用效率之间的中介效应，构建人口城镇化对农地利用效率的影响机制。最后，根据实证分析结果和影响机制分析，探讨其对推进人口城镇化和农地制度改革的启示。此外，为了进一步分析地类差异带来的不同，本书利用耕地数据重新审视人口城镇化对农地利用影响结果的变化，并通过考察人口城镇化对农地利用效率的逆向影响，分析二者之间的动态关系，从而深化人口城镇化对农地利用效率的影响机制分析。

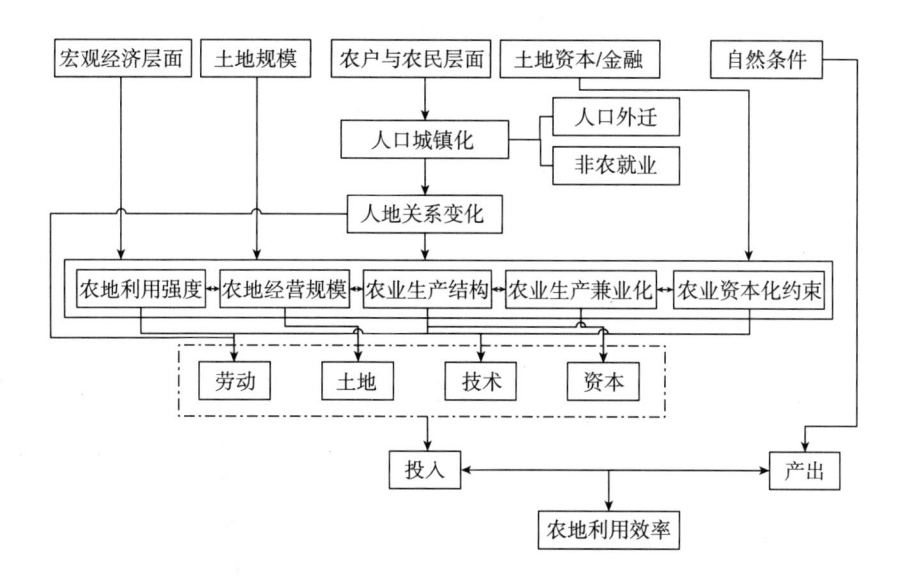

图 5-1　农地利用效率影响因素概念框架

第二节　人口城镇化对农地利用效率影响的研究设计

一　研究命题

根据城乡二元经济理论以及人口城镇化对农地利用效率影响的文献分析，结合中国人口城镇化特征和农地利用实际情况，本部分的研究命题如下：

命题1：人口城镇化对农地利用效率具有正向影响。设定依据为中国人口城镇化率的提升伴随着农业生产技术的推广和农地产值的增加。

命题2：人口城镇化对农地利用效率影响呈非线性，并表现为随着劳动力的转移增加先呈正向后呈负向的特征。设定依据为以农户家庭联产承包责任制为基础的农地利用方式，随着人口城镇化率逐步提升，农村劳动力逐渐成为稀缺资源，在农地产值增加的情况下也可能会出现不利于农地效率的情况。

二 因变量与自变量界定

实证分析人口城镇化对农地利用效率的影响机制，关键自变量是人口城镇化，因变量即农地利用效率。本书测算了可变和不变规模下的农地利用效率，以可变规模农地利用效率为主，不变规模农地利用效率作为稳健性检验的辅助。同时，根据图5-1，还需控制其他影响农地利用效率的因素。由于气候、土壤等影响农地利用的要素具有随时间变化很小的特征，面板数据可以控制个体不随时间而变的差异，本书未将气候、土壤等变量纳入实证分析中。限于数据的可获得性，除人口城镇化外，本书共选取了其他5个变量作为控制变量。各自变量及其代表指标的含义如下：

（1）人口城镇化（Population Urbanization，$pUrban$），其代表指标是农村劳动力转移率。农村劳动力转移率计算公式为：

$$农村劳动力转移率 = (乡村从业人员数 - 农业从业人员数)/乡村从业人员数 \quad (5.1)$$

其中，农业从业人员数是乡村从业人员数中从事农业生产的劳动力数。这两个指标反映了农村劳动力在农业和非农产业的分布。乡村从业人员数是指乡村人口中年满16周岁以上实际参加生产经营活动并取得实物或货币收入的乡村劳动力数。与农业从业人员数一样，既包括劳动年龄内经常参加劳动的劳动力，也包括不足或超过劳动年龄但经常参加劳动的劳动力。因为乡村人口统计中包括在外居住6个月以上，但经济与农村家庭连为一体的人员，因此乡村从业人员数可以反映农村劳动力的数量。将农村从业人员数与农业从业人员数相减，可以比用"乡村人口数减去农业从业人员数"得到相对准确的农村劳动力转移数。刘晓光等、徐建国和张勋也采用了相同的方法衡量农村劳动力转移程度[①]。需要说明的是，受数据来源的限制，该衡量方法在一定程度上未能考虑农村劳动力兼业的情况。

---

① 刘晓光、张勋、方文全：《基础设施的城乡收入分配效应：基于劳动力转移的视角》，《世界经济》2015年第3期；徐建国、张勋：《农业生产率进步、劳动力转移与工农业联动发展》，《管理世界》2016年第7期。

(2) 经济发展水平：其代表指标是县域人均国内生产总值（Gross Domestic Production per capita，gdp_ca），由"国内生产总值/总人口数"计算而得，反映了县域内所有常住单位在一定时期内生产活动的最终成果。人均国内生产总值是代表一个地区经济发展水平的核心指标之一。其计量单位为"万元/人"。

(3) 产业结构/农业地位：为了指标的对应性和可比性，以第一产业增加值作为基础，其代表指标有 2 个，分别是第二产业增加值/第一产业增加值（$gdpratio\_se$）、第三产业增加值/第一产业增加值（$gdpratio\_te$）。产业增加值反映了生产经营和提供服务增加的价值，是总产值扣除中间投入后的余额。产业结构是反映一个地区宏观经济状况的重要指标，以第一产业增加值作为基础，也可反映农业在一个地区经济发展中的地位。

(4) 土地资本和农民特征：其代表指标是农民人均纯收入（Net income of rural households per capita，$rIncome\_ca$）。由于现有县级统计资料中缺乏以家庭为单位的纯收入数据，因此选取了农民人均纯收入作为替代指标，代表农民的收入水平。农民人均纯收入是以农村住户全年纯收入处于农村住户常住人口所得。其中，外出 6 个月以上的农村人口，因经济与农村住户连在一起，也统计在农村住户常住人口中。同时也包括生活与农户连在一起的国家职工及退休人员，但不包括军人、在校学生以及户籍虽在农村但已在城镇定居的农村人口。其计量单位为"元/人"。

(5) 土地规模，其代表指标是户均耕地面积（$aLand\_hou$），鉴于耕地在农业生产中的重要位置及对农户的重要性，以户均耕地面积代替户均农地面积作为衡量指标。其计量单位为"公顷/每户"。

三 数据处理与统计分析

以上变量涉及的指标数据来源于《中国县域统计年鉴》（2001—2015），各省级、地级统计年鉴（2001—2015）。研究对象依据农地利用效率测算确定的 1961 个县进行选取。数据处理包括两部分内容：一是缺失数据的插补，二是对原始数据的清洗与处理。其中，缺失数据首先根据各县统计公报进行补充，对于依据现有统计资料无法补充的数据，缺失比例小的利用时序数据通过加权平均和移动平均进行插补，缺失比例大的则利用回归法进行插补。对于耕地数据同样依据2009年的年内变动数通过倒推法推算2009年年初的数据，以统一到第二次土地调查的口径上。在插补完成后，首先对异常数据进行清洗，经查证统计资料，对于因人为原因导致的错误进行了纠正，对于数据属实的予以保留。然后对gdp和rIncome_ca用CPI进行了平减，以消除通货膨胀的影响。最后，通过相关计算求取模型所需的解释变量。各变量的描述性统计分析如表5-1所示。

表5-1　　　　　　　　　　变量描述性统计

变量	观测量	均值	标准差	最小值	最大值	观测区间	预期符号
gdp_ca	29415	1.315	1.625	0.014	30.808	2000—2014	+/-
$pUrban$	29415	0.352	0.172	0.001	0.999	2000—2014	+/-
$gdpratio\_se$	29415	3.253	7.931	0.007	295.570	2000—2014	+/-
$gdpratio\_te$	29415	2.579	27.765	0.039	1856.850	2000—2014	+/-
$lnrIncome\_ca$	29415	8.066	0.581	6.075	10.220	2000—2014	+
$aLand\_hou$	29415	1.197	8.792	0.010	494.032	2000—2014	+

注：lnrIncome_ca指对变量rIncome_ca取自然对数。

四　面板数据平稳性检验

面板数据是截面数据和时间序列数据的综合，具有截面数据和时间序列数据的某些共同特性。本书所用面板数据，虽然N>>T，但T跨度长达15年，需要考虑面板数据的平稳性问题，以避免序列非平稳对估计结果的影响。因为一些非平稳的经济时间序列往往表现出共同的变化趋势，而与时间序列本身不一定有直接的关联。采用非平稳的时序数据进行回归时，标准的t检验和F检验会失去意义[1]。面板数据的单位根检验需要检验有相同根（common root）和不同根的情况（individual unit root）。只有在两种情况下均平稳时，才认为面板数据是平稳的。本书采用检验相同根情况常用的LLC检验和检验不同根情况常用的ADF-

---

[1] 陈强：《高级计量经济学及Stata应用》（第二版），高等教育出版社2014年版，第422—425页。

Fisher 检验。其中，ADF – Fisher 检验中，因实际模型可能存在漂移项，在单位根检验过程中加入了 drift 命令，另外使用了 deman 选项来缓解可能存在的截面相关问题。检验结果如表 5 – 2 所示，可以看出，被解释变量和各解释变量在同根和不同根的情况下，都在 1% 的显著性水平上显著拒绝了面板数据存在单位根的原假设。因此，可以判定面板数据是平稳的，可以直接进行回归分析。

表 5 – 2　　　　　　面板数据 LLC 和 ADF – Fisher 平稳性检验

Variable	LLC (Adjusted t*)	ADF – Fisher [drift added, lags (3)]			
		P	Z	L*	Pm
gdp_ca	-10.984***	7115.826***	-28.324***	-28.660***	36.061***
$pUrban$	-42.560***	9746.045***	-51.203***	-52.939***	65.759***
$gdpratio\_se$	-3.998***	1.10E+04***	-62.516***	-63.623***	79.525***
$gdpratio\_te$	-44.113*** (trend)	8961.022***	-47.237***	-47.530***	56.895***
$lnrIncome\_ca$	-35.033*** (trend)	9933.204***	-52.021***	-53.596***	67.872***
$aLand\_hou$	-61.534***	9079.301***	-54.781***	-52.747***	58.231***
eff_vrs	-27.995***	8921.934***	-43.955***	-45.878***	56.454***
eff_crs	-23.217***	9750.447***	-50.442***	-52.653***	65.809***

注：*、*** 分别代表在 0.1、0.01 的水平下显著。

五　模型建构

农地利用效率衡量农地的投入产出关系。本书采用 Hybrid 模型测算了 2000—2014 年全国县级农地利用效率 eff_vrs，作为模型的因变量。同时以劳动力转移率（$pUrban$）作为模型的关键自变量。为了考察劳动力转移率对农地利用效率非线性的影响关系，在模型中加入了该自变量的二次项形式。结合本书选取的其他控制变量，以及面板数据平稳性检验的结果，可得本部分实证分析的基本模型形式如下：

$$eff\_vrs_{it} = \beta_0 + \beta_1 \times pUrban_{it} + \beta_2 \times pUrban_{it}^2 + \beta_3 \times gdp_{ca_{it}} + \\ \beta_4 \times gdpratio_{se_{it}} + \beta_5 \times gdpration_{te_{it}} + \beta_6 \times lnrlncome_{ca_{it}} +$$

$$\beta_7 \times aLand_{hou_{it}} + \mu_i + \varepsilon_{it} \tag{5.2}$$

其中，i 表示县，$i = 1, 2, \cdots, 1961$；t 表示年份，$t = 2000$，$2001, \cdots, 2014$。u_i 表示县域不可观测的个体差异。鉴于控制变量的经济含义，这里只对农民人均纯收入指标取对数形式。此外，本书采用逐步回归法控制解释变量的加入，具体的模型形式会随着控制变量的加入而变化。

第三节 人口城镇化对农地利用效率影响的实证分析

一 线性面板扰动项特征检验

本书的因变量虽然被归并到（0, 1］的区间内，但并不存在截取的情况，并且属于连续变量，因此本书以线性面板模型作为主要模型，以 Tobit 模型作为辅助的稳健性检验模型。因本书所采用的面板数据 T 跨度较大，不能简单地将其视为短面板数据，假设扰动项 $\{\varepsilon_{it}\}$ 服从独立同分布而采用普通最小二乘法进行估计。为了确定适宜的模型，需对 $\{\varepsilon_{it}\}$ 的特征进行检验。具体而言，需检验 $\{\varepsilon_{it}\}$ 是否存在组间异方差（groupwise heteroskedasticity）、组内自相关（autocorrelation within panel）和组间同期相关（截面相关，cross - sectional correlation）的情况。其中，记个体 i 的扰动项方差为 $\sigma_i^2 = Var(\varepsilon_{it})$，组间异方差的情况为 $\sigma_t^2 \neq \sigma_j^2$；组内自相关的情况为 $Cov(\varepsilon_{it}, \varepsilon_{is}) \neq 0 (t \neq s, \forall i)$；截面相关的情况为 $Cov(\varepsilon_{it}, \varepsilon_{jt}) \neq 0 (i \neq j, \forall t)$。检验结果如表 5-3 所示，可见本书所采用的面板数据的扰动项存在显著的组间异方差、组内自相关和截面相关情况。

表 5-3　　　　　　　线性面板扰动项特征检验

	组间异方差（chi^2）	组内自相关 [F (1, 1960)]	组间同期相关（Pesaran's test）
统计量	8.00E+06***	600.244***	18.587***

注：*** 代表在 0.01 的水平下显著。

二 实证结果及分析

因本书面板数据的扰动项存在组间异方差、组内自相关和截面相关，加上 N>T，因此采用 Driscoll Kraay 提出的标准误方法进行估计。该方法将 White、Newey 和 West 估计扩展到面板数据中，在扰动项同时存在异方差、序列相关、截面相关的情况下，通过 pooled OLS/WLS 或者 fixed–effects（within）regression 以获得稳健性标准误，被称为 Driscoll and Kraay Standard Errors（DK–SE）方法[①]。进一步的，本书采取其中的 fixed–effects（within）regression 来估计。经诊断人口城镇化与农地利用效率有呈非线性关系的趋向，在模型中加入了人口城镇化指标的二项式（去中心化处理），估计结果如表5–4所示。

表5–4 2000—2014年全国县级农地利用效率的影响因素模型回归结果

Dependent variable（DV）	eff_vrs				
Independent variables（IV）	模型（1）	模型（2）	模型（3）	模型（4）	模型（5）
pUrban	0.1274	0.0939	0.0446	0.0429	0.0557
	5.67***	5.76***	2.6**	2.58**	4.09***
pUrban_sq		0.3514	0.3102	0.3084	0.2943
		11.7***	12.03***	11.81***	10.04***
gdp_ca			0.0103	0.0144	0.0168
			9.27***	13.30***	7.56***
gdp_casq			-0.0003	-0.0003	-0.0004
			-6.73***	-9.14***	-7.10***
gdpratio_se				-0.0023	-0.0024
				-6.81***	-6.49***

[①] Driscoll, J., Kraay, A., "Consistent covariance matrix estimation with spatially dependent Panel Data", *Review of Economics and Statistics*, 1998, Vol. 80, No. 4, pp. 549–560; Newey, W., West, K., "A simple, positive semi–definite, heteroskedasticity and autocorrelation consistent covariance matrix", *Econometrica*, 1987, Vol. 55, No. 3, pp. 703–708; White, H., "A heteroskedasticity–consistent covariance matrix estimator and a direct test for heteroskedasticity", *Econometrica*, 1980, Vol. 48, No. 4, pp. 817–838.

续表

Dependent variable (DV)	eff_vrs				
Independent variables (IV)	模型(1)	模型(2)	模型(3)	模型(4)	模型(5)
gdpratio_te				0.0002 4.64**	0.0002 4.58**
lnrIncome_ca					0.0072 1.29
aLand_hou				0.0007 2.31**	0.0007 2.19**
Constant	0.1904 21.14***	0.1918 25.41***	0.1977 25.14***	0.1992 27.42***	0.2506 5.66
Obs.	29415	29415	29415	29415	29415
F	32.14***	73.94***	45.86***	84.28***	157.32***
Within−R^2	0.0359	0.055	0.0692	0.0802	0.0811

注：1.变量系数下方数字为 t 统计量；2.**、***分别代表在0.05、0.01的水平下显著。

根据以上实证结果，可以看出：

（1）人口城镇化对农地利用效率的影响结果表现为趋向正"U"形的特征。这一结果与城乡二元经济理论所预期的劳动力转移与农地效率呈倒"U"形的关系有所差异，如图5-2所示。然而，二者之间并不必然矛盾。首先，城乡二元经济理论更多地关注劳动力转移对农地产出的影响，是一种单一的农地效率衡量方法。其背后的假设是不存在资本和技术代替效应，而且在初始阶段存在大量的"零值农村劳动力"。这些理论假设与我国农村的实际情况并不完全一致。我国实行以家庭联产承包责任制为基础的农地利用制度，在资本和技术对劳动力替代效应较弱的情况下，大量的"零值农村劳动力"对农民家庭而言是一个相对概念，即农村劳动力剩余并非绝对。因此，在劳动力转移初始阶段，在全国层面上对农地利用效率反而表现出一定的负向效应。然而，随着人口转移率的提升，农村人口转移对农地利用效率呈显著而稳健的正向作用。这与城乡二元经济理论的预期相符，差异在于并没有随着劳动转移率上升到一定水平后，改变对农地利用效率的影响方向。这表明就全国平均而言，资本和技术对劳动的替代效应弱化了农村劳动力大量转移的影响，促进了农地利用效率的提升。其原因在于我国在家庭联产承包责任制的背景下，农村人口的转移是以人为单位，而非以家庭为单位，资本和技术对劳动的替代效应以家户为单位，得到灵活而充分的发挥。而且，受我国户籍及相关制度的影响，农村劳动力转移具有不彻底性，其向城市和非农就业部门转移造成的农业劳动时间投入减少得到资本和技术的有效替代，因此并没有出现农村劳动力大量转移造成农地利用效率显著降低的情况。

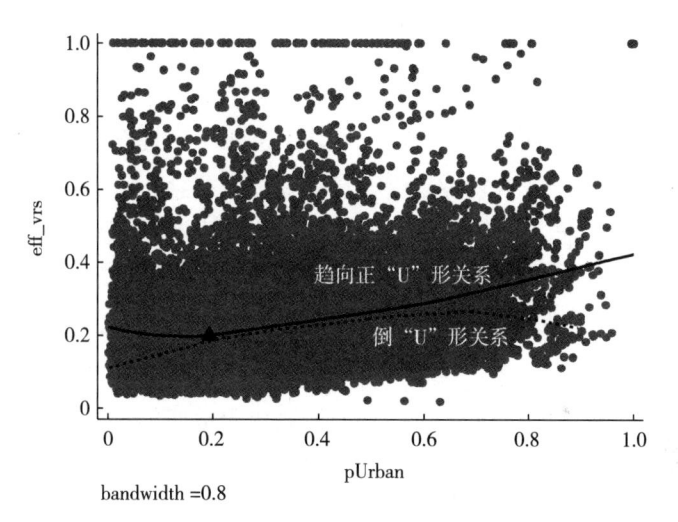

图 5-2　人口城镇化对农地利用效率影响的散点图及与倒"U"形曲线的对照

其次，另一个与城乡二元经济理论预期关系相差异的原因，可能与本书选取的观测周期为 2000—2014 年有关。根据蔡昉等的研究，中国在 2004—2005 年期间度过了"刘易斯转折点"，农产品价格上升，农村劳动力成本大大增加，迫使农业提高生产率来弥补由于农村劳动力减少造成的农地生产效率下降，从而继续为工业积累提供支撑[①]。当然，

---

① 蔡昉：《刘易斯转折点后的农业发展政策选择》，《中国农村经济》2008 年第 8 期；盖庆恩、朱喜、史清华：《劳动力转移对中国农业生产的影响》，《经济学（季刊）》2014 年第 3 期。

提高生产率的方法也是依靠资本和技术替代。从这一视角分析，本书的观测期可能处于城乡二元经济理论所预期的第二阶段向第三阶段的过渡期。在这一过渡期，农村劳动力转移与农地利用效率是可能出现趋向正"U"形的关系。

（2）经济发展水平与农地利用效率之间存在显著的倒"U"形关系。经济发展水平是反映宏观经济情况的重要指标。经济发展水平对农地投入产出关系的影响表现在很多方面：首先，经济发展往往伴随着城市用地规模的扩张，不可避免地要占用农地，影响农地的经营规模，除了耕地需要占补平衡之外，其他农地类型则无相应限制。而且，新补充的耕地也需要一定的时间才能达到被占用耕地的质量。因此，对农地要素的投入会产生负向作用。其次，经济发展水平的提升会带来就业机会的增加，而且往往非农就业机会多于农业就业机会，从而影响农村劳动力的转移期望。再次，在开放的经济情况下，农产品贸易增加，经济发展会影响人们对农地产出的需求，影响农地的生产结构。最后，经济发展带来的资本流量，不可避免地会产生涉农资本。同时，经济发展一般也与生产技术的提升密切相关，其中也包括农业技术。因此，经济发展水平对农地利用效率的影响既有正向的，也有负向的，其最终影响结果取决于正负向的综合。本书的实证结果表明，一定程度的经济发展有利于农地利用效率的提升，但更高程度的经济发展却对农地利用效率的提升产生阻碍作用。结合对我国农地利用实际的分析可知，这一阻碍作用主要是经济发展带来的资本和技术的边际效应递减造成的。因此，在农业生产中，不仅需要注重农地资本和技术要素投入的数量，还需要提升资本和技术投入的质量。

（3）产业结构中，第二产业占比越大，对农地利用效率的负向影响越大，且影响结果显著；第三产业占比越大，对农地利用效率的提升具有显著的促进作用。产业结构变量也反映了农业在县域的重要性程度和县域产业之间的协调程度。本书的实证结果表明，就全国层面平均而言，第二产业与第一产业之间的协调性低于第三产业和第一产业之间。农业相对重要性程度越低，农业对县域的重要性越低，该县域在农业补贴、农业生产方式改进、政府支农投入、政府的重视程度方面越处于不利地位。工农业互动发展需要建立在一定的条件之上，该条件与县域内部产业结构密切相关。目前，其发展关系仍需进一步协调，因为我国的工业化道路采取的是重工业发展道路，与农业密切相关的轻工业则发展缓慢，在全国层面上表现出不利于农业发展的趋势也在预期之中。与此形成对比的是第三产业，因为第三产业中包含多种有利于优化农产品投入产出关系的行业，如科学研究和技术服务、水利和环境、金融等，对农业发展具有直接的影响。目前，第三产业对农业发展在全国平均水平上呈正向的影响，表明产业调整和优化对农地利用的重要性。

（4）农民收入对农地利用效率影响为正，但结果没有如预期表现的显著。其原因可能有两个方面：一方面可能是其正向的影响被经济发展水平的代理变量部分吸收[1]，另一方面也可能是在其他条件不变的情况下，农民在农地利用方面的资本约束并不明显。农民收入对农地利用效率的影响主要是通过家庭转移劳动力带来的资金回流或汇款效应而产生的。汇款效应能够放松资本对农民经营农地的约束，从而一方面有利于农民扩大经营规模，优化农地投入产出关系；另一方面有利于增加对单位农地的投入，促进农地的集约经营。然而，对于农民在扩大经营规模方面的影响，在当前的农地利用背景和农村转移劳动收入水平下，汇款效应的作用有限；对于促进农地集约经营方面，众多研究发现，农村劳动力的非农就业收入主要用于修建房屋、支付彩礼、养育留守儿童及生活消费上，对农地追加投资所占比例很小[2]。因此，在当前的农业经营方式下，通过汇款效应影响农地利用效率的作用有限。但该结果并不能说明提高农民收入在农地利用效率提升中作用不显著，农户农业经营资本的增加占农民非农就业收入的比例很小，但却对农地利用效率提升产生了正向影响，这恰恰从侧面反映了改革当前农地经营方式的必要性，即政策改革要疏通农民收入提高对农地利用效率的作用渠道和路径。并非农民没有将增加的收入投入到农业经营的积极性，而是在当前的生产规模和方式下，农业经营也无须其投入很大比例的收入。

（5）农户家庭户均土地经营规模对农地利用效率影响显著，且呈

---

[1] 但本书在实证分析中加入二者的交互项进行诊断，发现交互项并不显著。

[2] De Brauw, A., Rozelle, S., "Migration and Household investment in Rural China", *China Economic Review*, 2008, Vol. 19, pp. 320 – 335；朱喜、史清华、李锐：《转型时期农户的经营投资行为——以长三角15村跟踪观察农户为例》，《经济学（季刊）》2010年第2期。

正向影响。该影响结果符合经验预期。我国农地利用实行家庭联产承包责任制，户均耕地面积约为 1.20 公顷，属典型的传统小农生产经营模式。在我国当前人口城镇化以家庭内部劳动力转移为主要模式的情况下，传统小农生产经营虽然表现出极强的生命力，但随着人口城镇化方式的转变，其对农地利用效率优化的限制作用也日益凸显。本书的结果表明，户均耕地经营规模的扩大，在全国平均意义上有利于农地利用效率的提升。这一结果与多数以粮食播种面积、农作物总播种面积或微观农户土地经营面积调研数据来代表农地投入要素研究农地利用效率影响因素的结果相一致，如钱丽等、盖庆恩等、冒佩华等①。因此，通过合理的方式和适当的平台来扩大农户土地经营规模对农地利用效率的提升，是改革农地利用制度、促进农地利用效率提升的有效路径。

综上所述，在控制其他变量的情况下，以可变规模农地利用效率为被解释变量，人口城镇化对农地利用效率的影响表现出显著和稳定的趋向正"U"形特征。因此，本书拒绝命题 1 和命题 2。

三 稳健性检验及分析

本书测算了不变规模效应下的农地利用效率（eff_crs），用作稳健性检验的方法。此外，本书的因变量虽然是未被截取的连续变量，但被 Hybrid 模型归并到 [0, 1] 的区间内，因此可采用 Tobit 模型，作为稳健性检验的另一种方法。因当前计量分析软件尚无法估计固定效应的 Tobit 模型，这里仅考虑随机效应的 Tobit 模型。稳健性检验结果如表 5-5 所示。

稳健性检验结果表明，无论是基于不变规模效应还是可变规模效应，无论是基于固定效应的 DK-SE 估计方法还是基于 Tobit 模型，除 lnrIncome_ca 的显著性发生改变外，其他变量都表现出明显的稳定性。lnrIncome_ca 结果不稳定的原因在第五章第三节第二部分中已有详细的分析，但其影响方向还在预期范围内，而且基于不变规模效应和 Tobit

---

① 钱丽、肖仁桥、陈忠卫：《碳排放约束下中国省际农业生产效率及其影响因素研究》，《经济理论与经济管理》2013 年第 9 期；盖庆恩、朱喜、史清华：《劳动力转移对中国农业生产的影响》，《经济学（季刊）》2014 年第 3 期；冒佩华、徐骥、贺小丹等：《农地经营权流转与农民劳动生产率提高：理论与实证》，《经济研究》2015 年第 11 期。

表 5-5　　　农地利用效率的影响因素模型稳健性检验结果

DV	eff_crs					eff_crs	eff_vrs
IV	模型（6）	模型（7）	模型（8）	模型（9）	模型（10）	模型（11）	模型（12）
pUrban	0.1613 7.84***	0.1384 8.62***	0.0700 4.7***	0.0678 4.67***	0.0481 3.3	0.0602 12.74***	0.0672 12.84***
pUrban_sq		0.2406 8.65***	0.1852 7.7***	0.1850 7.32***	0.2068 7.67***	0.1973 14.71***	0.2854 19.19***
gdp_ca			0.0144 12.92***	0.0189 12.86***	0.0150 8.52***	0.0142 21.05***	0.0161 21.46***
gdp_casq			-0.0005 -7.46***	-0.0005 -7.53***	-0.0004 -6.82***	-0.0003 -9.64***	-0.0004 -10.86***
gdpratio_se				-0.0025 -8.44***	-0.0024 -7.19***	-0.0024 -20.16***	-0.0023 -17.08***
gdpratio_te				0.0002 4.06***	0.0001 4.06***	0.0002 6.12***	0.0002 8.15***
lnrIncome_ca					0.0111 2.00*	0.0118 9.4***	0.0072 5.16***
aLand_hou					0.0011 2.8**	0.0011 2.89**	0.0011 12.4***	0.0007 6.98***
Constant	0.1287 15.92***	0.1296 17.34***	0.1377 19.29***	0.1389 21.29***	0.0598 1.37	0.0515 5.54***	0.2470 23.95***
Obs.	29415	29415	29415	29415	29415	29415	29415
F	61.49***	42.53***	76.74***	63.25***	89.45***		
Within-R^2	0.0672	0.0776	0.1086	0.1263	0.1287		
Wald chi^2	—	—	—	—	—	4305.26***	2537.22***
LR test	—	—	—	—	—	3.70E+04***	3.70E+04***
rho						0.7934	0.7895
Model type	DK-SE	DK-SE	DK-SE	DK-SE	DK-SE	Tobit	Tobit

注：1. DK-SE 模型变量系数下方数字为 t 统计量，Tobit 模型中变量系数下方数字为 z 统计量；2. *、**、*** 分别代表在 0.1、0.05、0.01 的水平下显著。

模型，其显著性水平得到增强。因此，本书认为就全国平均而言，在当前的农地利用制度下，在2000—2014年的观测区间内，人口城镇化对农地利用效率的影响表现出非线性的特征，并且表现出随着人口城镇化水平的提升先下降后上升的趋势。该实证结果表明，在当前的农地利用制度下，考虑资本和技术对劳动力的替代效应，农村劳动力相对于农业生产来讲仍是相对剩余的。

四　人口城镇化对农地利用效率影响机制分析

人口城镇化既通过直接渠道影响劳动力供给，也通过间接渠道影响农地各类要素的投入，进而影响农地的投入产出关系，形成一个复杂的作用机制。因此，需要从直接渠道和间接渠道两条路径入手，梳理农村劳动力转移产生的直接效应和间接作用。首先，人口城镇化最主要的特征是农村人口向城市和非农就业转移，在我国农地利用以传统小农生产方式为基础，并且城镇化转移以农户家庭部分人员城镇化为模式的背景下，不考虑农地投入要素之间的替代关系，控制劳动力转移引起的其他效应，控制其他相关扰动因素的作用，仅就农村劳动力数量变化对农地利用效率的直接而纯粹的影响而言，其作用有表现为负向的趋势。其次，人口城镇化通过劳动力转移产生的连锁反应，通过一系列间接渠道作用于农地投入要素结构，这些间接渠道归纳起来主要有农业经营资本、农业生产兼业化、农业生产结构、农地利用强度和农地经营规模。与对农地利用的直接影响不同，这种间接作用需要一定的成立条件，例如"人口城镇化—农地经营规模—农地利用效率"这条作用渠道，人口城镇化在没有激发农地规模化经营的情况下，原有劳动力和土地之间的劳动力配置关系并没有改变，在不考虑资本和技术替代的情况下，控制其他因素的影响，人口城镇化通过农地经营规模对农地利用效率可能产生负向的影响①。

本书借鉴徐建国和张勋运用中介效应分析工农业互动发展路径的思

---

① 李明艳：《劳动力转移对区域农地利用效率的影响——基于省级面板数据的计量分析》，《中国土地科学》2011年第1期。

想,通过中介效应检验来建立人口城镇化对农地利用效率的影响机制①。中介效应(Mediating Effect)通过考察一个变量通过中介变量对另一个变量的影响,即通过分析中介变量在二者之间的调节效应,来探索变量间因果关系的内部影响机制②。中介变量是因果关系链上具有重要作用的一环。本书采用 Sobel - Goodman tests 来检验人口城镇化在直接和间接两条路径上,通过一系列中介变量对农地利用效率的影响机制,结果如图 5-3 所示。需要强调的是,各检验结果的系数只是反映了相应中介变量在人口城镇化通过相应路径对农地利用效率影响的调节作用,是路径作用的过程,并非作用的结果。因此,对检验结果而言,具有意义的是系数的方向。

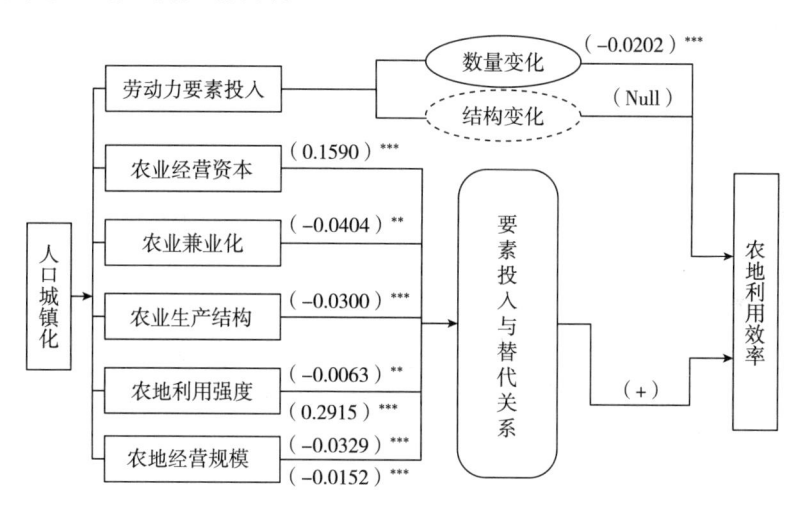

图 5-3 人口城镇化对农地利用效率的影响机制

注:**、*** 代表在 0.05、0.01 水平下显著。

对于直接渠道,因无法获得反映农村劳动力结构变化的数据,本书只考察了数量方面的变化,其指标是农业从业人员数。中介效应检验结果表明,在"人口城镇化—劳动力要素数量投入—农地利用效率"这

---

① 徐建国、张勋:《农业生产率进步、劳动力转移与工农业联动发展》,《管理世界》2016 年第 7 期。

② Mackinnon, D. P., Dwyer, J. H., "Estimating mediated effects in prevention studies", *Evaluation Review*, 1993, Vol. 17, pp. 144 – 158.

条路径上，人口城镇化通过改变农业从业人员数表现出负向影响路径。对于间接渠道，本书归纳了五个方面，分别是农业经营资本、农业兼业化、农业生产结构、农地利用强度和农地经营规模。在"人口城镇化—农业经营资本—农地利用效率"这条渠道上，以农民人均纯收入为指标，检验结果表现出正向的作用路径，表明人口城镇化通过改善农业经营资本对农地利用效率产生了促进作用；对于农业兼业化，以农民家庭人均工资性收入占农民人均纯收入的比例作为指标，人口城镇化表现出负向的影响路径。以"粮食播种面积/农作物播种面积"作为指标衡量的农业生产结构表现出相同的作用特征。对于"人口城镇化—农地利用强度—农地利用效率"路径，以"粮食播种面积/耕地面积、农作物播种面积/农用地面积"为指标，二者表现出相反的作用特征，表明农作物种植结构内部调整带来的农地利用强度变化倾向于正向地作用于人口城镇化对农地利用效率的作用路径。以"户均耕地面积、户均农地面积"衡量的农地经营规模则表现出相同的对影响路径的负向作用，表明人口城镇化并未显著激发农地规模利用，农地规模在人口城镇化对农地利用的作用路径上反而呈现负向的调节方向。

就全国平均而言，在当前的农地制度和利用方式下，人口城镇化对农地利用效率表现出趋向正"U"形的影响结果，但其通过直接和间接渠道对农地利用效率产生了不同方向的作用路径。从上文对影响路径的分析中，可以看出农地利用生产结构的转变对影响路径产生了负向的作用，这一结果受到以"粮食播种面积/耕地面积"为指标测度的农地利用强度对影响路径呈现负向作用结果的进一步支撑，但以"农作物播种面积/农用地面积"为指标测度的农地利用强度对影响路径却呈现出相反的方向，因此有必要从农业生产结构的视角，对人口城镇化与农地利用效率之间的关系进一步地审视，从而为二者之间趋向正"U"形关系提供新的分析视角。

五　人口城镇化对农地利用效率影响的再审视

本书选取"地均粮食产量"（$grain\_pro$）和"地均农业生产总值"（$agripro\_pro$）作为被解释变量，对人口城镇化对农地利用效率的影响进行再审视。其中"地均粮食产量"由"粮食产量/耕地面积"计算而得,"地均农业生产总值"由"农业生产总值/农地面积"计算而得。变量的描述性特征如表5-6所示。

表5-6　地均粮食产量与地均农业生产总值描述性统计

变量	观测量	均值	标准差	最小值	最大值	观测区间
grain_pro	29415	0.284	0.175	0.00011	4.239	2000—2014
agripro_pro	29415	0.128	0.230	0.00003	10.452	2000—2015

与上文相同,这里依然采用DK-SE方法的固定效应模型进行回归。被解释变量的单位根检验结果如表5-7所示。其中,"地均粮食产量"在面板数据相同根和不同根检验下都表现出平稳性,而"地均农业产值"在不同根情况下非平稳,对其取了一阶差分之后,在相同根和不同根下都表现出平稳。因此,后者以差分的形式作为模型的被解释变量。

表5-7　地均粮食产量与地均农业生产总值变量平稳性检验

Variables	LLC (Adjusted t*)	ADF - Fisher [drift added, lags (3)]			
		P	Z	L*	Pm
grain_pro	-18.664***	1.07E+04***	-55.971***	-59.185***	76.072***
d. agripro_pro	-44.823***	8309.589***	-48.749***	-46.861***	49.540***

注:*、***分别代表在0.1、0.01的水平下显著。

分别使用两个因变量进行DK-SE方法的固定效应模型进行逐步回归,结果如表5-8和表5-9所示。对比上文人口城镇化对农地利用效率的影响结果,可以发现人口城镇化对地均粮食产量的影响特征与对农地生产效率的影响特征表现出"有趣的差异性",而同对地均农业产值的影响特征则表现出一致性。

就人口城镇化对地均粮食产量的影响来看,其影响关系表现为倒"U"形。对这一关系的解释可以从粮食产量的需求和供给两个角度来进行:从粮食产量的需求角度而言,城镇化初期,人口在城乡之间和产业之间开始重新配置，城市对粮食的需求随着人口涌入大量增加，有提升地均粮食产量的需求；从粮食产量的供给角度而言，随着家庭部分成员的非农就业和向城市转移，因农民对粮食生产重视的历史传统，农户会相应地调整家庭劳动力在农业内部生产结构上的分配，加上传统小农生产模式的灵活经营。因此，单就粮食生产而言，人口城镇化初期反而促进了地均粮食产量的增加。这种情况随着城镇化进程的发展发生了转变。在农村劳动力转移到一定阶段后，从粮食产量的需求角度，经济发展与开放促进粮食贸易增加，加上人们对农产品消费结构的转变，对粮食产量增加的需求减少。从供给的角度而言，随着家庭内部更多的人口非农就业转移和城镇化，粮食产量的重要性在农户家庭的经济地位降低，农户家庭即使在自产粮食产量不足的情况下也有充裕的资金购买，同时依靠粮食出售作为家庭经济来源的重要性也日益降低，农民缺乏提高粮食产量供给的动力，加上更多的家庭劳动力转移带来的劳动力不足，人口城镇化对地均粮食产量表现出负向的影响。

表5-8　　　　地均粮食产量的影响因素模型回归结果

FE（DK-SE）				
DV	*grain_pro*			
IV	模型（13）	模型（14）	模型（15）	模型（16）
pUrban	0.2562	0.2693	0.1640	0.1627
	9.01***	10.63***	10.79***	10.93***
pUrban_sq		-0.1374	-0.2192	-0.2150
		-1.84*	-3.14***	-3.12***
gdp_ca			0.0223	0.0250
			9.14***	9.02***
gdp_casq			-0.0009	-0.0008
			-6.30***	-6.05***
gdpratio_se				-0.0016
				-6.40***
gdpratio_te				0.0001
				1.83*

续表

FE (DK－SE)				
DV	grain_pro			
IV	模型（13）	模型（14）	模型（15）	模型（16）
aLand_hou				0.0001
				1.42
Constant	0.1940	0.1918	0.2058	0.2077
	12.82***	13.26***	18.00***	18.09***
Obs.	29415	29415	29415	29415
F	81.24***	64.50***	137.55***	123.00***
Within－R^2	0.1103	0.1125	0.1591	0.1630

注：1. DK－SE模型变量系数下方数字为t统计量；2. *、*** 分别代表在0.1、0.01的水平下显著；3. 因变量 lnagri_income 干扰了其他变量的显著性，该模型最终结果中未将其纳入其中。

就人口城镇化对地均农业生产总值的影响而言，其表现出与对地均粮食产量不同的特征，并表现出趋向正"U"形的影响关系，如表5－10所示。结合上文关于人口城镇化对农地利用效率和地均粮食产量的影响分析，可以看出，我国农地利用在观测区间内，其生产结构发生了重要转变。城镇化初期，家庭成员的劳动力转移，使农户调整了家庭劳动力在农业内部生产上的配置，因此就粮食生产而言，并没有表现出因家庭劳动力转移而出现粮食生产率降低的情况，反而因农户更加重视粮食生产而表现出地均粮食产量增加的特征。同时，农户家庭因减弱对其他农业生产的劳动力投入，使得城镇化初期农地利用效率和地均农业生产总值增量表现出降低的趋势。但随着人口城镇化进程的推进及经济社会发展的一系列转变，人们消费的多元化以及贸易的发展，减弱了粮食生产在农户家庭的经济地位，使得整体农业生产结构向多元化的方向发展。因此，人口城镇化表现出不利于地均粮食产量增加，却有利于农地利用效率提升和地均农业产值增量增加的特征。

表 5-9　地均农业生产总值的影响因素模型回归结果

FE (DK-SE)					
DV	Δagripro_pro				
IV	模型 (17)	模型 (18)	模型 (19)	模型 (20)	模型 (21)
pUrban	0.0494 4.44***	0.0434 4.28***	0.0204 4.08***	0.0198 4.10***	0.0122 3.45***
pUrban_sq		0.0573 3.10***	0.0379 2.75**	0.0387 2.74**	0.0466 2.68**
gdp_ca			0.0050 3.40***	0.0061 3.31***	0.0046 3.33***
gdp_casq			-0.0002 -2.93**	-0.0002 -2.84**	-0.0001 -2.79**
gdpratio_se				-0.0007 -4.33***	-0.0006 -4.32***
gdpratio_te				0.0005 3.22***	0.0005 3.27***
lnrIncome_ca					0.0044 2.65**
aLand_hou				0.0001 1.41	0.0001 1.49
Constant	-0.0055 -1.27	-0.0051 -1.12	-0.0026 -0.74	-0.0019 -0.53	-0.4323 -2.26**
Obs.	27454	27454	27454	27454	27454
F	19.71***	9.37***	15.24***	54.49***	82.62***
Within-R^2	0.024	0.0262	0.041	0.0449	0.0464

注: 1. DK-SE 模型变量系数下方数字为 t 统计量; 2. **、*** 分别代表在 0.05、0.01 的水平下显著。

本书关于观测区间内农村劳动力转移对粮食生产和农业总生产影响的推断可以在图 5-4 中得到证明。图 5-4 中, *grain_ratio* 表示粮食种植面积占农作物播种面积的比例, *nagripro_ratio* 表示狭义农业总产值, 即种植业, 占农业总产值的比例。可以看到, 在 2004 年之前, 无论是粮食播种面积占比还是狭义农业总产值占比都表现出上升的趋势, 表明在该区间内农业生产表现出对粮食生产的重视，而随后粮食种植面积占比则表现出下降的趋势，而且时间节点与众多研究推断的"刘易斯拐点"相近。此外，狭义农业总产值占比也表现出下降的趋势，从而进一步证实我国农业生产内部结构正在逐步调整，以及种植业、牧业、渔业和林业发展趋向多元化的特征。

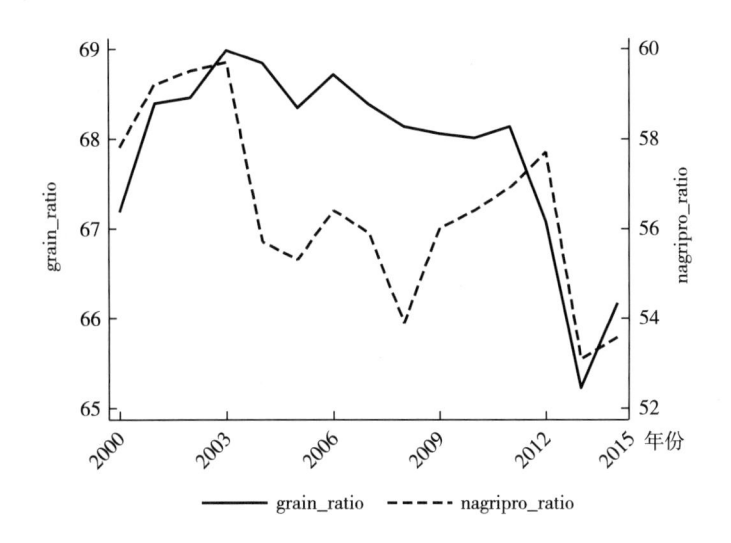

图 5-4 粮食播种面积占比以及狭义农业总产值占比

资料来源：中国经济社会发展统计数据库。

六 对推进人口城镇化进程及农地制度改革的启示

结合我国人口城镇化及农地利用的特点，通过人口城镇化对农地利用效率实证结果及其分析，以及对农业生产结构调整的再审视，本小节对推进人口城镇化进程和农地制度改革的启示有：

（1）在人口城镇化进程中，资本和技术的应用与推广对农地利用有着重要的影响。人口城镇化影响农地利用的投入产出关系，正是由于资本和技术在人口城镇化进程中对农村劳动力的替代，农村劳动力转移对农地利用效率表现出"趋于正 U 形"的影响特征。其启示在于，就全国平均而言，相对于农地利用，农村尚存在剩余劳动力，只有在资本和技术的推动下，这部分剩余劳动力才能持续析出，从而进一步优化劳动力在产业间的配置。同时，农业的衰落并不代表农地利用效率的降低，虽然我国农地利用效率整体处于中等以下水平，但农村人口转移对农地利用效率具有显著的正向影响。因此，应进一步推动人口城镇化进程，促进农村劳动力转移与农地利用关系的优化。

（2）推动经济发展和产业结构调整与人口城镇化和农业现代化进程的协同推进具有重要意义。根据本部分的实证分析结果，经济发展和重工业发展战略若没有通过资本和技术的积累和农业生产形成协调的关系，将不利于农地利用效率的提升，从而不利于农业发展。因此，在县级层面上可积极发展与农业生产具有上下游关系、协同关系的产业。

（3）提高农民收入对提高农地利用效率具有重要的作用，其关键在于优化农民收入提高与农地投入增加之间的正向比例关系，疏通增收农民对农地的投资渠道。农民收入提高与农业投入增加并不存在必然的联系：一方面，需要通过完善农地流转制度，提高土地经营规模，增强农民把增收用于农业生产的动力；另一方面，需要增强农民教育和培训，增加农民把增收用于农业生产的能力。

（4）农村劳动力转移当前并未触动农地规模经营的影响路径，需要结合相关制度改革推动农地流转，增加农民土地经营规模。实证分析表明，在全国平均层面上，家庭农地经营规模的增加，有利于农地利用效率的提高。因此，需要从制度和技术上采取合适的路径，使土地规模经营与农村劳动力转移结合起来，并结合我国农村家庭联产承包责任制，提升农地利用效率。

第四节　人口城镇化对农地利用效率影响的动态机制

一　农村利用效率与人口城镇化动力

探讨人口城镇化对农地利用效率的动态影响机制，需要考察其逆向的影响关系，即人口城镇化动力问题。我国人口城镇化特征比较复杂。受土地所有及使用制度、户籍及其附带的社保、医疗、教育等制度的综合影响，农村人口城镇化分裂为离开农业部门和迁居到城市两个过程。在前一个过程中，农户以家庭为单位进行农业生产决策，分配家庭劳动力，农村劳动力的转移体现出个体城镇化的特征；在后一个过程中，因为土地为农民提供了社保功能，农村劳动力转移表现出长久地依赖农业和农地的黏滞性。在这两个过程中，农地利用效率都表现出影响农村劳动力转移的倾向。对于前一个过程来讲，农地利用效率的提高有助于农户家庭析出和转移剩余劳动力，这一影响特征和作用机理也已经得到相关研究的证实，如徐建国和张勋①。但是，现有研究对这一影响特征和作用机理的关注还不完整。农地利用效率水平较低的时候，其提高有助于农村劳动力的转移。然而，鉴于农民对农地和农业生产的依赖性，根据劳动力转移理论，在水平较高的时候，农地利用效率的提高会降低劳动力的预期收入差距，对农村劳动力转移的影响特征可能会发生改变。从而，分析农地利用效率不同阶段对农村劳动力转移的促进作用，有助于进一步认识人口城镇化对农地利用效率的影响。

如图 5-5 所示，农村利用效率的变化一方面通过影响农业劳动力需求的变化，产生农村劳动力转移的基础，即产生剩余劳动力；另一方面通过改变城乡预期收入差距，影响农村劳动力转移的动力。本小节继续采用 DK-SE 方法的固定效应模型作为基准模型，进一步探索农地利用效率对人口城镇化的逆向影响，从而为理解人口城镇化对农地利用效率的正向影响关系提供新的视角。为了考察固定效应模型涉及的内生性问题，本书建立联立方程模型进行 3SLS 估计，检验基于单方程固定效应模型的估计偏误问题，并使用不变规模效应的农地利用效率进行稳健性检验。

二 农地利用效率对人口城镇化影响的研究设计

（一）研究命题

根据劳动力转移理论，城市化、农村发展和经济开放度理论及文献综述的相关分析，本小节关于人口城镇化对农地利用效率逆向影响关系的命题如下：

命题3：农地利用效率提升对人口城镇化的增加具有正向影响；

---

① 徐建国、张勋：《农业生产率进步、劳动力转移与工农业联动发展》，《管理世界》2016 年第 7 期。

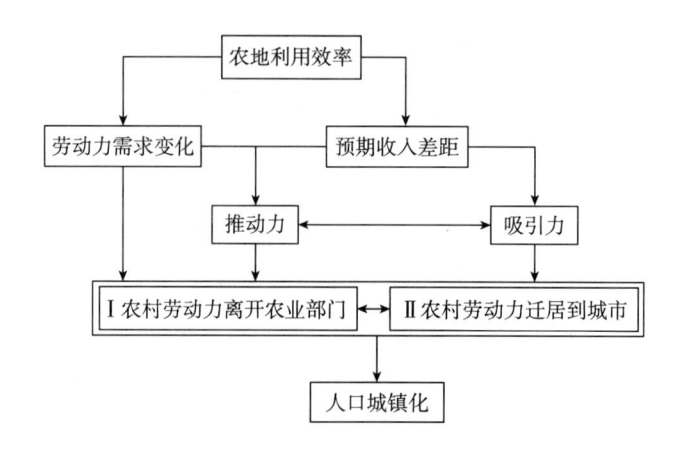

图 5-5　农地利用效率变化对人口城镇化的作用路径

命题 4：农地利用效率对人口城镇化影响呈非线性，并表现为随着农地利用效率的提高先呈正向、后呈负向的特征。

(二) 因变量与自变量

基于 DK-SE 方法的固定效应模型，探索农地利用效率对农村劳动力转移的影响，农村劳动力转移是因变量，农地利用效率则是关键自变量。二者的内涵同上文相同，农村劳动力转移由农村劳动力转移率代表，农地利用效率由 Hybrid 模型测算的农地利用技术效率代表。对于联立方程模型已经不涉及因变量与自变量的问题。因为，一个方程的因变量通常是另一个方程的自变量。其需要关注的是内生变量和外生变量。对本书而言，农地利用效率和农村劳动力转移是联立方程模型的内生变量。联立方程模型外生变量的确定需要依据农地利用效率影响因素模型和农村劳动力转移影响因素模型。农地利用效率影响因素模型的控制变量已在第二节中详细说明，对于农村劳动力转移影响因素模型，其他需要控制的变量有：

(1) 非农就业机会：其代表变量有三个，分别是县域人均国内生产总值（gdp_ca）、第二产业增加值（gdp_se）和第三产业增加值（gdp_te）。这三个指标分别从经济总量的不同角度反映了一个地区提供就业机会的能力。根据劳动力转移理论，城市部门对农村劳动力的吸引力主要来自非农就业机会。非农就业机会与劳动力预期收入差距密切相关，从而影响农村劳动力转移；非农就业机会越多，农村劳动力转移率越高[1]。

（2）经济开放度：其代表变量是县域规模。县域规模与经济开放度之间具有非常高的相关关系[2]。Glaeser 在分析贫困国家城镇化动因的实证研究中，曾将总人口数作为县域规模的代表指标。本书借鉴了此做法[3]。此外，人口是划分城市规模大小的主要标准，也反映出人口指标对城市规模的重要意义。具体而言，总人口数（$total\_pop$）反映了某一时点和某一地域范围内的人口规模，计量单位为万人。一般而言，经济开放度越高，农村劳动力转移率越高。

（三）数据处理与统计分析

基础数据来源为《中国县域经济统计年鉴》（2001—2015）、《中国区域经济统计年鉴》（2001—2015）。插补数据来源于各县相关年度统计公报、统计年鉴。同样的，对于以价值衡量的指标，即 gdp_ca、gdp_se 和 gdp_te，使用居民消费者价格指数（CPI）进行了平减。此外，这里对 gdp_se 和 gdp_te 均进行了对数处理，以降低与 gdp_ca 的共线性，并增强其序列平稳性和减小异方差[4]。$total\_pop$ 同样也进行了取对数处理。各控制变量的描述性统计分析如表 5-10 所示。

表 5-10　　　　　　　　变量描述性统计表（二）

变量	观测量	均值	标准差	最小值	最大值	观测区间	预期符号
$pUrban$	29415	0.352	0.172	0.001	0.999	2000—2014	+/-
gdp_ca	29415	1.315	1.625	0.014	30.808	2000—2014	+
$lngdp\_se$	29415	0.342	1.040	-5.011	5.537	2000—2014	+

---

[1] Li, J., Deng, X., Seto, K. C., "The impact of urban expansion on agricultural land use intensity in China", *Land Use Policy*, 2013, Vol. 35, Vo. 11, pp. 33-39.

[2] Alesina, A., Wacziarg, R., "Openness, county size and government", *Journal of Public Economics*, 1998, No. 69, pp. 305-321.

[3] Glaeser, E. R., "A world of cities: The causes and consequences of urbanization in poor countries", *Journal of European Economic Association*, 2014, Vol. 12, No. 5, pp. 1154-1199.

[4] 高铁梅：《计量经济分析方法与建模——Eviews 应用及实例》，清华大学出版社 2009 年版，第 318 页。

续表

变量	观测量	均值	标准差	最小值	最大值	观测区间	预期符号
lngdp_te	29415	0.204	0.714	-3.251	7.301	2000—2014	+
lntotal_pop	29415	3.541	0.893	-0.313	5.609	2000—2014	+

（四）面板数据平稳性检验

对面板数据在相同根和不同根下的单位根检验结果如表5-11所示。同样地，相同根采用LLC检验，不同根采用ADF-Fisher检验。对于不同根检验，在检验过程中加入了drift命令，以解决可能存在的漂移项问题，另外使用了deman选项来缓解可能存在的截面相关问题。检验结果表明，在相同根和不同根下，各变量都表现出显著的稳定性。

表5-11　面板数据LLC和ADF-Fisher平稳性检验（二）

Variables	LLC (Adjusted t*)	ADF-Fisher (drift added, lags (3))			
		P	Z	L*	Pm
pUrban	-42.560***	9746.045***	-51.203***	-52.939***	65.759***
gdp_ca	-10.984***	7115.826***	-28.324***	-28.660***	36.061***
lngdp_se	-44.175***	1.03E+04***	-55.788***	-57.602***	71.839***
lngdp_te	-31.160***	9807.528***	-52.624***	-54.050***	66.453***
lntotal_pop	-13.860***	7563.561***	-33.804***	-34.490***	41.117***
eff_vrs	-27.995***	8921.934***	-43.955***	-45.878***	56.454***
eff_crs	-23.217***	9750.447***	-50.442***	-52.653***	65.809***

注：*、***分别代表在0.1、0.01的水平下显著。

（五）模型建构

1. 人口城镇化的影响因素模型

人口城镇化的影响因素模型中，因变量为农村劳动力转移率，农地利用效率是关键自变量。为了考察非线性关系是否显著，在模型中加入了农地利用效率的二次项形式。结合本书选取的其他控制变量，以及面板数据平稳性检验的结果，可得本部分实证分析的基本模型形式如下：

$$pUrban_{it} = \beta'_0 + \beta'_1 \times eff_{vrs_{it}} + \beta'_2 \times eff_{vrs_{it}}^2 + \beta'_3 \times lngdp_{ca_{it}} +$$
$$\beta'_4 \times lngdp\_se_{it} + \beta'_5 \times lngdp\_te_{it} + \beta'_6 \times lntotal\_pop_{it} +$$
$$\mu'_i + \varepsilon'_{it} \tag{5.3}$$

其中，i 表示县，i = 1，2，…，1961；t 表示年份，t = 2000，2001，…，2014。u_i 表示县不可观测的个体差异。在实际回归中，本书采用逐步回归法控制解释变量的加入，具体的模型形式会随着控制变量的加入而变化。

2. 联立方程模型

根据农地利用效率和人口城镇化的决定方程，即式（5.2）和式（5.3），本书建立联立方程模型，如式（5.4）所示，考察单方程模型由于内生性问题可能存在的估计偏差。

$$\begin{cases} eff_{vrs_{it}} = \beta_0 + \beta_1 \times pUrban_{it} + \beta_2 \times pUrban_{it}^2 + \beta_3 \times gdp_{ca_{it}} + \beta_4 \times \\ \quad gdpratio_{se_{it}} + \beta_5 \times gdpratio_{te_{it}} + \beta_6 \times lnrlncome_{ca_{it}} + \beta_7 \times \\ \quad aLand_{hou_{it}} + \mu_i + \varepsilon_{it} \\ pUrban_{it} = \beta'_0 + \beta'_1 \times eff_{vrs_{it}} + \beta'_2 \times eff_{vrs_{it}}^2 + \beta'_3 \times lngdp_{ca_{it}} + \beta'_4 \times \\ \quad lngdp\_se_{it} + \beta'_5 \times lngdp\_te_{it} + \beta'_6 \times lntotal\_pop_{it} + \mu'_i + \varepsilon'_{it} \end{cases}$$
$$\tag{5.4}$$

三 农地利用效率对人口城镇化影响的实证分析

（一）基准实证结果及分析

根据逐步回归法，得到人口城镇化影响因素模型的估计结果，如表5-12所示。可以看出，农地利用效率对农村劳动力转移率表现出显著而稳定的倒"U"形影响特征。这说明，农地利用效率的提高，有利于析出农村劳动力，但这种析出能力具有限度，更高水平的农地利用效率则表现出对农村劳动力转移的"拉回作用"，这种原因一方面在于资本和技术无法完全替代农村劳动力，另一方面在于农地利用效率提高，减小了预期收入差距，农村劳动力转移动力发生改变。结合人口城镇化对农地利用效率的影响特征，即人口城镇化对农地利用效率趋向正"U"形的影响关系，农地利用效率对人口城镇化的这一逆向影响关系，表明我国平均处于随着农地利用效率的增加、析出农村劳动力也增加的阶段，即我国在农村尚存在相对剩余的劳动力。此外，其他变量的影响方向和显著性也比较符合预期。

表 5-12　　人口城镇化影响因素模型估计结果（基于 VRS）

FE（DK-SE）					
DV	pUrban				
IV	模型（1'）	模型（2'）	模型（3'）	模型（4'）	模型（5'）
eff_vrs	0.2818 7.68***	0.4355 3.78***	0.5674 8.97***	0.3614 5.62***	0.3843 6.19***
eff_vrssq		-0.1809 -1.78*	-0.3169 -5.89***	-0.1790 -3.15***	-0.1934 -3.33***
gdp_ca				0.0226 10.35***	0.0212 10.56***
$lngdp\_se$			0.0720 8.16***	0.0479 7.36***	0.0430 8.02***
$lngdp\_te$			0.0263 2.68**	0.0151 1.95*	0.0131 1.78*
$lntotal\_pop$					0.1904 8.68***
Constant	0.2853 12.93***	0.2605 11.46***	0.2080 13.68***	0.2286 18.53***	-0.4462 -5.5***
Obs.	29415	29415	29415	29415	29415
F	58.96***	34.90***	210.69***	307.69***	541.14***
Within-R^2	0.0359	0.0378	0.1975	0.2585	0.2823

注：1. DK-SE 模型变量系数下方数字为 t 统计量；2. *、**、*** 分别代表在 0.1、0.05、0.01 的水平下显著。

（二）稳健性检验及分析

以不变规模效应下的农地利用效率为自变量进行回归模型的稳健性检验，结果如表 5-13 所示。可以看出，农地利用效率表现出对人口城镇化稳健的倒"U"形关系。因此，结合可变规模效应下的分析，本书接受命题 4，拒绝命题 3。

表 5-13 人口城镇化影响因素模型估计结果的稳健性检验（基于 CRS）

FE（DK-SE）					
DV	pUrban				
IV	模型（6'）	模型（7'）	模型（8'）	模型（9'）	模型（10'）
eff_crs	0.4163	0.6328	0.6115	0.4413	0.4254
	8.05***	12.04***	16.26***	14.27***	14.09***
eff_crssq		-0.2572	-0.2429	-0.1683	-0.1484
		-9.03***	-11.18***	-9.25***	-8.76***
gdp_ca				0.0207	0.0413
				10.12***	7.73***
$lngdp\_se$			0.0665	0.0461	0.0167
			8.27***	7.14***	2.21**
$lngdp\_te$			0.0301	0.0191	0.0196
			3.22***	2.49**	10.25***
$lntotal\_pop$					0.1793
					8.61***
Constant	0.2744	0.2521	0.2262	0.2346	-0.3953
	12.34***	12.52***	14.6***	16.93***	-5.16***
Obs.	29415	29415	29415	29415	29415
F	64.87***	85.8***	122.93***	133.22***	282.41***
Within-R2	0.0672	0.076	0.2232	0.273	0.2941

注：1. DK-SE 模型变量系数下方数字为 t 统计量；2. **、*** 分别代表在 0.05、0.01 的水平下显著。

四 人口城镇对农地利用效率影响的动态机制

（一）联立方程模型实证结果及分析

本书重点关注人口城镇化对农地利用效率的影响，但根据上文的实证分析结果，农地利用效率也存在稳健的逆向因果关系。因此，为了检验上文单一方程的估计是否存在偏误，本书进一步用联立方程模型进行检验。因本书涉及样本量较大，存在异方差和序列相关，因此借助 3SLS 进行估计。估计结果如表 5-14 所示，可以看出基于联立方程模型的 3SLS 估计方法，虽然模型的解释力有所下降，但各变量的影响特征和基于式（5.2）和式（5.3）的估计结果类似，即人口城镇化对农地利用效率表现出趋向正"U"形的影响关系，而农地利用效应表现出对人口城镇化的倒"U"形关系，进一步证明了本书在上文估计结果的稳健性。

表5–14　　　　联立方程模型估计结果（基于VRS）

SEM – 3SLS			
DV	eff_vrs		pUrban
IV	模型（11'）		模型（12'）
pUrban	0.3525 35.69***	eff_vrs	1.6351 32.02***
pUrban_sq	0.0798 3.97***	eff_vrssq	-0.4796 -10.29***
gdp_ca	0.0111 6.63***	gdp_ca	0.0319 13.93***
gdp_casq	-0.0068 -3.73***	lngdp_se	0.0311 23.04***
gdpratio_se	-0.0019 -12.71***	lngdp_te	0.0461 19.81***
gdpratio_te	0.0003 7.37***	lntotal_pop	0.0110 4.16***
lnrIncome_ca	0.0127 5.67***		
aLand_hou	0.0013 16.74***		
Constant	0.2000 12.45***		0.0229 5.21***
Obs.	29415		29415
chi^2	3745.01***		26250.31***
R^2	0.0499		0.0322

注：1. SEM – 3SLS模型变量系数下方数字为z统计量；2. *** 分别代表在0.01的水平下显著。

(二) 联立方程模型稳健性检验及分析

同样的,本书用基于不变规模效应的农地利用效率进行稳健性检验,结果表明本书在上文建立的单方程模型具有显著的稳健性,如表5-15所示。人口城镇化对农地利用效率表现出趋向正"U"形的影响关系;农地利用效率表现出对人口城镇化的倒"U"形关系依然成立。至此,本书认为可以接受上文关于人口城镇化对农地利用效率影响的相关推论。同时,联立方程模型的实证结果及稳健性检验结果表明,单方程估计并未影响到人口城镇化对农地利用效率的影响特征。因本书在第六章主要关注人口城镇化对农地利用效率影响特征的区域差异。因此,在第六章中本书主要基于单方程模型进行区域差异的分析。

表5-15 联立方程模型估计结果 (基于 CRS)

SEM-3SLS			
DV	eff_crs		pUrban
IV	模型 (13′)		模型 (14′)
pUrban	0.4352 46.6***	eff_crs	1.3787 22.38***
pUrban_sq	0.0888 5.27***	eff_crssq	-0.2279 -4.12***
gdp_ca	0.0046 3.34***	gdp_ca	0.0067 7.64***
gdp_casq	-0.0080 -5.51***	lngdp_se	0.0296 20.42***
gdpratio_se	-0.0032 -24.95***	lngdp_te	0.0351 12.96***
gdpratio_te	0.0003 11.25***	lntotal_pop	0.0231 7.46***
lnrIncome_ca	0.0149 7.74***		
aLand_hou	0.0007 10.99***		

续表

SEM-3SLS		
DV	eff_crs	pUrban
IV	模型（13'）	模型（14'）
Constant	-0.0884 -6.47***	0.0040 0.79
Obs.	29415	29415
chi^2	7402.68***	24431.76***
R^2	0.0541	0.0834

注：1. SEM-3SLS 模型变量系数下方数字为 z 统计量；2. *** 分别代表在 0.01 的水平下显著。

五 对推进人口城镇化进程及农地制度改革的启示

农地利用效率表现出对人口城镇化的倒"U"形影响关系表明：农地利用效率的提高，有利于析出农村劳动力；但这种析出能力具有限度，更高水平的农地利用效率则表现出对农村劳动力转移的"拉回作用"。其启示在于：

（1）积极提升农地利用效率，有利于析出农村劳动力。我国农地利用效率的平均水平为 0.234，根据图 5-6 所示，尚处于倒"U"形关系的前半段，因此农村劳动力尚有析出的空间。这一研究结论和盖庆恩等的研究一致。该研究认为虽然"刘易斯拐点"已经到来，但随着土地制度改革的不断深入和技术水平的提高，长期来看，我国农村地区仍存在一定数量的农村剩余劳动力①。

（2）在农地利用效率提升到一定水平后，有利于优化城乡部门的农村劳动力配置。农地利用效率对农村劳动力存在"拉回效应"，对当前我国关于农村劳动力"主动转移论"形成新的补充，即农村劳动力也受到来自农村的吸引力，在农地利用效率提升到一定水平的情况下，农村劳动力的主动转移动力减弱甚至消失。

---

① 盖庆恩、朱喜、史清华：《劳动力转移对中国农业生产的影响》，《经济学（季刊）》2014 年第 3 期。

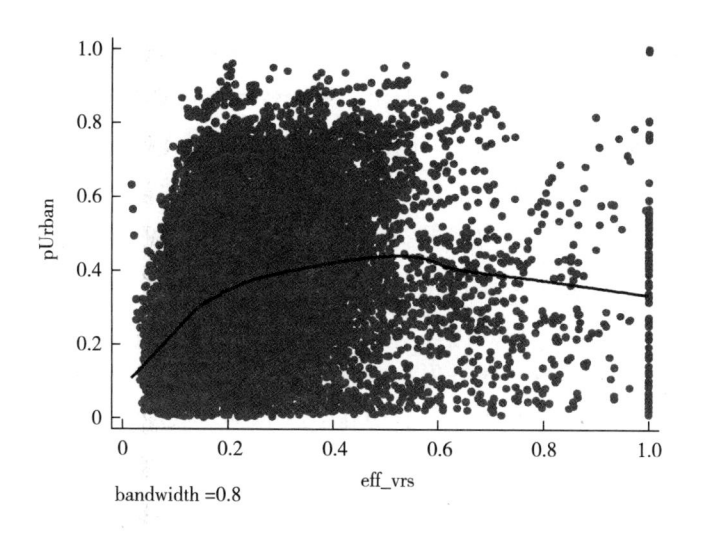

图5-6　农地利用效率对人口城镇化影响的散点

第五节　本章小结

以农村劳动力非农就业和向城市转移为主要特征的人口城镇化对农地投入要素的配置和重组产生了影响，从而影响农地利用的投入产出关系，即农地利用效率。人口城镇化通过劳动力转移及其连锁效应形成了对农地投入产出关系的复杂影响机制。本章在前文理论梳理和文献综述的基础上提出研究命题，通过构建农地利用效率的影响因素框架，厘清农地利用效率的影响因素，并运用DK－SE的固定效应模型，在控制经济发展层面、土地规模层面、农户与农民层面和土地资本层面变量的影响下，得出农村劳动力转移对农地利用效率呈趋向正"U"形影响关系的结论。本书用不变规模效应下的农地利用效率和Tobit模型进行了模型稳健性检验，结果表明模型具有很强的稳定性。本章进一步根据中介效应检验分析了人口城镇化对农地利用效率的影响机制，并通过对农地利用类型内部结构的探讨，对人口城镇化对农地利用效率的影响特征进行了深入分析。此外，人口城镇化影响农地的投入产出关系，即农地利用效率。但农地利用效率的提高，也在一定程度上有利于农村劳动力的析出。这种逆向关系涉及城镇化的动力问题。因为，农地利用效率的变化影响对劳动力投入的需求变化，同时农地利用效率关系到农地的投入产出情况，影响预期城乡收入差距。根据劳动力转移理论，预期收入差距是劳动力流动的主要原因。因此，农地利用效率有可能与劳动力转移存在一定程度的逆向因果关系。虽然这种逆向因果关系和人口城镇化对农地利用效率影响的正向因果关系存在显著区别。通过对逆向影响关系的探讨，可以建立人口城镇化与农地利用效率之间的动态影响机制，从而更加深入地分析人口城镇化对农地利用效率的影响。

结合我国人口城镇化进程和农地利用的特点，以及对实证结果的分析，本章得出的主要结论有：①2000—2014年的观测区间内，就全国平均而言，人口城镇化对农地利用效率的影响关系表现为趋向正"U"形；②人口城镇化对农地利用效率影响存在直接渠道和间接渠道之分，其间接渠道主要通过农业经营资本、农业兼业化、农地经营规模、农业生产结构和农地利用强度五个方面的中介变量所发挥的调节效应，作用于农地利用效率。③人口城镇化对农地利用效率的影响，在农地利用内部存在差异。人口城镇化对地均粮食产量的影响表现为倒"U"形，对地均农业生产总值的影响表现为趋向正"U"形。④资本和技术对劳动力的替代，以及我国小农生产灵活经营的特点，对农村劳动力转移正向地影响农地利用效率产生了重要作用。但随着我国城镇化进程由个人城镇化向家庭城镇化转变，传统小农生产的优势有逐渐演变为劣势的倾向，如因土地经营规模过小阻碍了投入要素之间的有效替代，从而不利于农地利用效率的提升。⑤农地利用效率对人口城镇化存在稳定而显著的倒"U"形关系。由此，农地利用效率的提高，有利于析出农村劳动力；但这种析出能力具有限度，更高水平的农地利用效率则表现出对农村劳动力转移的"拉回作用"。⑥本书基于联立方程模型检验单方程模型的估计偏差，结果表明基于单方程模型的估计结果具有稳健性，即在关注人口城镇化对农地利用效率的影响特征方面，可以接受单方程模型的估计结果。

第六章 人口城镇化对农地利用效率影响的区域差异分析

第一节 相关背景

区域是地球表面上被某种特征所界定的空间系统，在某种方式上与其他地区有所差别，并限于这个差别所延伸的范围之内①。由于本书所选取县域涉及不同的地理和行政类型，处于不同的经济发展阶段和收入水平，加上农地利用效率在不同区域上表现出随时间变化的差异性特征，因此有必要分析人口城镇化对农地利用效率影响的区域差异。同时，不同区域的农村劳动力转移及其连锁效应对农地投入要素的配置和重组情况存在差异，对其差异的分析，有助于进一步认识人口城镇化对农地利用效率的影响随地理特征、行政类型、经济发展阶段和收入水平变化的特征，从而对因地制宜地把握农地利用改革路径提供指导。已有大量研究证实，不同区域农地利用效率的显著影响因素存在差异，如王良健和李辉分别考察了东北、东部、中部、西南、西北地区耕地利用效率的显著影响因素，发现同一指标在不同地区对耕地利用效率影响的显著性和影响方向都可能存在差异②。因此，探索人口城镇化这一变量是否在不同区域对农地利用效率产生了不同的影响，是本书对全国层面分

---

① ［美］理查德·哈特向著：《地理学的性质》（第二版），叶光庭译，商务印书馆2012年版，第520—523页。

② 王良健、李辉：《中国耕地利用效率及其影响因素的区域差异》，《地理研究》2014年第11期。

析的细化。

对区域差异进行分析，分类标准的选择是关键。本书按照我国农地利用的区域特点，按照不同的标准对县域进行分类，解构面板数据，以期发现人口城镇化对农地利用效率影响的区域差异特征。在分类标准的选取上，按照其所属主体由宏观到微观的原则。具体而言，首先，根据与气候、地貌等相关的地理特征进行分区，探索不同地理特征区域在农村劳动力转移对农地利用效率变化的影响关系特征。其次根据行政类型对县域进行划分，分析不同行政类型之间在农村劳动力转移对农地利用效率影响方面有无差异。最后，根据发展水平和社会特征，主要依据城市等级，从样本中选取分别属于一线、二线和三线城市的县域进行分类和分析①。在以上分析的基础上，分别探讨实证分析结果对协调人口城镇化进程与农地利用效率提高的启示。

第二节 按地理分区的区域差异分析

一 地理区域划分

地理是一个与位置、地貌、气候相关的概念。不同地理区域范围内，农地利用与农村劳动力的关系存在不同，决定了农村劳动力转移对农地利用效率的影响方向与特征也存在一定程度的差异。本书采用统计资料中关于地理分区的常规方法，将选取的1961个县域根据所属省份划分为七大区域，如表6-1所示。上文关于农地利用效率的时空差异分析也采用了该划分方法。

表6-1　　　　　　　　全国各省份地理分区结果

区域	省份
华北	北京市、天津市、山西省、河北省、内蒙古自治区中部（包括呼和浩特市、包头市、鄂尔多斯市和乌兰察布市）

---

① 由于城市等级与经济发展密切相关，代表了发展水平的差异，本书将其界定为按照发展水平进行的分区。

续表

区域	省份
东北	黑龙江省、吉林省、辽宁省、内蒙古自治区东部（包括呼伦贝尔市、兴安盟、通辽市和赤峰市）
华东	上海市、江苏省、浙江省、安徽省、江西省、山东省、福建省
华中	河南省、湖北省、湖南省
华南	广东省、广西壮族自治区、海南省
西南	四川省、贵州省、重庆市、云南省、西藏自治区
西北	山西省、甘肃省、青海省、宁夏回族自治区、新疆维吾尔自治区、内蒙古自治区西部（包括阿拉善盟）

注：不包括香港特别行政区、澳门特别行政区和台湾省。

二 描述性统计分析

由于各区域的原始数据已经经过处理与清洗，可对其进行直接分区。基于上文关于全国层面的分析结果，本书在区域差异分析中分别以 eff_vrs、eff_crs、$grain\_pro$ 和 $agripro\_pro$ 为被解释变量，深入分析在区域层面上农村劳动力转移对农地利用效率的影响情况。各区域相应变量的样本均值描述性统计分析，如表 6-2 所示[①]。就可变规模与不变规模效应下的农地利用效率而言，东北地区表现出明显的优势地位，其样本均值在七个区域中均排名第一，但比较有趣的是，在地均粮食产量和地均农业产值方面，东北地区则表现出弱势地位，尤其是后者在七个区域中仅高于西南地区，排名第六[②]。这一结果说明，用单要素生产率和用全要素生产率衡量的农地利用效率，其结果有可能存在极大的差异。因此，对实证结果的分析，需要结合所采用指标的具体情况进行判断。就地均粮食产量而言，华中地区县域平均表现最好，而地均农业产值方面，华东地区县域则在平均水平上表现最好。与此形成对比的是，西北地区在农地利用效率、地均粮食产量和地均农业产值方面，都处于较低

---

① 鉴于均值在模型估计中的重要性作用，对各地理分区相关变量均值的描述性统计，有助于本书分析各区域实证分析结果的差异。由于按地理标准划分的区域类型较多，本书不再将其他描述性统计变量，即最大值、最小值和标准差一一列出。

② 东北地区的这一弱势地位可能与其复种指数相关。因气候原因，东北地区多为一年一熟制。

的平均水平。

在七个区中,东北地区的农村劳动力转移率最低,户均土地规模最大;华东地区则与东北地区相反,户均土地规模最小,农村劳动力转移率却最高。此外,华东地区农民人均纯收入水平和人均GDP水平七个区中处于最高位,东北地区在农民人均收入水平方面则排第二位。因此,农村劳动力转移率高的区域和较低的区域,农民人均纯收入水平都可能处于高位,结合东北的户均土地经营规模情况,可以判断农地经营收入在农民收入中依然占据重要位置。相对东北地区和华东地区的两极化表现,华北、华中、华南在劳动力转移率、人均GDP水平、农民收入水平和户均土地规模方面则表现居中。但是,与其他地区相比,华北地区在产业结构方面表现出更大的失衡性,其第二产业增加值/第一产业增加值、第三产业增加值/第一产业增加值指标均明显高于其他地区。西南和西北地区农村劳动力转移率略高于东北地区,农民人均纯收入水平却处于低位,不过与其他地区的差异并不大。

表6-2　　　　　按地理分区的各变量均值描述性统计

变量	华北	东北	华东	华中	华南	西南	西北
eff_vrs	0.255	0.309	0.260	0.245	0.182	0.209	0.192
eff_crs	0.188	0.271	0.221	0.215	0.141	0.153	0.125
$grain\_pro$	0.268	0.220	0.385	0.399	0.325	0.224	0.163
$agripro\_pro$	0.132	0.072	0.187	0.143	0.089	0.050	0.039
ura	0.393	0.267	0.474	0.391	0.338	0.282	0.269
gdp_ca	1.662	1.576	1.829	1.110	0.985	0.796	1.210
$gdpratio\_se$	6.253	2.204	3.854	3.022	1.570	1.821	3.300
$gdpratio\_te$	6.722	2.171	2.518	1.612	1.253	1.569	1.870
$lnrIncome\_ca$	8.101	8.184	8.403	8.057	8.137	7.795	7.852
$aLand\_hou$	0.854	5.417	0.357	0.419	0.415	0.659	1.902
Obs	4230	2715	5865	3855	2340	6105	4305
$Counties$	282	181	391	257	156	407	287
$Time\ period$	2000—2014						

表6-3 按地理分区的各变量相同根LLC平稳性检验

变量	华北	东北	华东	华中	华南	西南	西北
eff_vrs	-8.277***	-2.927***	-4.812***	-16.299***	-13.859***	-19.599***	-6.365***
eff_crs	-4.888***	-3.450***	-4.436***	-16.673***	-17.839***	-15.240***	-1.502*
grain_pro	-7.415***	-3.631***	-10.935***	-11.058***	-13.566***	-3.780***	-2.650***
agripro_pro	(-14.046)***	(-14.325)***	(-19.119)***	(-15.902)***	(-11.869)***	(-7.778)***	(-34.410)***
ura	-11.724***	-7.422***	-24.391***	-10.916***	-9.284***	-26.236***	-10.224***
gdp_ca	(-11.560)***	(-10.103)***	(-20.690)***	26.937***	(-8.712)***	(-6.215)***	(-3.666)***
gdpratio_se	-15.802***	-4.258***	-2.504***	-2.283*	(-8.097)***	(-9.984)***	(-10.861)***
gdpratio_te	-23.564***	-7.799***	(-9.645)***	-3.854***	(-7.187)***	(-15.850)***	-5.026***
lnrIncome_ca	(-17.125)***	-8.490***	(-22.047)***	-20.859***	(-8.786)***	(-5.535)***	(-10.262)***
aland_hou	-17.566***	-12.077***	-18.948***	-22.912***	-14.194***	-31.667***	-35.262***

注：1."()"表示带trend；2.表中统计量为Adjusted t*；3.*、***分别代表在0.1、0.01的水平下显著。

三 面板数据平稳性检验

对于每个区域,由于截面数远远大于时期数,并且经相关检验都存在面板数据异方差、序列相关和截面相关的情况,因此仍然使用 DK – SE 方法的固定效应模型进行估计。同样的,在进行回归之前,需要对变量的平稳性进行检验。不同区域相应变量相同根和不同根的检验结果分别如表6–3和表6–4所示。可以看出不同区域各变量在相同根和不同根下都通过了变量的平稳性检验,可以直接进行面板数据的回归估计。

表6–4 按地理分区的各变量不同根 ADF – Fisher 平稳性检验

变量	华北	东北	华东	华中	华南	西南	西北
eff_vrs	26.442***	15.007***	27.031***	26.970***	13.817***	25.266***	19.160***
eff_crs	24.685***	18.579***	33.047***	30.262***	20.450***	23.406***	16.148***
grain_pro	24.333***	19.017***	39.423***	27.601***	18.764***	27.283***	18.023***
agripro_pro	2.910***	2.790***	2.565***	18.336***	6.343***	3.843***	4.164***
ura	31.700***	22.353***	29.417***	18.890***	15.958***	24.710***	24.919***
gdp_ca	18.678***	18.997***	14.924***	9.843***	4.673***	4.121***	8.501***
gdpratio_se	38.818***	21.380***	28.883***	24.723***	15.395***	13.838***	27.688***
gdpratio_te	–22.339***	28.441***	11.704***	13.056***	11.625***	10.976***	17.119***
lnrIncome_ca	29.431***	24.633***	27.894***	31.199***	25.517***	21.179***	25.937***
aLand_hou	8.832***	12.066***	23.037***	19.456***	13.149***	15.073***	30.915***

注:1. 表中统计量为 Pm,即 Modified inverse Chi – squared;2. 加入了漂移项;3. *** 分别代表在0.01的水平下显著。

四 地理区域差异实证结果及分析

本书分别以 eff_vrs、eff_crs、grain_pro 和 agripro_pro 为被解释变量,进行固定效应回归。各区域回归结果及分析如下(最终模型):

(一)以 eff_vrs 为被解释变量

如表6–5所示,可以看出,除东北、西北和西南外,农村劳动力转移对农地利用效率的作用特征与全国平均情况相同,都是趋向正

"U"形，而东北则表现为倒"U"形，西南表现为正"U"形。该结果表明，对于东北地区，低水平的农村劳动力转移有利于农地利用效率的提升，更高水平的转移则对农地利用效率产生不利影响。而西南地区的情况则相反。因此，东北地区农村劳动力对农地利用来讲已相对短缺，而西南则还处于相对剩余的情况。结合对比东北和西南地区农村劳动力转移均值的描述性统计特征，相比其他地区，二者均处于较低位，这说明东北地区农地利用效率对农村劳动力的转移比较敏感。因为东北地区是土壤肥沃的黑土地，并且户均土地经营规模较大，农地利用对劳动力要素投入需求较大。而西南地区户均土地经营规模较小，经济发展落后，农民收入水平低，在劳动力转移初期不利于农地利用效率的提高，但随着经济发展水平的提升，资本和技术的投入使得以家庭为单位，农村劳动力相对农业经营处于剩余的状态。西南地区的这一情况在 gdp_ca 与 eff_vrs 呈正"U"形关系（这一情况仅在西南地区出现，其他地区均为倒"U"形关系），以及户均土地经营规模对 eff_vrs 具有显著的正向作用的实证结果中可以得到进一步证实。

在产业协同以及农业地位方面，各地区同全国的平均情况类似，第二产业相对发展对农地利用效率均产生了显著的负向影响，都表现出第一、第二产业的不协调性。在第三产业与第一产业的协调性方面，除华北和华东外，其他地区则表现出与全国情况不同的特征，不过表现为不协调性。造成这种情况的原因与相应地区第二产业以及第三产业中具体行业的分布是否与农业相互促进和补充有关。值得注意的是，华南和西北地区农民收入水平出现与预期符号相反的情况，收入水平提高反而不利于农地利用效率的提升，造成这种结果的原因可能是华南地区农村劳动力非农就业收入占收入的比重较大，农民收入越高，农地经营收入在农户家庭的经济地位越低，越缺乏投资农地的动力。对于西北地区而言，农民收入水平处于低位，收入提高对于农民提高生活水平具有重要意义。因此，农民增加的收入可能并未用到农地投入上，而是用于自身消费上，这种情况也可能造成农民收入增加却不利于农地利用效率提升的情况。此外，对于西北、西南、华东而言，户均土地经营规模均显著的正向影响农地利用效率。

表 6-5　按地理分区的各区域农地利用效率（VRS）影响因素模型

FE(DK-SE)							
DV	eff_vrs						
IV	华北	东北	华东	华中	华南	西南	西北
pUrban	0.2342 9.27***	0.3107 10.87***	0.1251 6.06***	0.1485 6.13***	0.0519 2.87**	-0.0330 -1.77*	0.0158 1.85*
pUrban_sq	0.3990 5.50***	-0.3502 -2.36**	0.1391 2.82**	0.3993 4.22***	0.2207 4.19***	0.1183 2.56**	
gdp_ca	0.0081 6.06***	0.0415 16.98***	0.0221 9.45***		0.0199 4.83***	-0.0261 -8.42***	0.0096 4.64***
gdp_casq	-0.0002 -3.97***	-0.0011 -6.24***				0.0081 4.66***	-0.0003 -5.44***
gdpratio_se	-0.0018 -6.24***	-0.0087 -5.08***	-0.0038 -3.57***	-0.0012 -6.10***	-0.0100 -5.64***	-0.0023 -3.61***	-0.0011 -3.58***
gdpratio_te	0.0002 4.03***	-0.0013 -4.48***	0.0073 4.76***	-0.0076 -3.02***	-0.0094 -3.44***	-0.0060 -4.51***	-0.0011 -1.98*
lnrIncome_ca			0.0447 5.83***		-0.0400 -10.53***		-0.0141 -3.88***
aLand_hou	0.0009 1.24		0.2510 4.06***			0.0328 7.01***	0.0014 7.12***
Constant	0.1385 11.89***	0.1919 18.91***	-0.2640 -5.20***	0.1867 14.02***	0.4736 12.28***	0.2244 22.48***	0.2891 10.85***
Obs.	4230	2715	5865	3855	2340	6105	4305
F	314.88***	218.26***	98.83***	20.14***	89.57***	84.38***	96.4***
Within-R^2	0.2313	0.1990	0.2725	0.1901	0.1464	0.1206	0.0625

注：1. DK-SE模型变量系数下方数字为t统计量；2. *、**、***分别代表在0.1、0.05、0.01的水平下显著。

结合第四章关于农地利用效率空间区域特征的分析，可以看出，农地利用效率同向上升或下降的区域，人口城镇化对农地利用效率的影响也可能存在不同。如西南和华南地区，农地利用效率均值均表现出下降的趋势，但农村劳动力转移的影响特征却存在差异。然而，总体来看，各区域之间农地利用效率的影响因素特征，及与全国农地利用效率的影响特征相比，均存在很大程度的共性。结合各区域农地利用的特点和相关背景，这种共性和差异性为促进人口城镇化进程的健康推进和农地利用效率的提升具有重要启示意义。

（二）以 eff_crs 为被解释变量的稳健性检验

如表 6-6 所示，以不变规模效应的农地利用效率为被解释变量，各区域模型的回归结果同以可变规模效应的农地利用效率为被解释变量的模型具有相似性。除部分区域影响显著的指标数量发生改变之外，各区域显著指标的影响方向同表 6-5 相同，表明整体回归结果具有很强的稳健性。在农村劳动力转移对农地利用效率的影响特征上，不变规模效应下东北依然表现出显著的倒"U"形关系，而西南则表现出显著的正"U"形关系，西北表现为正向的线性关系，其他地区则同全国的平均情况类似，表现为趋向正"U"形的关系。

表 6-6 按地理分区的各区域农地利用效率（CRS）影响因素模型

FE(DK-SE)							
DV	eff_crs						
IV	华北	东北	华东	华中	华南	西南	西北
pUrban	0.2259	0.3350	0.0865	0.1297	0.0232	-0.0606	0.0759
	9.37***	15.29***	5.22***	4.72***	2.04*	-2.64**	2.89**
pUrban_sq	0.2480	-0.4733	0.1675	0.3768	0.2350	0.1457	
	3.60***	-3.31***	2.88**	3.94***	5.92***	2.87**	
gdp_ca	0.0148	0.0401		0.0111	0.0142	-0.0066	0.0087
	9.37***	11.24***		2.00*	8.44***	-2.79**	5.48***
gdp_casq	-0.0005	-0.0009		-0.0018		0.0044	-0.0003
	-5.84***	-12.74***		-2.15*		4.13***	-5.43***
gdpratio_se	-0.0017	-0.0092	-0.0034	-0.0008	-0.0072	-0.0021	-0.0014
	-6.47***	-6.20***	-2.85**	-6.90***	-8.44***	-3.20***	-4.42***

续表

FE(DK-SE)							
DV	eff_crs						
IV	华北	东北	华东	华中	华南	西南	西北
gdpratio_te	0.0001 1.72*	-0.0012 -5.35***	0.0060 3.11***		-0.0136 -4.92***	-0.0064 -5.56***	
lnrIncome_ca			0.0508 5.76***		-0.0220 -5.24***		-0.0087 -3.27***
aLand_hou	0.0012 2.93**		0.1255 2.25**			0.0250 6.22***	0.0023 7.61***
Constant	0.0951 12.44***	0.1519 15.62***	-0.2988 -4.19***	0.1478 12.59***	0.3231 7.79***	0.1545 23.18***	0.0401 2.04*
Obs.	4230	2715	5865	3855	2340	6105	4305
F	454.91***	208.45***	200.25***	106.01***	125.23***	235.12***	198.12***
Within-R^2	0.3563	0.2088	0.3241	0.2281	0.2184	0.0891	0.1678

注：1. DK-SE 模型变量系数下方数字为 t 统计量；2. *、**、*** 分别代表在 0.1、0.05、0.01 的水平下显著。

（三）以 grain_pro、agripro_pro 为被解释变量的关系再审视

与全国层面的情况类似，在以"地均粮食产量"和"地均农业总产值"为被解释变量，考察人口城镇化对农地利用的影响时，其影响特征发生了变化。就"地均粮食产量"而言，除华北和华南之外，人口城镇化均表现出对地均粮食产量呈倒"U"形关系的倾向。比较有意思的是，华北地区和华南地区表现出了相反的线性影响关系：华南地区的农村劳动力转移对地均粮食产量产生了显著的负向影响，而华北地区则产生了显著的正向影响。与其他地区相比，前者在农村劳动力转移率低的时候未表现出对地均粮食产量的提升效应，后者则在农村劳动力转移率高的时候未表现出对地均粮食产量的阻碍效应，造成这种情况的原因与华北和华南在国家粮食生产中的地位有关。华南是我国南部传统粮食产区，其中的广东省经济开放最早，其区位优势使得在劳动力转移初期，农户并不需要因家庭劳动力转移而增加粮食生产来满足消费和增加

收入的需求。这一点，从该区域农民收入水平的增加反而不利于地均粮食产量的提升也可以得到证实。而对于位于秦岭—淮河以北的华北地区，是我国小麦的主产区，除了北京、天津等中心城市农业生产结构更倾向多元化发展之外，其余地区的劳动力转移率增加反而强化了粮食种植在农业生产中的地位。

此外，华东地区地均粮食产量的影响因素模型中，gdp_ca 和 $aLand\_hou$ 的影响特征与其他地区不同，均表现出显著的负向线性影响关系。这一情况与华东地区经济发展特征和农户农地利用特征有关。华东地区平均经济发展水平、农民收入水平在各区域中处于最高位，农村劳动力转移率也最高，但户均土地经营规模最小。农民地均粮食产量已经表现出随农村劳动力转移率增加而降低的趋势。结合表6-8的实证结果，可以看出华东地区的农户家庭有更大的可能性调整农业生产结构和农地经营规模，但并未用在粮食生产的提高上。因此，户均土地经营规模扩大，反而不利于地均粮食产量的增加。同样，经济发展水平提高也表现出不利于粮食生产增加的影响特征。

表6-7　按地理分区的各区域地均粮食产量影响因素模型

FE(DK-SE)							
DV	$grain\_pro$						
IV	华北	东北	华东	华中	华南	西南	西北
$pUrban$	0.3120 8.81***	0.2132 3.71***	0.0705 1.92*	0.2295 13.19***	-0.0281 -2.11*	0.0451 3.56***	0.0258 10.89***
$pUrban\_sq$		-0.7826 -4.28***	-0.3641 -4.15***	-0.2439 -4.76***		-0.2139 -4.15***	-0.2496 -3.61***
gdp_ca	0.0216 7.94***	0.0467 20.71***	-0.0027 -2.10*	0.0493 4.45***	0.0098 2.03*	0.0348 8.44***	0.0044 2.40**
gdp_casq	-0.0007 -4.43***	-0.0016 -6.13***		-0.0095 -4.31***		-0.0068 -5.15***	-0.0003 -3.86***
$gdpratio\_se$	-0.0016 -5.08***				-0.0109 -8.07***	-0.0035 -6.30***	-0.0005 -2.37**

续表

FE(DK–SE)							
DV	grain_pro						
IV	华北	东北	华东	华中	华南	西南	西北
gdpratio_te			−0.0015 −7.53***		−0.0099 −2.63**	−0.0051 −3.59***	0.0052 4.33***
lnrIncome_ca			0.0801 3.76***		−0.0229 −4.88***	0.0185 3.23***	0.0488 6.87***
aLand_hou			−0.4445 −10.55***			0.0055 2.42**	0.0002 4.93***
Constant	0.1225 9.06***	0.1127 5.64***	−0.1216 −0.76	0.2847 20.77***	0.5281 12.03***	0.2115 38.52***	−0.2340 −4.61***
Obs.	4230	2715	5865	3855	2340	6105	4305
F	64.65***	275.47***	480.24***	100.63***	58.35***	339.98***	771.82***
Within–R^2	0.3007	0.3248	0.2967	0.2097	0.0623	0.1375	0.2807

注：1. DK–SE 模型变量系数下方数字为 t 统计量；2. *、**、*** 分别代表在 0.1、0.05、0.01 的水平下显著。

以地均农业产值为被解释变量，各区域变量的影响特征与全国平均层面表现出相对的一致性。说明在地理区域的范围内，农业生产结构也面临着内部调整。其中，华东、西南和西北地区的人口城镇化对地均农业产值的影响特征均表现为正"U"形，其他区域则和全国的情况一致，表现为趋向正"U"形。说明华东、西南和西北地区在人口城镇化初期，地均农业产值对农村劳动力的转移比较敏感。此外，经济发展水平的影响特征，与全国的平均情况相同，除华东和西南不显著之外，其他地区都呈倒"U"形关系。在农民收入水平和户均农地经营规模的影响特征方面，影响显著的区域与全国的情况也表现一致，为正向的影响关系。以地均农业产值作为因变量的影响因素模型，进一步表明人口城镇化对农地利用效率影响结果的稳健性，也表明在区域范围上，农业产业结构面临调整。

表 6-8　按地理分区的各区域地均农业产值影响因素模型

FE(DK-SE)							
DV	agripro_pro						
IV	华北	东北	华东	华中	华南	西南	西北
pUrban	0.3346	0.0575	-0.0118	0.0752	0.0280	-0.0293	-0.0320
	7.05***	4.11***	-2.40**	3.75***	4.85***	-1.93*	-3.65***
pUrban_sq	0.6282	0.3191	0.2926	-0.0841	0.0834	0.4321	0.1923
	8.65***	4.38***	4.41***	-3.73***	3.79***	6.18***	6.29***
gdp_ca	0.0216	0.0491		0.0243	0.0573		0.0055
	22.21***	13.43***		9.42***	9.97***		5.39***
gdp_casq	-0.0008	-0.0004		-0.0013	-0.0029		-0.0004
	-12.19***	-2.01*		-2.52**	-5.52***		-5.27***
gdpratio_se	-0.0024	-0.0130	-0.0076		-0.0106	0.0020	-0.0009
	-5.62***	-6.63***	-3.28***		-5.45***	2.81**	-4.87***
gdpratio_te		-0.0022	0.0131	-0.0180	-0.0104	-0.00372	0.0019
		-5.21***	4.99***	-10.60***	-6.18***	-3.37***	2.24**
lnrIncome_ca		0.0090	0.1386	0.0855	0.0239	0.0399	0.0400
		2.24**	22.12***	10.80***	3.79***	33.31***	20.45***
aLand_hou			0.2522			0.0177	0.0002
			4.10***			5.03***	2.89***
Constant	-0.0340	0.0826	-1.0741	-0.5703	-0.1411	-0.2743	-0.2544
	-2.26**	2.60**	-19.99***	-10.52***	-3.04***	-33.99***	-19.50***
Obs.	4230	2715	5865	3855	2340	6105	4305
F	456.25***	428.8***	768.2***	4701.79***	1670.41***	505.59***	1080.02***
Within-R^2	0.3981	0.1605	0.2805	0.6974	0.6095	0.3568	0.2861

注：1. DK-SE 模型变量系数下方数字为 t 统计量；2. *、**、*** 分别代表在 0.1、0.05、0.01 的水平下显著。

五　相关启示

地理分区是综合了气候、地貌、水文、经济和政治的基本分区，是我国自然地理区划的基本单元。本小节通过实证分析不同区域农村劳动力转移对农地利用效率的影响特征和方向，相关启示有：

（1）区域层面上，人口城镇化对农地利用效率的影响特征与方向总体上与全国层面上的一致，但在东北和西南地区表现出差异性，尤其是东北地区，农村人口转移，对农地利用效率产生了显著的不利影响。因东北地区户均农地经营规模较大，农地利用效率平均水平较高，对我国农地制度改革和城镇化进程推进具有重要的启示意义，即户均农地经营规模还需要结合其他投入要素的调整，才能在农村劳动力转移的背景下，对农地利用效率产生影响，否则经营规模较大对农地利用效率并不能产生显著的影响，可能还会随着农村劳动力的转移成为不利因素。

（2）区域层面上，农地利用也面临着农业生产结构内部调整。除华北和华南外，其他区域均表现出随着农村劳动力转移到一定程度，地均粮食产量降低的情况。虽然农业生产结构调整朝着有利于农地利用效率提升的方向发展，但也需要重视国家粮食安全问题。因此，提高粮食补贴和建立耕地发展权补偿制度在农业生产结构调整到一定阶段需要引起重视。结合农业生产的阶段性特征，我国农业生产已经度过了满足粮食需求的阶段，进入增加农民收入以及转变生产方式的阶段。因此，应结合农地制度改革和农村劳动力转移带来的收入效应，深化农业生产结构改革，尤其是东北、华东、华中、华南、西南和西北地区，要合理调整粮食生产在农业生产中的地位。

第三节 按行政类型分区的区域差异分析

一 行政类型区域划分

行政区域的划分一般以政治和管理目的为前提，并综合考虑经济、自然环境、人口、民族、历史传统和军事等条件。在我国，省级行政单位是行政分区的核心单位。本书以省级行政单位的类型为依据，将样本县按其所属省级行政单位的类型归属为3类，分别是省、直辖市和自治区，分别探索不同行政单位类型下，人口城镇化对农地利用效率影响的特征，划分结果如表6-9所示。

表6-9　　　　　　　　　全国各省份行政类型分区结果

行政类型	省份
省	山西省、河北省、黑龙江省、吉林省、辽宁省、江苏省、浙江省、安徽省、江西省、山东省、福建省、河南省、湖北省、湖南省、海南省、四川省、贵州省、云南省（23个）
直辖市	北京市、天津市、上海市、重庆市（4个）
自治区	西藏自治区、内蒙古自治区、广西壮族自治区、宁夏回族自治区、新疆维吾尔自治区（5个）

注：不包括香港特别行政区、澳门特别行政区和台湾省。

二　描述性统计分析

各行政类型分区的变量均值描述性统计分析如表6-10所示。可以看出直辖市和省的农地利用效率平均水平要高于自治区的平均水平。地均粮食产量和地均农业产值也表现出前两者平均水平较高的特征。但比较有趣的是在户均土地经营面积方面，自治区的平均水平要明显高于直辖市和省的平均水平，约是直辖市平均水平的10倍、省平均水平的5倍，表现出由"自治区—省—直辖市"而阶梯形递减的特征。在农村劳动力转移率的平均水平方面，递减的方向发生了变化，变为按照"直辖市—省—自治区"的方向递减。与此递减方向相同的变量还有第二产业比第一产业、第三产业比第一产业和农民收入。其中，第二产业比第一产业、第三产业比第一产业在直辖市与省和自治区之间的差异较大，农民收入的平均水平差异则较小。这种较小的差异低于经验预期，因为自治区多分布在西北和西南相对贫困的区域，预期农民收入应该远远低于直辖市。与此差异表现出相同特征的还有 gdp_ca 这一变量，其在三个区域之间的差异也并无预期的大。

表6-10　　　　　按行政类型分区的各变量均值描述性统计

变量	直辖市	省	自治区
eff_vrs	0.242	0.247	0.174
eff_crs	0.205	0.197	0.121

续表

变量	直辖市	省	自治区
$grain\_pro$	0.284	0.303	0.186
$agripro\_pro$	0.112	0.119	0.030
ura	0.516	0.373	0.221
gdp_ca	1.707	1.283	1.441
$gdpratio\_se$	10.664	3.246	2.467
$gdpratio\_te$	35.693	2.028	1.820
$lnrIncome\_ca$	8.348	8.075	7.986
$aLand\_hou$	0.360	0.746	3.682
Obs	510	24315	4590
$Counties$	34	1621	306
$Time\ period$	2000—2014		

三 面板数据平稳性检验

按行政类型划分的区域，其平稳性检验结果如表6-11所示。其中，涉及直辖市区域的两个变量，$agripro\_pro$ 和 gdp_ca 原始序列在不同根的情况下非平稳，在一阶差分后平稳，属于 AR（1）序列。因此，估计相关模型时采取其一阶差分的形式。该区域的其他变量以及其他行政区域的各变量，则在相同根和不同根下都表现出平稳性，可直接用于模型回归。

表6-11 按行政类型分区的各变量 LLC 和 ADF-Fisher 检验

变量	直辖市	省	自治区	直辖市	省	自治区
eff_vrs	-7.155***	-23.208***	-14.987***	7.874***	52.718***	15.978***
eff_crs	-6.194***	-18.707***	-14.155***	8.856***	61.031***	15.858***
$grain\_pro$	-6.465***	-16.854***	-6.947***	9.367***	67.585***	18.248***
$agripro\_pro$	-3.109***	(-44.895)***	(-14.697)***	3.257(AR1)***	11.309***	3.865***
ura	-6.118***	-40.665***	-10.325***	9.150***	61.024***	22.906***

续表

变量	直辖市	省	自治区	直辖市	省	自治区
gdp_ca	-2.515***	(-18.240)***	(-11.748)***	8.973(AR1)***	32.014***	14.529***
$gdpratio\_se$	(-2.338)***	(-5.629)***	(-6.672)***	19.466***	66.779***	28.717***
$gdpratio\_te$	(-6.275)***	(-41.783)***	-4.396***	9.954***	41.854***	13.081***
$lnrIncome\_ca$	-6.854***	(-29.830)***	(-19.732)***	2.451***	60.369***	25.595***
$aLand\_hou$	(-6.827)***	-62.808***	-8.440***	8.710***	58.155***	25.377***
Tests	LLC 检验			Fisher – ADF 检验		

注：1. "（ ）"表示带 trend；2. LLC 检验的统计量为 Adjusted t*，Fisher – ADF 检验的统计量为 Pm，Fisher – ADF 检验加入了漂移项；3. *** 分别代表在 0.01 的水平下显著。

四 行政区域差异实证分析结果

同样地，分别以 eff_vrs、eff_crs、$grain\_pro$ 和 $agripro\_pro$ 为被解释变量，进行固定效应回归。各行政区域回归结果及分析如下（最终模型）：

（一）以 eff_vrs 为被解释变量

在人口城镇化对农地利用效率的影响方面，直辖市和省表现出相同的特征，即趋向正"U"形的关系，而自治区则表现出明显的正"U"形关系，说明在农村劳动力转移率较低的情况下，自治区比直辖市和省对农村劳动力转移更加敏感。虽然从均值上来看，自治区的经济发展水平和省和直辖市相差不大，甚至比省的平均水平还要高，但农民收入水平处于最低位，户均土地经营规模也最大，分别是省和直辖市平均水平的 5 倍和 10 倍。因此，在资本和劳动力需求的双重约束下，其农地利用效率比省和直辖市对农村劳动力转移更加敏感。此外，直辖市和省在人口城镇化对农地利用效率的影响特征方面与全国的情况一致。尤其是直辖市，其影响特征与经验预期有一定的出入。直辖市的劳动力转移率非常高，平均达到 51.6%，但整体上表现出对农地利用效率的正向促进作用。造成这种情况的原因可能是：一方面直辖市的户均土地规模不大，虽然农村劳动力大量转移，但尚未影响资本和技术的替代关系；另一方面，因为直辖市相对更容易吸引资本和技术投入，发展现代农业，

表 6-12 按行政类型分区的各区域农地利用效率（VRS）影响因素模型

FE (DK-SE)			
DV	eff_vrs		
IV	直辖市	省	自治区
$pUrban$	0.1686 8.38***	0.0718 4.09***	-0.0249 -1.80*
$pUrban\_sq$	0.3943 11.42***	0.2868 9.24***	0.1286 3.53***
gdp_ca	0.0126 2.39**	0.0158 10.52***	0.0229 7.20***
gdp_casq		-0.0002 -3.28***	-0.0005 -6.17***
$gdpratio\_se$	-0.0006 -2.13*	-0.0021 -6.09***	-0.0056 -7.15***
$gdpratio\_te$	0.0001 2.09*	-0.0019 -6.39***	
$lnrIncome\_ca$	-0.0286 -5.37***		-0.0289 -4.55***
$aLand\_hou$			0.0006 1.82*
Constant	0.3810 8.99***	0.2027 24.37***	0.3877 8.16***
Obs.	476	24315	4590
F	115.01***	108.43***	153.77***
Within-R^2	0.097	0.0951	0.0772

注：1. DK-SE 模型变量系数下方数字为 t 统计量；2. *、**、*** 分别代表在 0.1、0.05、0.01 的水平下显著；3. 直辖市农地利用效率模型中，gdp_ca 为一阶差分形式，因此模型损失了 34 个观测值。

从而有利于农地利用效率的提升。

由于直辖市的 gdp_ca 为一阶单整序列，在回归中以差分的形式估计其系数，其二次项形式并不显著，整体表现为对农地利用效率的正向线性关系，这一关系进一步验证了上文关于直辖市农村劳动力转移率高但并未显著负向影响农地利用效率的原因分析。此外，在产业结构方面,第三产业的相对发展也促进了农地利用效率的提高,说明直辖市发展的第三产业,其相关的具体行业能和农业形成互补关系。这一结果也与直辖市产业分布结构的经验判断相符。相对于直辖市,省和自治区在 gdp_ca 对农地利用效率的影响特征方面表现出一致性,也与全国平均情况相一致,均为显著的倒"U"形关系。在产业结构方面,除了直辖市的第三产业相对发展表现为显著的正向关系,以及自治区的第三产业相对发展指标并不显著之外,其他地区相应变量则表现为显著的负向关系,说明在行政类型的层面上,整体的产业结构与农业发展的协调性还需进一步加强。

在农民收入水平和户均土地经营规模方面,以行政类型划分的区域也表现出与预期判断的差异性。除自治区的户均土地经营规模表现出显著的正向影响外,直辖市和省都表现不显著。这种情况一方面说明这两个区域平均而言从农民内部增加户均土地经营规模的动力不强,在当前的农地利用制度和劳动力转移背景下,户均土地经营规模的增加并不能显著影响农地利用效率的提升;另一方面说明当前的土地经营规模下,资本和技术投入并未通过土地规模效应对农地利用效率产生显著影响。并且,农民人均收入水平的提高在直辖市和自治区都表现出显著的负向效应。这种负向情况的差别类似于上文分析的华南和西北情况的差别。前者主要是由于农业在农民家庭中的经济地位不高,农民缺乏收入增加后投资农地的动力,后者则是由于提升消费需求的需要挤出了对农地的投资需求。

(二) 以 eff_crs 为被解释变量的稳健性检验

在以行政类型划分区域的情况下,以不变规模效应的农地利用效率为被解释变量,人口城镇化对其的影响特征与以可变规模效应的农地利用效率为被解释变量相同。自治区仍然表现出显著的正"U"形关系,直辖市和省则和全国一样表现为趋向正"U"形的特征,表明以行政类型划分区域,人口城镇化对农地利用效率的影响特征具有稳健性。在直辖市的影响因素模型中,解释变量农民收入、第三产业相对比例不再显著,但 gdp_ca 影响方向和显著性水平没有发生改变,也进一步证实上文关于直辖市地区农村劳动力转移率高但并未显著负向影响农地利用效率的原因分析。

表 6-13 按行政类型分区的各区域农地利用效率（CRS）影响因素模型

FE(DK-SE)			
DV		eff_crs	
IV	直辖市	省	自治区
$pUrban$	0.0893	0.0665	-0.0320
	3.31***	3.53***	-1.91*
$pUrban\_sq$	0.2959	0.2076	0.0552
	6.66***	7.19***	2.17**
gdp_ca	0.0113	0.0137	0.0201
	1.88*	7.31***	11.78***
gdp_casq		-0.0004	-0.0004
		-1.83*	-10.17***
$gdpratio\_se$	-0.0002	-0.0021	-0.0045
	-3.69***	-6.02***	-9.94***
$gdpratio\_te$		-0.0020	-0.0009
		-10.29***	-3.16***
$lnrIncome\_ca$		0.0164	
		2.29**	
$aLand\_hou$			0.0011
			2.74**
Constant	0.1495	0.0278	0.1074
	11.53***	0.61	29.63***
Obs.	476	24315	4590
F	20.13***	239.56***	365.83***
Within-R2	0.0547	0.1432	0.1256

注：1. DK-SE 模型变量系数下方数字为 t 统计量；2. *、**、*** 分别代表在 0.1、0.05、0.01 的水平下显著；3. 直辖市农地利用效率模型中，gdp_ca 为一阶差分形式，因此模型损失了 34 个观测值。

（三）以 $grain\_pro$、$agripro\_pro$ 为被解释变量的关系再审视

模型回归结果如表 6-14 所示，在人口城镇化对地均粮食产量的影响方面，省和自治区都表现出显著的倒"U"形关系，直辖市表现为线性的正向关系，即直辖市县域平均而言，地均粮食产量在农村劳动力转

移率升高到一定程度的情况下,并未表现出显著的降低趋势①。但这一结果并不能说明在直辖市的层面上,农业生产结构调整不明显。事实上,根据经验判断,直辖市应属于在全国范围内,农业生产结构调整最大的区域,因为更容易吸引资本和技术的投入。造成该影响特征的原因可能是因为,由资本和技术投入带来的粮食产量增加速度超过农业生产结构调整引起的粮食播种面积比例的减少速度。但对省和自治区而言,则主要受到农业生产结构调整的影响,地均粮食产量在农村劳动力转移率达到一定程度的情况下,表现出降低的趋势。因为就地均农业产值而言,农地利用随着农村劳动力转移表现出增加的趋势。因此,地均粮食产量的这种降低趋势则主要说明了农村生产结构的变化,即粮食播种面积在耕地中所占比例下降,而非单位播种面积单位产量的下降。此外,对直辖市而言,户均土地经营规模的增加表现出不利于粮食产量增加的趋势,也一方面说明了直辖市农业生产结构的调整,另一方面说明了在当前的土地经营规模下,资本和技术投入并未能通过土地规模效应影响地均粮食产量。

人口城镇化对地均农业产值增量的影响特征与其对农地利用效率的影响特征类似,都是在直辖市和省表现为趋向正"U"形的影响关系,而在自治区表现为正"U"形,进一步表明人口城镇化对农地利用效率的影响特征在行政类型层面上具有显著的稳健性。除直辖市外,解释变量 gdp_ca 在省和自治区都表现为对地均农业产值显著的倒"U"形影响关系。这一影响特征与全国层面的平均影响特征相一致。同时,第二产业相对比例的增加表现出不利于所有行政类型区域地均农业产值增加的影响特征,表明在行政类型划分的层面上,第二产业和第一产业也并未形成良性的互动关系,这与在全国层面上得出的结论具有一致性。在第三产业相对比例方面,第三产业和第一产业的协调性在直辖市要优于省和自治区,这一结果比较符合经验预期,与以不变规模和可变规模的农地利用效率为被解释变量的模型结果也相一致。不同的是,农民收入的增加在三个区域共同地表现出有利于地均农业产值增加的趋势,表明以地均农业产值和以全要素生产率衡量的农地利用效率存在一定程度的

---

① 事实上,自变量农村劳动力转移率的二次项系数为负,但并不显著。

差异。造成这种情况的原因一定程度上在于，以地均农业产值衡量的农地利用效率，未控制资本和技术投入的影响。

表6-14 按行政类型分区的各区域地均粮食产量和地均农业产值影响因素模型

FE (DK-SE)						
DV	grain_pro			agripro_pro		
IV	直辖市	省	自治区	直辖市	省	自治区
pUrban	0.0530 2.75 **	0.0888 5.33 ***	0.0384 2.07 *	0.0947 3.86 ***	0.0508 4.17 ***	-0.0308 -3.03 ***
pUrban_sq		-0.1418 -2.65 **	-0.1947 -2.23 **	0.2905 4.52 ***	0.2545 7.03 ***	0.0694 3.65 ***
gdp_ca		0.0261 6.36 ***	0.0254 10.45 ***		0.0436 14.61 ***	0.0006 2.63 **
gdp_casq		-0.0010 -7.07 ***	-0.0007 -13.35 ***		-0.0006 -6.83 ***	0.0000 -5.64 ***
gdpratio_se		-0.0008 -2.78 **		-0.0002 -1.77 *	-0.0048 -6.82 ***	-0.0003 -2.58 **
gdpratio_te	-0.0001 -2.32 **	-0.0013 -5.60 ***		0.00004 1.87 *	-0.0032 -7.2 ***	-0.0005 -1.99 *
lnrIncome_ca		0.06 5.89 ***		0.0454 29.52 ***	0.0295 7.45 ***	0.03 16.65 ***
aLand_hou	-0.3208 -2.48 **	0.0007 0.85	0.0001 1.80 *	-0.0904 -3.55 ***	0.0072 3.92 ***	0.0001 3.91 ***
Constant	0.3745 8.55 ***	-0.2193 -2.62 **	0.1515 39.14 ***	-0.2884 -14.20 ***	-0.1833 -7.29 ***	-0.1924 -15.99 ***
Obs.	510	24315	4590	476	29415	4590
F	26.37 ***	907.48 ***	127.52 ***	869.31 ***	2927.51 ***	179.03 ***
Within-R^2	0.1031	0.2198	0.1571	0.6239	0.3398	0.3264

注：1. DK-SE 模型变量系数下方数字为 t 统计量；2. *、**、*** 分别代表在 0.1、0.05、0.01 的水平下显著；3. 直辖市地均农业产值影响因素模型中，agripro_pro 为一阶差分形式。

五 相关启示

行政类型的划分以政治和管理为目的，但也考虑了自然地理、人口和民族等经济社会特征，因此是结合了经济、社会和政治条件的分类标准。通过考察不同行政类型分区的农村劳动力转移对农地利用效率的影响特征差异，可以得到的启示有：

（1）虽然在全国层面上，农村劳动力转移表现出对农地利用效率整体上呈正向影响的特征，但在不同的行政区域上存在差异。对于自治区而言，农村劳动力转移初期，农地利用效率对农村劳动力减少表现最为敏感。而转移率非常高的直辖市则表现为线性的正向影响。这说明在当前的农地利用背景下，资本和技术对劳动力的替代作用还具有重要的作用。因为直辖市虽然面临农村劳动力的大量流失，但还并未对农地利用效率产生明显的负向作用。这意味着，即使在当前的农地利用背景下，只要继续推动农业资本和技术的发展，农地利用效率仍有一定的提升空间。

（2）在一定情况下，经济发展、产业结构和农业发展的关系是具有优化空间的。从直辖市在经济发展和产业结构方面对农地利用效率的正向作用，可以看出，省和自治区在这一方面是具有极大的优化空间。虽然直辖市在第二产业相对比例方面的表现仍需提升，但其在经济发展和产业结构方面与农业发展已经形成一定的互动关系。因此，对其他地区而言，应抓住农业生产结构调整的时机，积极应对城镇化和现代化带来的多元化农业发展需求，促进农地利用效率的提升。

第四节　按发展水平的区域差异分析

一　城市等级划分

按地理和行政类型的分区是以县级行政单位所属省份来进行划分的，为了更进一步微观地分析农村劳动力转移对农地利用效率的影响，本小节继续按照县级行政单位所属城市等级进行分类。城市等级是一个与城市经济发展水平和人口规模密切相关的指标。因本书观测周期是2000—2014年，而国务院是在2014年11月颁发的《关于调整城市规模划分标准的通知》，因此本书仍按照原来的城市等级标准进行划分。根据中国经济社会发展统计数据库，一线城市共5个，本书所选样本县涉及其中的4个。其中，深圳市没有县级行政单位被选入本书；二线城市共18个，本书涉及15个，其中南京、厦门和东莞的县级行政单位未被选入；三线城市共32个，本书涉及其中的29个，其中珠海、佛山、中山的县级行政单位未被选入；其他城市共270个。城市等级划分结果如表6-15所示。

表6-15　　　　　　　　　城市等级分区结果

城市级别	城市
一线城市	北京、天津、上海、广州（4个）
二线城市	沈阳、大连、无锡、苏州、杭州、宁波、合肥、济南、青岛、郑州、武汉、长沙、重庆、成都、西安（15个）
三线城市	石家庄、唐山、太原、呼和浩特、长春、吉林、哈尔滨、徐州、常州、南通、温州、嘉兴、绍兴、金华、福州、泉州、南昌、淄博、烟台、潍坊、洛阳、襄阳、汕头、南宁、海口、贵阳、昆明、兰州、乌鲁木齐（29个）
其他城市	秦皇岛、邯郸、邢台、承德等（270个）

二　描述性统计分析

按城市等级划分的农地利用效率均值在可变与不变规模下的排序均为"二线—三线—其他——一线"。这一排序与上文关于农地利用效率空间差异分析的结果相符，即农地利用效率表现出随"到中心城市的距离增加而衰减"的圈层特征。不同的是这种特征从空间延伸到城市等级上。当然，这与城市等级的分布与空间分布"密切相关"有关。但比较有趣的是，中心城市内部的农地利用效率均值反而在城市等级排序中最低。在城市等级上，农地利用效率的分布模式表现出由"杜能模式"转换为"辛克莱尔模式"的特征（陈佑启，1997）[①]。地均粮食产量和地均农业产值指标也表现出与农地利用效率相似的特征。对于解释变量，除代表户均土地经营规模的变量 aLand_hou 外，其他变量均表现出按照"一线—二线—三线—其他"方向递减的特征，而 aLand_hou 则相反，表现出按照此方向递增的特征。

---

① 陈佑启：《城乡交错带土地利用模式探讨》，《中国土地科学》1997年第4期。辛克莱尔模式是对杜能模式的修正，该模式进一步讨论了大城市城乡交错带内外土地利用集约程度差异。

表 6-16　　按城市等级分区的各变量均值描述性统计

变量	一线	二线	三线	其他
eff_vrs	0.224	0.285	0.259	0.230
eff_crs	0.162	0.255	0.218	0.179
$grain\_pro$	0.291	0.362	0.319	0.276
$agripro\_pro$	0.183	0.219	0.198	0.088
ura	0.616	0.510	0.446	0.331
gdp_ca	3.520	2.561	1.980	1.162
$gdpratio\_se$	25.064	6.066	4.165	2.841
$gdpratio\_te$	90.923	3.547	2.666	1.837
$lnrIncome\_ca$	8.926	8.495	8.408	8.000
$aLand\_hou$	0.266	0.372	0.647	1.306
Obs	195	1290	2730	25200
$Counties$	13	86	182	1680
$Time\ period$	2000—2014			

三　面板数据平稳性检验

如表 6-17 所示，以发展水平划分的各城市等级变量的平稳性检验表明，无论在相同根和不同根的情况下，各变量均显著地拒绝了存在单位根的原假设，可以直接进行模型的估计。因一线城市与按行政类型划分的直辖市，只存在一个城市的差别，即前者包括广州市，而后者包括重庆市，其他城市情况则相同，但按行政类型划分的直辖市部分变量（gda_ca 和 $agripro\_pro$）在不同根的情况下表现为非平稳，表明在样本量小的情况下，截面的异质性会影响到数据在不同根下的平稳性。

四　城市等级差异实证分析结果

因一线城市的截面数小于时序数（N<T），在存在异方差、序列相关和截面相关时，用 FGLS（Feasible Generalized Least Squares）估计能得到相对一致的估计量。因此，在一线城市相关的模型中，用 FGLS 估

表 6-17　按城市等级分区的各变量 LLC 和 ADF-Fisher 检验

变量	一线	二线	三线	其他	一线	二线	三线	其他
eff_vrs	-1.894**	-7.180***	-3.779***	-27.359***	4.100***	11.476***	11.293***	52.655***
eff_crs	-1.723**	-6.438***	-6.059***	-21.502***	5.968***	15.731***	19.191***	59.107***
grain_pro	-2.087**	-6.759***	-6.962***	-16.461***	7.041***	17.178***	18.255***	73.522***
agripro_pro	(-1.681)**	(-9.077)***	(-8.125)***	(-46.092)***	2.402***	3.786***	4.954***	7.485***
ura	-2.361***	-12.674***	-12.703***	-38.871***	4.865***	12.638***	24.108***	58.931***
gdp_ca	(-3.901)***	6.711***	(-6.839)***	(-19.082)***	5.374***	12.570***	11.005***	32.656***
gdpratio_se	(-1.986)**	(-4.814)***	-4.788***	-3.529***	12.539***	15.199***	19.314***	66.050***
gdpratio_te	-4.427***	(-7.928)***	(-3.703)***	-2.381***	6.438***	5.384***	6.741***	45.863***
lnrIncome_ca	-4.317***	(-9.750)***	(-11.532)***	(-31.598)***	9.236***	11.327***	19.988***	63.728***
aLand_hou	-3.010***	-8.088***	-10.759***	-59.809***	4.653***	11.826***	8.616***	53.854***
Tests	LLC 检验				Fisher-ADF 检验			

注：1. "()"表示带 trend；2. LLC 检验的统计量为 Adjusted t*，Fisher-ADF 检验的统计量为 Pm，Fisher-ADF 检验加入了漂移项；3. **、*** 分别代表在 0.05、0.01 的水平下显著。

计。二线、三线和其他城市则仍然使用 DK-SE 方法的固定效应模型进行估计。同样的，分别以 eff_vrs、eff_crs、$grain\_pro$ 和 $agripro\_pro$ 为被解释变量，进行固定效应回归的结果及分析如下（最终模型）：

（一）以 eff_vrs 为被解释变量

如表 6-18 所示，可以看出一线、二线城市农地利用效率的影响因素模型与华东地区、直辖市的模型表现出相近的情况，主要体现在农村

表 6-18　按城市等级分区的农地利用效率（VRS）影响因素模型

FGLS/FE（DK-SE）				
DV	eff_vrs			
IV	一线	二线	三线	其他
pUrban	0.1185	0.1534	0.1153	0.0442
	3.77***	3.66***	6.56***	3.24***
pUrban_sq	0.3760	0.2355	0.2149	0.3373
	3.71***	3.71***	4.49***	12.75***
gdp_ca	0.0046		0.0333	0.0170
	2.11**		10.94***	7.63***
gdp_casq			-0.0017	-0.0005
			-5.10***	-8.86***
gdpratio_se	-0.0003	-0.0026	-0.0034	-0.0020
	-2.38**	-3.12***	-2.85**	-6.15***
gdpratio_te	0.0001	0.0093	-0.0114	-0.0018
	2.90***	7.39***	-9.06***	-8.30***
lnrIncome_ca		0.0357		
		2.90**		
aLand_hou		0.0187	0.0216	0.0006
		9.85***	2.04*	2.12*
Constant	0.1191	-0.1508	0.1837	0.2587
	5.97***	-2.05*	20.47***	6.14***
Obs.	195	1290	2730	25200
Wald chi^2	68.41***			
F		148.53	442.34	91.5
Within-R^2		0.1586***	0.2473***	0.0659***

注：1. FGLS 模型变量系数下方数字为 z 统计量，DK-SE 模型变量系数下方数字为 t 统计量；2. *、**、*** 分别代表在 0.1、0.05、0.01 的水平下显著。

劳动力转移率、人均 GDP 和第三产业相对比例三个变量影响特征的相似上。这进一步证实了经济发展水平较高的区域，经济发展、产业结构和农业发展倾向于具有更高的协调性。因为一线城市、直辖市和华东地区的变量 gdp_ca 均值水平，分别是按城市等级、行政类型和地理分区中最高的。此外，变量 gdp_ca 的均值水平在分区中排序较低的区域，其第二产业和第三产业相对比例对农地利用效率均表现为显著的负向作用，gdp_ca 也与农地利用效率呈现出倒"U"形的关系。这种区域类型与影响特征的关系从另一个侧面验证了经济发展、产业结构与农业协调发展的推断。

就人口城镇化对农地利用效率的影响特征方面，按照城市等级划分的各区域均表现为趋向正"U"形的关系，与全国层面的平均情况一致。结合直辖市地区人口城镇化对农地利用效率的影响特征，对这种情况进行进一步的分析发现，一线、二线城市，在农村劳动力转移率高的情况下（前者均值达到61.59%，后者均值达到51.03%），并不一定导致农地利用效率的下降，从而在侧面上反映了资本和技术投入及对劳动力的替代对农地利用效率的重要性。另外，这种关系也反映出，农村劳动力剩余与否是相对的，只有在资本和技术对劳动产生替代的情况下，农村劳动力才存在剩余的可能性。在当前的农地利用背景下，以农户为家庭经营农地，农村劳动力尚有析出的空间。此外，结合按地理分区和按行政分区的实证结果显示，只有西南地区、自治区表现出人口城镇化对农地利用效率显著的正"U"形关系。这表明在农村劳动力转移率低的情况下，西南地区和自治区表现出对农村劳动力转移的敏感性。结合这两个区域的描述性统计特征，可以发现农民收入水平低的区域，在劳动力转移的初始阶段，可能限制了资本和技术对劳动力的替代，农村劳动力反而没有表现出相对农地利用剩余的特征。但以城市等级划分的其他城市区域，虽然农民人均收入水平在四个区域中是最低的，却并没有在人口城镇化对农地利用效率的影响方面表现出显著的正"U"形关系，可能的原因是被归类到该区域的截面单位较多，其平均情况在正"U"形关系的前半段发展特征方面打了"折扣"。

就户均土地经营规模对农地利用效率的影响方面，除一线城市外，按城市等级划分其他区域均表现出户均土地经营规模越大，对农地利用效率影响越具有正向作用的特征。结合按地理分区和按行政分区的各区域在户均土地经营规模对农地利用效率影响方面的特征，可以发现户均土地经营规模对农地利用效率正向影响的显著性表现出随户均土地经营规模变化而变化的趋向。具体而言，处于中等水平的户均土地经营规模，倾向于表现出对农地利用效率的正向作用，而户均土地经营规模偏大和偏小，其对农地利用效率的影响都倾向于不显著。我国的农地利用具有显著的以家庭为单位进行生产决策的特征，形成这种影响特征的原因可以用前景理论（Prospect Theory）进行解释。在户均土地经营规模偏小时，因为家庭农地经营面积距能够产生规模效应的区间差距较大，农民通过改善土地经营规模来提高农地利用效率的期望较小。加上我国当前农地流转市场发育不完善，人口城镇化相关的社会制度不健全，农地对农户承担了重要的社保功能，在农村劳动力转移的背景下，农户流入土地扩大经营规模的动力不足。而对于户均土地经营规模较大的家庭，如东北地区，农村劳动力转移与农地利用效率已表现为倒"U"形的关系，这表明家庭土地经营规模较大时，资本和技术对劳动力替代的有限性，农户家庭更没有动力扩大土地经营规模。

就农民收入水平对农地利用效率的影响方面，只有二线城市表现出显著的正向影响，其他分组区域则不显著。同全国平均情况，以及按照地理分区和行政分区的影响特征类似，农民收入水平并没有预期表现出的显著，但并没有出现地理分区中华南、西北地区以及行政分区中直辖市和自治区地区的负向影响特征。因为农民收入水平代表农户家庭在农地利用方面的资本约束和投资能力，这说明在当前的土地经营模式下，农户家庭的资本约束并没有预期的大，农户投资农地能力的提升也并不一定必然会带来对农地投入的增加。即使在户均土地经营规模最大的东北地区，在农村劳动力转移率较高的直辖市、一线城市，农民收入也并没有表现出显著的影响，前者说明农民投资农地的资本约束问题不大，后者说明从农民增收到农地投入增加之间还存在一定的差距。这也进一步证实了上文关于全国农地利用效率影响因素模型中关于农民收入影响特征的分析，即需要疏通农民增收和农地投资之间的渠道。这条渠道除了通过土地流转增加土地经营规模外，更重要的路径还在于农业资本投入的增加和技术的革新，增强农民经营农地、投资农地的动力。

(二) 以 eff_crs 为被解释变量的稳健性检验

按城市等级划分区域，以不变规模效应的农地利用效率为被解释变量，稳健性检验的结果表明人口城镇化对农地利用效率的影响结果和特征具有显著的稳健性。除一线城市外，二线、三线和其他城市的农村劳动力转移对农地利用效率均表现出显著的趋向正"U"形特征，同全国的平均情况类似。一线城市则表现出显著的正向线性影响关系。同以可变规模效应的农地利用效率相比，一线城市这种正向线性的影响特征，更加证实了在农村劳动力转移率较高的情况下，只要资本和技术对劳动力的替代依然存在，农村劳动力转移对农地利用效率就依然表现出正向的影响，但这也和一线城市户均土地经营规模较小有关。此外，各区域其他解释变量，即人均 GDP，第二、第三产业相对比例，农民收入水平以及户均农地经营规模，在不变规模效应的农地利用效率下，影响特征也表现出稳健性。差异在于，农民收入水平对不变规模下的农地利用效率影响更加显著。

表 6-19 按城市等级分区的农地利用效率 (CRS) 影响因素模型

FGLS/FE (DK-SE)				
DV	eff_crs			
IV	一线	二线	三线	其他
$pUrban$	0.0514	0.0240	0.1471	0.0373
	1.66*	1.86*	6.97***	2.70**
$pUrban\_sq$		0.1514	0.1731	0.2506
		1.81*	2.82**	9.61***
gdp_ca			0.0249	0.0178
			7.12***	9.10***
gdp_casq			-0.0010	-0.0005
			-3.56***	-8.26***
$gdpratio\_se$	-0.0005	-0.0035	-0.0025	-0.0022
	-9.71***	-4.39***	-2.64**	-7.10***

续表

FGLS/FE (DK-SE)				
DV	eff_crs			
IV	一线	二线	三线	其他
gdpratio_te		0.0092	-0.0105	-0.0019
		7.60	-8.47	-19.70
lnrIncome_ca	0.0516	0.0351	0.0290	0.0100
	3.51***	2.00*	2.39**	1.91*
aLand_hou	0.0442	0.1518		0.0011
	2.35**	5.68***		2.93**
Constant	-0.3035	-0.1276	0.1378	0.0685
	-2.62**	-1.13	13.52***	1.68*
Obs.	195	1290	2730	25200
Wald chi²	134.10***			252.03
F		66.63***	116.37***	252.03***
Within-R²		0.1693	0.2989	0.1194

注：1. FGLS 模型变量系数下方数字为 z 统计量，DK-SE 模型变量系数下方数字为 t 统计量；2. *、**、***分别代表在 0.1、0.05、0.01 的水平下显著。

（三）以 grain_pro、agripro_pro 为被解释变量的关系再审视

同样地，以地均粮食产量和地均农业产值为被解释变量，重新审视农村劳动力转移对农地利用效率的影响，结果如表 6-20 和表 6-21 所示。就农村劳动力转移对地均粮食产量的影响而言，三线城市和其他城市表现出和全国平均水平相似的影响特征，呈倒"U"形关系。而一线城市和二线城市则分别表现出显著的负向线性影响和显著的正向线性影响特征。与直辖市相比，一线城市的影响特征比较符合预期。因为根据经验判断，随着农村劳动力的转移，一线城市的农业生产结构调整较大，因此农村劳动力转移表现出对地均粮食产量的负向影响。因为其更容易吸引到资本和技术投入，农业市场化和商品化程度也较高，会更多地发展采摘农业、体验农业和观光农业等附加值比较高的产业，从而带

表 6－20　　按城市等级分区的地均粮食产量影响因素模型

FGLS/FE（DK－SE）				
DV	grain_pro			
IV	一线	二线	三线	其他
pUrban	－0.5511 －9.31***	0.0504 1.88*	0.0690 3.52***	0.1616 10.09***
pUrban_sq			－0.2339 －2.75**	－0.1045 －1.89*
gdp_ca		0.0046 2.28**	0.0349 5.85***	0.0309 10.94***
gdp_casq			－0.0029 －5.72***	－0.0010 －6.27***
gdpratio_se	－0.0010 －9.69***		－0.0029 －1.98*	－0.0019 －6.05***
gdpratio_te			－0.0103 －5.20***	－0.0011 －3.39***
lnrIncome_ca	0.1211 6.25***		0.0463 2.56**	
aLand_hou	－0.5123 －25.01***	－0.1748 －2.29**		0.0001 1.74*
Constant	－0.2833 －1.89*		－0.0951 －0.71	0.1990 17.76***
Obs.	195	1290	2730	25200
Wald chi^2	679.56***			
F		30.16***	201.99***	266.02***
Within－R^2		0.0843	0.2043	0.1828

注：1. FGLS 模型变量系数下方数字为 z 统计量，DK－SE 模型变量系数下方数字为 t 统计量；2. *、**、*** 分别代表在 0.1、0.05、0.01 的水平下显著。

来农业生产结构的调整。同时，一个值得深思的问题在于一线城市和直辖市因一市只差，在农村劳动力对地均粮食产量的影响方面却表现出不同的特征，通过比较二者之间的描述性统计特征发现，二者在样本观测

表 6-21　按城市等级分区的地均农业产值影响因素模型

FGLS/FE (DK-SE)				
DV	\multicolumn{4}{c}{agripro_pro}			
IV	一线	二线	三线	其他
pUrban	0.1895	0.6288	0.0567	0.0401
	3.64***	11.28***	1.96*	2.40**
pUrban_sq		0.5377	0.4004	0.3773
		5.26***	5.90***	6.67***
gdp_ca			0.0402	0.0189
			11.59***	14.02***
gdp_casq			-0.0026	-0.0006
			-2.94**	-8.26***
gdpratio_se	-0.0004	-0.0052		-0.0026
	-5.22***	-3.20***		-6.69***
gdpratio_te	0.0695	0.0127	-0.0284	-0.001291
	3.56***	5.21***	-7.61***	-6.72***
lnrIncome_ca			0.0735	0.0396
			8.37	11.11
aLand_hou	0.0887	0.2119	0.0121	0.0003
	4.44***	2.73**	1.93*	3.01***
Constant	-0.5841	-0.0508	-0.4781	-0.2630
	-3.78***	-1.18	-6.41***	-12.21***
Obs.	195	1290	2730	25200
Wald chi^2	101.82***			
F		78.07***	2166.43***	4707.45***
Within-R^2		0.1485	0.5419	0.2959

注：1. FGLS 模型变量系数下方数字为 z 统计量，DK-SE 模型变量系数下方数字为 t 统计量；2. *、**、*** 分别代表在 0.1、0.05、0.01 的水平下显著。

量方面的差距较大，造成这种差异的原因可能在于直辖市包括了较多的重庆市所辖县域，模型估计的结果被重庆市所辖县域的特征拉平。但是，各估计结果都相应地通过了模型检验，因此依然是有效的估计。这种情况下，通过比较两组模型中的变量在影响特征上的相似性，可以帮助本书作出具有一般性意义的推断。通过比较发现，户均土地经营规模对地均粮食产量均表现出显著的负向影响。结合一线城市和直辖市的特征，这一影响表明，经济发展水平高的区域，农地生产结构表现出更大程度的调整，户均土地经营规模越大，越倾向于对地均粮食产量表现出负向的影响特征。同时，结合上文按照地理分区的相关实证分析结果，发现人均GDP均值最高的华南地区，在农地经营规模对地均粮食产量的影响方面，也表现出相同影响特征，从而进一步证明了该推断的稳健性。

就人口城镇化对地均农业产值的影响来看，其影响特征与以不变规模效应下农地利用效率的影响特征相似：一线城市表现为线性的正向影响关系；二线、三线和其他城市区域则表现为趋向正"U"形的影响关系。其他变量，如 gdp_ca 及其二次项形式，第二、第三产业相对比例以及农民收入和户均土地经营规模等，都表现出和表6-18以及表6-19相似的影响特征，但也存在一些由于未控制资本和技术替代效应引起的差异，主要表现为农业收入水平和土地经营规模在各区域的显著性出现差异。按城市等级划分的情况下，以地均农业产值衡量，经济发展水平较高的区域，其在经济发展、产业结构和农业发展方面也表现出更高的协调性，主要表现为在第三产业和第一产业发展的协调性方面。同时，农民收入水平提高对三线城市和其他城市的地均农业产值提高有显著的正向影响作用。在户均土地经营规模对农地利用效率的影响方面，各区域都表现出显著的正向影响。

五 相关启示

城市等级是一个与经济发展水平和人口数量密切相关的指标，因此相关实证分析结果代表了从经济发展水平和人口数量层面所表现出的差异。以此角度考察的农地利用效率影响因素模型，其结果与按地理和行政分区的实证结果表现出的一致性可以相互之间形成支撑，从而总结和提炼一些具有一般性意义的结论。当然，鉴于分区类型的不同标准，本书也需要承认不同分区标准下模型估计的结果差异。以城市等级划分的各区域农地利用效率影响因素模型的启示有：

（1）一线、二线城市，在农村劳动力转移率高的情况下（前者均值达到61.59%，后者均值达到51.03%），并不一定导致农地利用效率的下降，从而在侧面上反映了资本和技术投入及对劳动力的替代对农地利用效率的重要性。另外，这种关系也反映出，农村劳动力剩余与否是相对的。只有在资本和技术对劳动产生替代的情况下，农村劳动力才存在剩余的可能性。

（2）因农民收入水平代表农户家庭在农地利用方面的资本约束和投资能力，这说明在当前的土地经营模式下，农户家庭的资本约束并没有预期的大，农户投资农地能力的提升并不一定必然带来对农地投入的增加。

第五节　本章小结

面板数据因样本容量大，可以提供更多个体动态行为的信息，从而可以解决遗漏变量的问题，提高估计的精确度。但面板数据的解构是一个复杂的问题，因为计量经济方法在很多情况下是有限的，这种有限性尤其体现在对截面差异的控制上。本书涉及全国1961个县域，截面之间具有很大的差异性，也具有一定程度的相关性和相似性。在这种情况下，对每个县域估计一个单独的回归方程，则忽略了县域之间的共性，而要求每个县域有相同的回归方程，则忽略了个体的异质性。因此，对县域按照科学的标准进行分组，进一步分析组间的差异，是对面板数据进行解构的可行方法。然而，一个现实的问题是某些截面按照不同的标准被分到不同的区域，有可能在实证结果上表现出差异性。这种情况下，需要处理如何看待这种差异性的问题。本书认为，这种差异性的存在是合理的[①]，关键在于如何协调差异的结果，比较科学的方法是求同存异，即关注不同分组情况下出现的共性，从而提炼基于共性的一致结论。

（1）结合三种类型分区的实证分析及其稳健性检验结果，综合来看，农村劳动力转移对农地利用效率的影响特征表现为正"U"形和趋向正"U"形。该影响特征一方面表明了资本和技术投入以及对劳动力的替代对保持和提升农地利用效率的重要作用；另一方面也表明资本和

---

① 计量经济模型估计主要是基于均值、残差等信息，因此考察的是平均情况。

技术对劳动力的替代尚有提升的空间，我国的农村劳动力相对于农地利用，尚存在相对剩余。

（2）经济发展水平较高的区域，其在经济发展、产业结构和农地利用方面平均表现出更高的协调性。因此，要提高农地利用效率，需要改善经济发展与农地利用效率倒"U"形关系后半段的发展情况。促进其他产业中与农业相关的行业对农地利用效率的带动作用，进一步促进资本和技术的投入。

（3）在农村劳动力转移初期，农民收入较低的情况下，农村劳动力转移表现出农地利用效率的显著负向影响。这一方面表明提高农民收入的重要性，另一方面表明资本和技术投入与替代对保持农地利用效率的重要性。对农村劳动力转移反应比较敏感的省域有四川、贵州、云南、西藏、广西、宁夏。

（4）户均土地经营规模对农地利用效率正向影响的显著性表现出随户均土地经营规模变化而变化的趋向。具体而言，处于中等水平的户均土地经营规模，倾向于表现出对农地利用效率的正向作用，而户均土地经营规模偏大和偏小，其对农地利用效率的影响都倾向于不显著。土地经营规模对农地利用的这种影响特征说明提高土地经营规模需要结合农地利用方式和组织方式的变革，其对实践的启示意义在于土地流转不仅要重视土地流转，还需要重视土地流转后的土地利用管理和组织管理。

（5）资本和技术对农村劳动力具有一定的替代作用，但这种替代能力是有限的。在其他情况不变的条件下，农村劳动力转移达到一定程度时，资本和技术无法弥补劳动力投入减少的负向影响。在当前的农地经营条件下，资本和技术对劳动力的这种替代能力，受到家庭土地经营规模的约束。目前，东北地区已经表现出农村劳动力转移不利于农地利用效率提升的影响趋势。

（6）在当前以家庭为单位进行农地生产决策的背景下，农户家庭的资本约束并没有预期的大，这种情况也比较符合经验判断，因为按照传统的小农生产方式，农户对农地的投资平均占农民收入的比例很小。此外，受当前农地经营规模和方式的影响，加上农业经营在农民家庭中经济地位的衰落，农户投资农地能力的提升也并不一定会带来对农地投入的增加，因此农民收入并没有表现出对农地利用效率的预期显著作用。在按地理分区的华南、西北以及按行政类型分区的直辖市和自治区，甚至表现出负向的影响特征。

（7）经济发展水平高的区域，农地生产结构表现出更大程度的调整。因此，户均土地经营规模越大，越倾向于对地均粮食产量表现出负向的影响特征。按地理、行政类型和城市等级划分的区域中，分别作为人均 GDP 平均水平最高的华东地区、直辖市和一线城市均表现出户均土地规模对地均粮食产量的负向影响。

第七章 人口城镇化对农地利用效率影响的改革路径设计

第一节 相关背景

一 关于我国城镇化阶段和农业发展阶段的认识

从社会发展规律来看，城镇化是人类经济社会发展到一定阶段的客观要求和必然产物。在全球城市化进程发展与乡村衰退的背景下，如何在城镇化进程中，推动城镇化、工业化和农业现代化的协调发展成为一个重要的议题。20世纪90年代以来，我国经历了城镇化进程跨过诺瑟姆曲线拐点后的飞速发展期，城镇化进程面临深度调整。根据城乡二元经济理论和劳动力转移理论，劳动力流动可以产生收入拉平效应。因此，促进劳动力流动，推进城镇化发展，是消除城乡差距的重要手段。正如林毅夫所言，增加农民收入最重要的是转移农村劳动力[1]。然而，一个事实情况是城镇化在促进了农民收入增加的同时，却带来了乡村衰退和农业衰落[2]。我国农村劳动力供给整体上已经度过刘易斯转折点，这一论点已在较多研究中得到证实[3]。在这种背景下，分析人口城镇化

---

[1] 林毅夫：《深化农村体制改革，加速农村劳动力转移》，《中国行政管理》2003年第11期。

[2] Liu, Y., Li, Y., "Revitalize the world's countryside", *Nature*, 2017, Vol. 548, No. 7667, pp. 275 – 277.

[3] 蔡昉：《刘易斯转折点后的农业发展政策选择》，《中国农村经济》2008年第8期；盖庆恩、朱喜、史清华：《劳动力转移对中国农业生产的影响》，《经济学（季刊）》2014年第3期。

对农地利用效率的改革路径，需要结合对我国城镇化阶段和农业发展阶段的把握。

中国的人口城镇化最显著的特征之一是个人的城镇化，即农村人口的转移是家庭成员的转移，而非整个家庭的转移。这种特征与我国的户籍制度、土地制度等密切相关，带来了一系列的社会矛盾与问题。因此，在我国经济发展步入新常态的情况下，人口城镇化增速也面临下滑的趋势。人口城镇化处于由个人城镇化到家庭城镇化的调整和过渡时期。在当前人口城镇化对农地利用效率的影响趋势下，这一调整和过渡也必然给农地利用带来深远的影响。

伴随着人口城镇化阶段调整和过渡的是我国农业生产结构和发展阶段的调整。速水佑次郎和拉坦将农业发展阶段划分为满足农产品需求为特征的阶段、以提高农民收入水平和消灭农民贫困为特征的阶段以及以调整农业生产结构和生产方式为特征的阶段[①]。本书的实证分析结果进一步证明了我国农业生产阶段的变化，即我国农业生产已经跨过了满足农产品基本需求的阶段，处于以提高农民收入水平和农业生产结构转变为特征的调整期。分析人口城镇化对农地利用效率的影响，需要立足于我国人口城镇化处于个人城镇化向家庭城镇化转变和人口城镇化增速趋向稳定的调整期，以及农业发展由满足农产品需求向提高农民收入水平和调整农业生产方式转变的调整期。

二 关于我国农地制度改革方向的认识

分析人口城镇化对农地利用效率影响的改革路径，还需结合我国农地制度的改革方向。集体土地所有制是我国社会主义公有制的基础。农地制度改革需要在坚持集体土地所有制的基础上进行。这是我国农地制度改革的底线，农地制度改革的方向需在这条底线的基础上进行延伸和扩展。Liu 和 Li 认为，城市化进程导致农村衰退和农业衰落是一个全球现象[②]。然而，本书的实证分析结果表明，农业衰落不同于农地利用效

---

① ［日］速水佑次郎、［美］拉坦著：《农业发展：国际前景》，吴伟东等译，商务印书馆 2014 年版。

② Liu, Y., Li, Y., "Revitalize the world's countryside", *Nature*, 2017, Vol. 548, No. 7667, pp. 275–277.

率的下降，人口城市化虽然导致农业衰落，但整体上却有利于农地利用效率提升。因此，农业衰落的根源在于农业相对于其他行业的生产效率缺乏竞争力。对于我国而言，农业生产缺乏竞争力的根源则在于农业市场化、商业化水平低①。

2017 年，中央一号文件提出了"进一步推动农地土地所有权、承包权和经营权三权分离，构建具有生产、供销和信用'三位一体'服务功能的农民经济合作组织，建立以农户家庭经营为基础、合作和联合为纽带、农业社会化服务体系为支撑的立体式复合型现代农业经营体系"的农业供给侧结构改革方向。因此，讨论人口城镇化对农地利用效率影响的改革路径，需进一步结合农业供给侧结构改革的方向，结合人口城镇化对农地利用效率的影响机制和区域差异，提升农业市场化水平。

在当前的生产方式下，中国农业生产的资本边际报酬和投资回报率呈现下降的趋势②，一种解释是受农地经营规模的限制，另一种解释是资本对劳动力替代的效应在逐渐减弱。正如贺雪峰和印子所言，农业生产原本具有弱质性，完全资本化的农业经营或者大规模的农业生产对农业生产效益的提高能力是有限的，有可能反而会带来无法规避的市场风险③。在这种情况下，农地制度改革的有效路径一方面是推动机械、生物化学技术的进步来缓解农村劳动力短缺的问题；另一方面则是引导农民流转土地，促进农地的适度规模经营。前者属于技术变迁的范畴，后者则属于制度变迁的框架。在我国新型城镇化的背景下，诱致性技术变迁与诱致性制度变迁双重作用下的农地制度改革路径是实现农业现代化发展的有效路径。依据前文的实证分析以及相关理论的支撑，结合对我国农业发展阶段的认识和农地制度改革方向的审视，本章将从制度变迁和技术变迁相结合的角度，探讨人口城镇化对农地利用效率影响的改革路径。

---

① 习近平：《中国农村市场化研究》，博士学位论文，清华大学，2001 年，第 17—21 页。
② 蔡昉、王美艳：《从穷人经济到规模经济——发展阶段变化对中国农业提出的挑战》，《经济研究》2016 年第 5 期。
③ 贺雪峰、印子：《"小农经济"与农业现代化的路径选择——兼评农业现代化激进主义》，《政治经济学评论》2015 年第 2 期。

第二节 人口城镇化对农地利用效率的改革路径

农户家庭城镇化是提升我国人口城镇化质量的核心，也是推动我国城镇化进程到诺瑟姆曲线第二个拐点（70%）的关键所在，同时也是优化人口城镇化对农地利用效率影响的核心改进路径。受城乡二元土地制度、户籍制度等一系列制度的影响，我国的人口城镇化进程表现出以农户家庭成员个体城镇化为主的特征。这种农村人口城镇化的方式，使转移到城镇的人口在经济上和原生农户家庭仍然连在一起，虽然有利于疏通"人口城镇化—农业经营资本—农地利用效率"的正向影响渠道，但是实证分析表明，在现有的农地利用制度下，农民收入增加对农地利用效率的最终影响结果在全国层面上并不显著。其原因在于在当前的生产规模和经营方式下，平均而言，农户家庭无须投入较大的资本进行农业生产。这种以个体城镇化为主的人口城镇化方式虽然在城镇化进程的初期，防止了农村出现大规模土地撂荒的情况，但却产生了留守儿童、空心村等一系列社会问题，也影响了人口城镇化进程的发展质量，阻碍了农地的规模经营和农业生产现代化。因此应进一步深化人口城镇化进程改革，推动农村人口向家庭城镇化转变，从而一方面为农地流转和规模经营创造条件，另一方面促进人口城镇化的健康和持续发展，因为缺乏家庭的个体城镇化仍是"半城镇化"，并不是城镇化的"完成"形态[①]。

推动农村人口转移从个体城镇化到家庭城镇化转变，需要分析农户在家庭城镇化过程中的困境。同时，在全国层面上推动人口城镇化由个体向家庭的转变还需要结合户籍、土地、社保、教育等制度的相关改革。从这一视角而言，探讨人口城镇化对农地利用效率影响的改进路径，既需要基于人口城镇化对农地利用效率的影响机制和区域差异进行分析，又需要从更广泛的层面上，将这一问题放到我国经济社会发展的背景下进行探讨，还需要结合我国当前农户家庭城镇化障碍和困境进行分析。

---

① 陈宏胜、王兴平：《农民工家庭城镇化路径构建研究》，《规划研究》2016年第1期。

一 农户家庭城镇化的障碍和困境分析

家庭是社会构成的基本单元,也是个体社会属性和社会网络的重要内容。我国的农户家庭既具有一般意义上的特征(如具有利益共同体的特性),又具有中国传统社会文化积淀下来的独特风格(如人与人之间的差序格局)。农户家庭的这种特性与我国经济发展的阶段特征和制度背景相交织,共同决定了其在城镇化进程中会面临一系列的障碍,主要表现在农户以家庭为单位离开农村和落户城市这两个相互联系而又割裂的过程中遇到的种种问题。前者更多地来自于农户家庭内部,后者则更多地属于制度层面的问题。

首先,农户在以家庭为单位离开农村方面表现出迁移意愿较弱的特征。造成这种情况的原因除了落户城市困难之外,还与农村土地制度及其承担的社保功能、农村生活成本较低有关。在当前的制度背景下,农户依据"集体成员"的身份属性无偿获得农村宅基地的使用权和农地的承包经营权。这些权利为农民家庭提供了生产和生活的基础与保障。同时,农村生活成本较低,农户依靠家庭成员的个体城镇化所带来的收入,可以显著提升留守家庭成员在农村的生活质量,促进农户家庭整体效用水平的提高和幸福度的提升。而与此相对,城市较高的生活成本和就业的不稳定性,使得农户以家庭为单位进入城市面临着生产与生活的双重不确定性。因此,从农户层面上来讲,家庭成员的个体城镇化显著优于家庭整体城镇化的选择。农户在以家庭为单位进行城镇化时表现出迁移意愿较弱的特征。然而,离开家庭城镇化,土地流转和规模经营将难以实现。

其次,在城乡二元经济社会体制下,农户在以家庭为单位转移到城市时存在落户的困难性,而且困难的等级随着城市等级的升高而增加。农村劳动力平均受教育水平较低,甚至难以满足三四线城市的落户条件。在落户存在困难的情况下,与户籍相关联的教育、就业就相应地受到影响,从而形成农户家庭城镇化的外部阻力。而落户相对容易的小城镇产业发展滞后,集聚效应较弱,提供的就业机会较少,缺乏对农村劳动力的吸纳能力,从而对农户家庭城镇化形成另外一种形式的阻力。可见,农户在家庭城镇化过程中面临着内部动力不足和外部阻力较强的障碍，这两种不同形式的障碍进一步形成了农户家庭城镇化的困境，对农地利用产生了深远的影响。

二 推动农户家庭城镇化的相关思路

个体城镇化是形成我国人口城镇化对农地利用效率影响特征的关键所在。推动人口城镇化从个体城镇化向家庭城镇化转变，是优化人口城镇化对农地利用效率影响的核心改进路径。这一改进路径的作用途径主要是通过影响人地关系来影响农户对农地的要素投入意愿，从而影响农地利用效率。基于农户家庭城镇化的障碍和困境分析，可以明晰家庭城镇化的可行路径在于通过一系列的制度改革和政策设计，一方面增强农户家庭城镇化的内部动力，另一方面减弱农户家庭城镇化的外部阻力。具体而言，制度改革和政策设计应主要关注以下几个方面：

（1）继续保留和维持农地对农村家庭的社保作用，但弱化其对农村家庭的社保功能地位，增强农户家庭城镇化的内部动力。保留和维持农地对农村家庭的社保作用，关键在于保留其土地承包经营的权利：短期而言，可通过对城镇化农户家庭设立双重户籍制度，实现对其土地承包经营权的过渡和管理；长期而言，则需要统一城乡户籍及其附属社保、教育等的制度管理，弱化其对农村家庭的社保功能，深入推进农地所有权、承包权和经营权的"三权分置"改革，通过保留农户家庭土地承包权的形式。

（2）通过职业培训和教育提高农村劳动力转移到城镇后承担家庭城镇化成本的能力。农村劳动力受教育程度关系到其转移到城镇后的收入水平，从而影响其对家庭城镇化的风险预期。可依靠农业农村部门农民科技教育培训中心及相关组织，以县域为单位，建立系统完善的农村劳动力职业培训体系，逐步提高农村地区教育水平，可以提高农户家庭城镇化的内部动力。

（3）建立无差异的公共服务权利体系，尤其是在教育、医疗方面。农户家庭城镇化缺少内部动力的主要影响因素在于城镇化转移后，其子女受教育权利、家庭医疗保险等公共服务权利与城镇家庭存在巨大差异。除应积极推动与其相关的户籍制度改革外，政府还应积极提升基础公共服务质量，促进基本公共服务均等化，使农户家庭转移到城镇后享有无差异的公共服务权利。

（4）依据社会选择体系进行户籍制度改革，引导农户家庭向不同层次的城镇转移。我国城乡二元户籍制度形成于计划经济体制之下，与土地等国家基本管理制度相互交织。农户家庭城镇化的历史进程牵动着户籍及相关制度的联动改革，应通过分层次的落户政策设计，积极促进农户家庭城镇化的决策与其城镇化转移能力相匹配，充分发挥社会选择与过滤体系对农户家庭城镇化决策的影响机制，减弱农户家庭城镇化的外部阻力。

（5）推动中小城镇经济发展，通过增加农村劳动力的就业机会增强其对农户家庭的吸纳能力。社会选择与过滤体系使农户家庭在城镇化决策中倾向于选择中小城镇，而当前中小城镇对农户家庭的吸纳能力有限。应结合特色小城镇建设，提升经济发展水平，增加就业机会，激发中小城镇对农户家庭的巨大吸纳潜力。

总而言之，通过户籍、土地等相关制度改革和政策设计，增强农户家庭城镇化的内部动力，减弱其外部阻力，推动农村人口转移由个体城镇化向家庭城镇化转变，可以深层次影响人口城镇化对农地利用的影响机制。可以说，没有农户家庭的城镇化，通过农村土地确权推动农地规模经营的机制就难以有效地发挥作用，农户家庭对农地的利用行为也难以得到改善。因此，深化改革，推动农户家庭城镇化是优化人口城镇化对农地利用效率影响的核心改进路径。

第三节 推动农地整理的阶段转变，促进农地流转和适度规模经营，增加农地资本和技术投入

在现有的农地制度和农地利用条件下，虽然人口城镇化对农地利用效率的提升具有显著而稳定的正向影响，但这种影响的作用是有限的。其背后的主要原因，一方面在于农村人口个体城镇化的模式保持了家庭联产承包责任制下的农地分散利用特点；另一方面在于这种分散利用的特点阻碍了农地资本和技术对农地利用效率的进一步提升。因此，优化人口城镇化对农地利用效率的影响机制，除了需要推动农村人口转移由

个体城镇化向家庭城镇化转变，还需要结合土地整理项目的推进和整理任务的阶段性转变，激发人口城镇化对农地流转和土地规模利用的作用机制，进一步优化人地关系，正向促进资本和技术投入对农地利用效率的影响。

一 推动农地整理的阶段转变

推动农地整理的阶段转变，是优化人口城镇化对农地利用效率影响的重要前提之一。与农业发展所处的阶段相关，过去及现阶段我国农地整理的主要任务是增加耕地面积，建设高标准基本农田，提高农地的产出率和利用率，以满足人们对农产品，尤其是粮食的需求。在这种情况下，新增耕地面积成为衡量农地整理效果的核心指标。但中国的耕地利用经过了几千年的发展，依靠土地整理增加耕地面积的潜力有限。如图 7-1 所示，以 2016 年为例，在全国验收的 13406 个土地整治项目中，虽然土地整治的建设总规模达到 333.73 万公顷，但新增耕地面积仅有 17.58 万公顷。因此，无法依靠土地整治增加耕地面积的路径，来适应我国农业发展阶段的转变（由满足人们的农产品需求向提高农民收入和促进农业生产结构调整的转变），农地整理面临着新的变革需求。并且，这一变革需要结合人口城镇化方式的转变，农地使用制度、经营管理制度的变革及土地流转才具有现实意义。

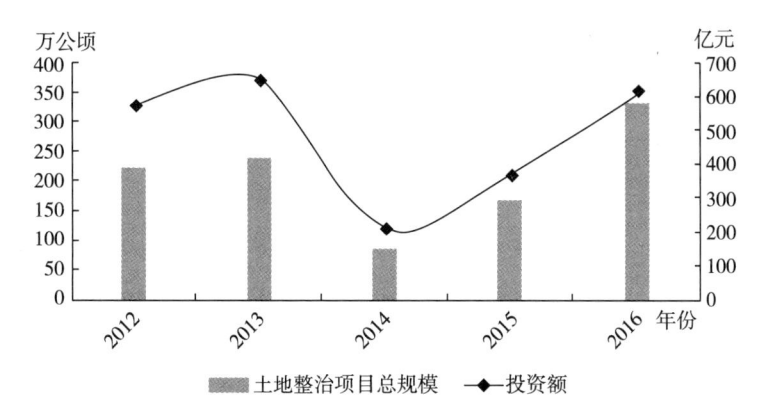

图 7-1 2012—2016 年全国土地整治基本情况

资料来源：《2016 年国土资源公报》。

农地整理对提高农户的土地利用效率具有正向的促进作用，可以通过调整土地规模、优化农地要素的投入产出关系来影响人口城镇化对农地利用效率的作用机制，从而成为农户家庭进行农业生产结构调整和生产方式变革的重要途径[①]。农地整理对消除破碎地块、调整土地权属结构、提高农地利用率和产出率、支持乡村发展，以及促进农民资产增加具有重要作用。实行农地整理工程，可显著增加植被覆盖面积、提高绿地覆盖率，并可通过土壤培肥等措施，提高土壤肥力水平，改善农作物生长环境，提高生态系统的稳定性，加强水源涵养功能，减少水土流失，美化环境，对区域生态环境将会有极大的改善作用，有助于农村生产生活环境的改善和农村产业发展。在人口城镇化的背景下，推动农地整理的阶段转变，需要依据农业发展阶段的新要求，逐步转变增加耕地面积的目标导向，围绕促进农民收入增加、农业生产结构调整和农业生产方式变革的方向，将其与农村家庭城镇化、农地制度改革和土地流转放到统一的框架下进行分析。

（1）将农地整理的阶段转变与城镇化规划、农村产业发展结合起来。农地整理的任务应与城镇化规划相协调，与农村产业发展计划相一致。城镇化规划确定了未来一定时期内农村人口城镇化的规模，从而决定了相应时空范围内农地整理的潜在规模。在人口城镇化的背景下，农地整理还需与农村产业发展进一步融合。因为除智慧农业、绿色农业和现代农业对农地整理在规划和施工设计方面具有新要求外，发展第二和第三产业对农地整理在道路、生态、景观等方面也具有新的要求。将农地整理的阶段转变与城镇化规划、农村产业发展结合起来，有助于通过土地规模经营，疏通人口城镇化对农地利用效率影响的正向作用机制，增加经济发展和产业结构调整与农地利用的协调性。

（2）将农地整理阶段转变与农地流转、农地制度改革和增加农地资本投入结合起来。在人口城镇化的背景下，要想通过农地整理提升农民收入和转变农业生产方式，还需要结合农地制度（包括使用和管理制度）的改革，优化农地的资本和技术要素投入结构。我国当前实行

---

① 赵京、杨钢桥、汪文雄：《农地整理对农户土地利用效率的影响研究》，《资源科学》2011年第12期。

家庭联产承包责任制，农户以家庭为单位进行农业生产决策。但因现有的农地利用和农业生产方式，户均农地生产规模较小，通过农地整理提升农民收入和转变农业生产方式的作用有限。因此，应结合农户家庭的城镇化，通过将农地整理与农地流转、农地资本投入等结合起来的方式，促进农业发展阶段的转变。

（3）将农地整理阶段转变与整合和拓展土地整理资金来源、提高资金利用效率结合起来。目前，农地整理的资金来源主要依托新增建设用地土地有偿使用费和耕地开垦费，量入为出、专款专用，而且涉及利用不同层级资金的农地整理指标归属问题，资金利用效率不高。推动农地整理阶段转变，需整合和拓展土地整理资金来源。一方面可结合城乡建设用地增减挂钩政策、农用地整理折抵建设用地指标等土地政策项目的实施，将市场资金纳入农地整理的资金库中来；另一方面可统筹扶贫资金、涉农产业基金和乡村振兴项目等其他财政资金支持，拓宽和统筹土地整理资金来源。

二 促进农地流转

农地流转可以激发土地规模经营和农地生产方式变革。但在我国当前的农地制度和农地利用方式下，以个体为主的人口城镇化并不必然引致农地流转，从而不能激发其对土地规模经营和农地生产方式变革的作用机制。农户出现不愿意种地但又不能不种地、不轻易放弃种地的内在矛盾①。在这种情况下，随着人口城镇化的发展，农村劳动力流失加剧，原有的农地与劳动力关系不能转变为规模化经营下的农地与劳动力的关系，所以人口城镇化对农地利用效率的提升作用是有限的（本书的实证分析表明，在农村劳动力转移率达到 0.8 的水平时，农地利用效率仅能提升至 0.4 的水平）。钱龙和洪名勇基于 CFPS 2012 的微观调研数据发现，对农户家庭而言，转入土地对其劳动生产率影响为正，并可

---

① 钱忠好：《农地承包经营权市场流转：理论与实证分析——基于农户层面的经济分析》，《经济研究》2003 年第 2 期；方文：《农村集体土地流转及规模经营的绩效评价》，《财贸经济》2011 年第 1 期。

以显著提升农户土地产出率①。可以推断，农地流转是优化人口城镇化对农地利用效率影响的另一个重要前提，因为农地流转可以激发人口城镇化对农地利用效率的正向作用机制。

（一）我国农地流转的现状与困境

相对于人口城镇化的发展阶段，我国的农地流转规模尚需进一步扩大。根据农业部统计信息，截至2016年，全国经营耕地面积在50亩以上的农户约为350万户，面积达到3.5亿亩，约占同期全国耕地面积的17.28%。农地流转类型以耕地和林地为主，这一特征与各农用地地类所占比例正相关。在土流网公布的农地流转交易信息中，耕地、林地分别达到47%和37%，显著高于园地、草地和养殖用地，如图7-2所示。其中，流转后的耕地用于种植粮食作物的面积大于用于种植非粮食作物的面积，如图7-3所示。农民合作社、农业企业、专业大户等新型主体成为农地流入的主力，其中，以专业大户为主。涉及的领域有农产品生产及产加销一体化、民间工艺、旅游农业等产业。

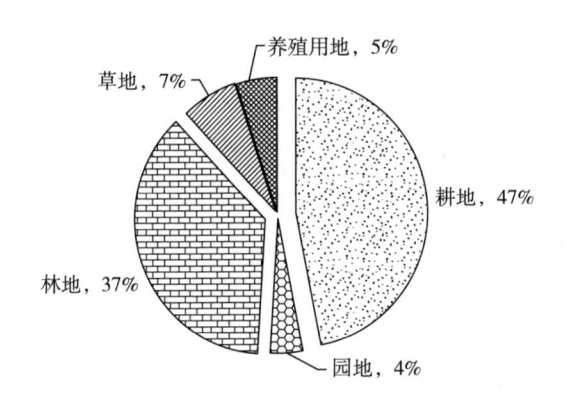

图7-2　农地各类型交易面积占比

资料来源：根据土流网数据服务中心②相关数据整理得到。

---

① 钱龙、洪名勇：《非农就业、土地流转与农业生产效率变化——基于CFPS的实证分析》，《中国农村观察》2016年第12期。

② 土流网成立于2009年，是一家专业的土地流转综合服务机构。截至2017年8月，该机构累计成交农地面积达10221.00万亩。

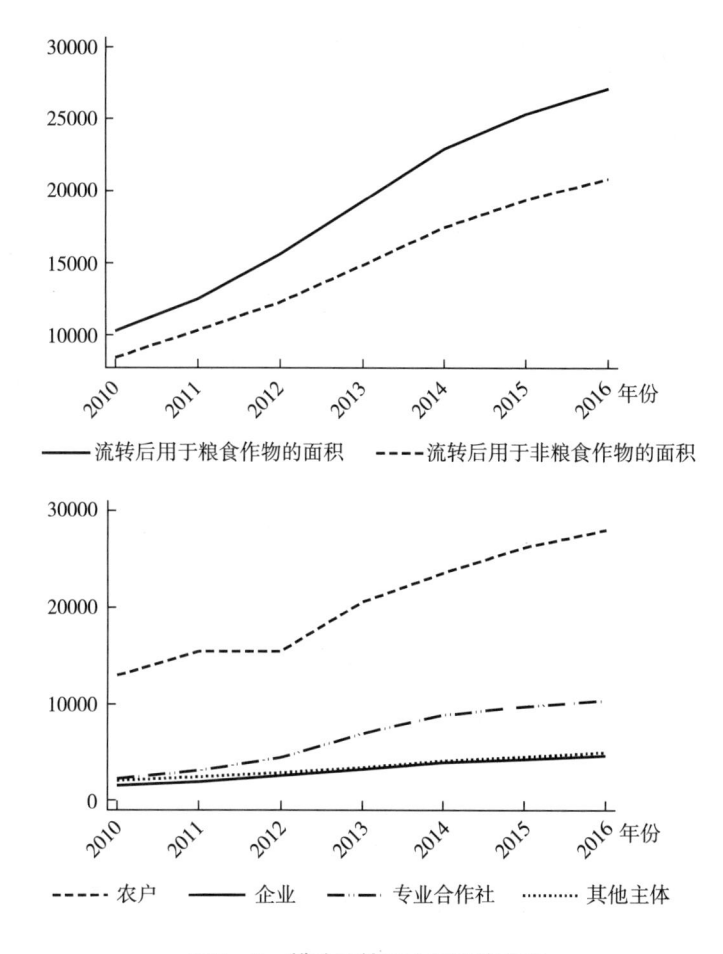

图 7-3　耕地流转用途与流转去向

资料来源：土流网数据服务中心提供。

人口城镇化和土地流转存在阶段的不一致性。家庭联产承包责任制下的农地经营模式和个体城镇化的农村人口转移模式，使农地流转的动力不足。虽然国家和各级地方政府都积极地推动农地流转以实现规模经营，但总体而言，各地参与流转的规模并不大，而且区域之间存在一定的差异。农地承包经营权市场面临着需求大于供给的不均衡状态①。通过土地流转实现规模经营，因农地市场不能产生有效的供给，存在资源

---

① 钱忠好：《农地承包经营权市场流转：理论与实证分析——基于农户层面的经济分析》，《经济研究》2003 年第 2 期。

市场化配置的效率损耗①。因此，农地承包经营权市场发育缓慢，农地承包经营权市场流转因有效供给不足而陷入困境成为现实条件约束下的必然结果。

（二）促进农地流转的思路

土地流转只是提高农地利用效率的一个基本条件，即土地流转对农地利用效率提升的作用并不是直接和单向的。因此仅有土地流转是不够的，还需伴随农业资本和技术、组织管理方式等的变革，共同作用于农地规模经营，才能在人口城镇化的背景下，从根本上改善人口城镇化对农地利用效率的作用机制，促进农地利用效率的大幅度提升。

在农地承包经营权市场流转陷入困境的情况下，如何促进农地流转是一个双向问题。要有效解决这个问题一方面需要提升发生城镇化转移的农民流转出土地的动力，增加农地承包经营权市场的有效供给；另一方面则是增加不同经营主体对转入农地的有效需求。对于前者而言，非农产业的发展和社会支撑体系的完善是提高农地承包经营权市场有效供给的根本前提，其短期的有效做法是提高农户家庭的非农收入比重、弱化农地与农户家庭之间的关系，长期的有效做法则是促进农户由个体城镇化向家庭城镇化转变，从根本上产生农地转出的动力②；对于后者而言，要促进农业发展与经济发展的协调性，提高市场主体参与农业投资和生产的积极性。政府除继续加大政策扶持力度，推出各种支农惠农政策外，还需进一步通过农地制度改革，稳定农地产权，为市场提供稳定的预期。此外，还需要从金融、法律、政策、监管等方面完善农地流转的服务体系：①结合土地确权颁证工作推动农地承包权和经营权抵押工作的实施，建立土地流转融资渠道，以县域为单位建立土地流转风险基金；②以农业经济经营管理站为基础单位，协调农村、国土相关部门，建立土地流转的配套政策和监管体系，开展包括信息管理、合同鉴证、纠纷调处、业务指导和政策咨询等的业务。③以村集体村务公开平台（村务公开栏、LED 屏宣传栏等形式）为基础，建立多渠道的土地流转政策扩散方式，规范和发布土地流转需求和供给方信息，打通土地流转

---

① 方文：《农村集体土地流转及规模经营的绩效评价》，《财贸经济》2011 年第 1 期。
② 同上。

分层级的管理体系。④强化建立动态监管制度，定期对经营组织的经营能力、收益分配、合同履行、土地用途进行监查，将土地流转风险防范在萌芽阶段。

三 推动农地适度规模经营，鼓励建设家庭农场

农地规模经营的目的在于随着人口城镇化进程的推进，将传统小农经济的农地与劳动力关系转变为规模经济下的农地与劳动力关系，从而从根本上优化人口城镇化对农地利用效率的影响机制。农地规模经营需要建立在一定的条件基础之上。其中，农地整理和农地流转是实现农地规模经营的必要前提条件，农地规模经营也是农地整理和农地流转的最终目标。但反过来讲，二者并不必然导致土地的规模经营，因为二者对土地经营规模的促进需要依赖一定的制度环境和社会经济发展水平。土地规模经营也需要在一定的制度环境和社会经济发展水平下才能发挥效用。农地规模经营对农地利用效率的作用在不同的发展阶段，影响方向存在差异性。

农地规模经营存在适度的问题，不同的作物种类和农地利用类型在一定时期内存在不同的最优生产规模①。根据小农生产和小农经济理论，以农户家庭为单位进行农业生产决策具有极大的有效性。对于农业收入作为其主要收入的农户家庭，简单再生产的传统生产方式阻碍了其对农地利用的投资，而农业大生产的模式又与其拥有的劳动力要素不相匹配。由于农业生产的技术特性，分工合作在农业部门的规模经济效益很低，而对雇用劳动的监督成本却很高，资本主义雇用经营在农业部门缺乏优势。因此，应因地制宜地推动农地适度规模经营，鼓励专业大户发展和建设家庭农场，走以专业大户为主，多种主体经营相结合的农地规模经营之路。

此外，随着社会经济的发展，消费者对有机农产品需求的增加，决定了适度规模、灵活经营的农地经营方式在农业生产方式竞争中占有优势。同时，机械化大生产带来的农地经营规模边际收益日益减

---

① 陈杰、苏群：《土地流转、土地生产率和规模经营》，《农业技术经济》2017年第1期。

小、小型化机械的发展，使得适度规模的农地经营方式表现出显著的优势，尤其是以家庭为基础的农场经营。当然，家庭农场与土地适度规模经营相结合后，跳出了传统家庭联产承包责任制分散生产的限制，既保留了家庭经营农业生产的优点，又承接了土地规模经营下人地关系的新特征。

推动农地的适度规模经营，除了需要采取上文分析的农地整理和农地流转等相关措施外，还需要进一步明晰和稳定农地产权（这一问题将在下文第四节中进行详细讨论），推动"土地利用、组织管理、技术应用与推广和资本投入"四位一体的农地适度规模经营方式：①土地利用的适度规模化是推动农地适度规模经营的基础，要研究不同劳动力、技术和资本投入的组合条件下，不同农作物和农地地类的最优经营规模，可在县级层面制定一个农地经营规模的指导标准。②组织管理的适度规模化是发挥农地适度规模经营有效性的保障，首先要推动组织形式的适度规模化，即在家庭联产承包责任制的框架下，发展专业大户、农民专业合作社、农业企业等多种形式的农地经营主体。其次要推动农地利用管理的适度规模化，以有利于最小化监督成本和分工合作成本。③技术应用与推广的适度规模化是推动农地适度规模经营的关键，推动劳动过程的机械化、生产过程的信息化，提升农业技术的研发和推广能力，建设农业研发与推广队伍和体系，使农业技术应用与推广形成规模效应。④资本投入的适度规模化是推动农地适度规模经营的必然要求，从土地利用、组织管理到技术的应用与推广，都需要资本要素的集中投入，要建立相关的金融服务体系以及完善支农、惠农政策，以确保"土地利用、组织管理、技术应用与推广和资本投入"四位一体的农地适度规模经营方式得以有效运行①。

四　增加农地资本和技术投入

农地资本和技术投入涉及农地规模经营从量到质的变化，这在一定程度上决定人口城镇化对农地利用效率的影响特征。因此本书将其作为

---

① 王国敏、张宁：《论中国农村经济从第一次飞跃向第二次飞跃的转换》，《西南民族大学学报》（人文社会科学版）2016年第2期。

一个小节，进一步分析在人口城镇化的进程中，增加农地资本和技术投入对提高我国利用效率的重要性。在传统的农业生产中，技术替代较少，单位面积的农地产出主要由劳动力和资本投入量决定。然而，单位面积的农地利用，对资本投入量（主要用于种子、肥料等）的需求是相对固定的，劳动力投入量成为农地产出的决定性生产要素。我国在改革开放初期推行的家庭联产承包责任制，户均农地经营规模虽然较小，却在技术替代较少的情况下，使农村劳动力和农地利用紧密结合起来，对农地利用和农民生产带来了深远的影响。

随着农业现代化的起步，农业机械和农药等的应用，对劳动力产生了一定的替代作用，农村劳动力出现相对剩余，因此人口城镇化表现出对农地利用效率的正向促进作用。但我国家庭联产承包责任制使得户均农地经营规模较小，对机械化耕作和新技术的运用需求不大，从而对资本和技术的吸纳能力有限。同时，家庭联产承包责任制也使得农户有分配家庭内部劳动力的自主性，为农村人口个体城镇化提供了条件。因此，人口城镇化虽然有利于农地利用效率的提高，但其促进作用却是有限的。

当前我国农地利用在资本和技术投入方面存在的主要问题：一方面是受到土地经营规模的制约，对农村劳动力替代的作用有限，在人口城镇化的进程中，不能进一步发挥其在优化劳动力和农地要素配置中的作用，从而提高农地利用效率；另一方面是资本服务体系的不完善和技术投入过于集中于农业生产过程的中间环节，从而使得农户进行农地扩大再生产时面临资金不足的困境，进而缺乏扩大农地经营规模和深化资本与技术的投入动力，而技术投入过于集中于产中环节，对产前和产后的关注较少，不利于产加销一体化和农业市场化水平的提高，进一步限制了人口城镇化对农地利用效率正向作用机制的发挥。

因此，要在农地适度规模经营的情况下，增加农地资本和技术投入的数量和质量，充分利用资本和技术投入的规模效应，发挥其在农户家庭城镇化进程中对劳动力和农地关系的调整作用。同时，还需进一步完善农业生产金融服务体系，扩大农业技术的关注范围，注重产前和产后技术的应用和推广，从而进一步激发人口城镇化对农地利用效率的正向作用机制。

第四节 完善农地权属和交易服务体系，建立农地有偿保护制度

在当前阶段，虽然农地确权并不能促进农业生产投资和农地流转的增加[①]，但农户土地承包经营权的稳定可以为扩大农业投资和农地流转创造有利的政策条件。根据产权理论，完善农地权属和交易体系，一方面可以增加农民的资产稳定性预期；另一方面有利于减少交易成本，从而对推动农村人口转移由个体城镇化向家庭城镇化转变和促进农地流转、实现农地适度规模经营具有重要的制度保障作用。而且，随着我国城镇化进程的推进，经济发展进入新常态，中央和各级地方政府也具有完善农地权属、进行强制性制度变迁的需求。同时，我国对农地利用，尤其是耕地的发展权具有一定的限制，农地流转的价值也受到土地发展权缺位的影响。在完善农地权属的改革背景下，有必要显化农地发展权缺位的价值，建立农地有偿保护制度。

一 集体土地承包经营权登记确权

集体土地承包经营权确权登记是一种正式的制度安排。严格意义上讲，我国集体土地确权登记起始于 1984 年，但早期的土地登记存在多头管理、操作程序复杂、登记成本较高而登记效力不高的问题。1999 年，我国开始实行集体土地所有权的确权登记试点；2009 年，开始实行集体承包经营权的确权登记试点。从登记内容上来讲，我国的农村土地登记经历了两次产权分离的过程：第一次是农村集体所有权与农户承包经营权的分离，第二次是农户承包经营权与农地经营权的分离。以上两个过程共同组成了农地制度改革"三权分离"的核心内容。尤其是后一分离过程，对农地流转和农地规模经营具有极其重要的制度保障作用。但当前农地承包经营权登记依然存在登记法律效力不强，权利内容

[①] 钟甫宁、纪月清：《土地产权、非农就业机会与农户农业生产投资》，《经济研究》2009 年第 12 期。

不明晰的问题①。政府需要进一步明晰农地承包经营权和农地经营权的权属内容，并在法律上进行核定，从而承担起其在农地确权登记中应当扮演的首要角色。

农地承包经营权确权登记是从法律上对农户所承包农地的权利内容进行的认可。根据《物权法》的相关规定，农民家庭所承包的农地应明确权属和权利内容，受到法律保护；地方人民政府应当向其颁发土地承包经营权证，并登记造册，确认其 30 年的土地承包经营权。在"三权分置"的情况下，农户家庭享有农地的承包经营权和农地经营权这两项权利。其中，原农地承包经营权的占有权、使用权可能丧失。分离后的农地承包经营权应享有承包地位维持权、分离对价请求权、征收补偿获取权、继承权、退出权等权利内容；农地经营权应享有自由生产经营权、自由处分权、收益权、继承权等权利内容②。其中，对容易出现矛盾和争议的情形，要按照不同的情况分别界定。如发生土地征收的情况，需清楚地界定征地补偿费用按费用种类的归属情况。总之，只有在充分明晰集体土地承包经营权和农地经营权权利内容的情况下，确权登记工作才能发挥明晰产权，减少交易摩擦的作用，从而降低农地流转的交易成本，为土地流转和规模经营提供重要的制度保障，进而优化人口城镇化对农地利用效率的影响机制。

二 建立农地流转平台和权属交易服务体系

根据农业部统计信息，截至 2016 年，全国有 1231 个县（市），17826 个乡镇建立了土地流转服务中心，为参与交易的主体提供政策咨询、信息发布、价格评估、手续办理等服务。同时，除了政府引导建立的土地流转平台，还有基于互联网建立的土地流转中介，如土流网、搜土地网、聚土网等。可见，虽然我国农村信息化、农业市场化发展滞后，农地流转市场发育缓慢，但土地流转平台的建设仍取得了一定的进展。然而，由于在全国的层面上还不存在一个从上到下的实施细则，各

---

① 潘俊：《农村土地"三权分置"：权利内容与风险防范》，《中州学刊》2014 年第 11 期。

② 高圣平：《新型农业经营体系下农地产权结构的法律逻辑》，《法学研究》2014 年第 4 期；潘俊：《农村土地"三权分置"：权利内容与风险防范》，《中州学刊》2014 年第 11 期。

种类型和等级的农地流转平台，在操作规范上并没有统一的标准，在流转程序、流转手段、流转档案管理等方面存在混乱的情况。此外，农地承包经营权供需双方存在严重的信息不对称问题。在这种情况下，农地流转存在定价机制不合理、合同不规范、交易成本较高以及风险较大等问题。土地流转平台和交易服务体系亟须进一步完善。

建立农地流转平台和权属交易服务体系对优化人口城镇化对农地利用效率的影响机制具有重要意义。首先，土地流转平台及其交易服务体系的完善，有利于推动农村人口转移由个体城镇化向家庭城镇化转变。规范的流转平台和完善的权属交易服务体系，有利于农户家庭与流转平台之间建立稳定的委托—代理关系，从而有助于解决发生城镇化转移的农户家庭"不愿意种地而又不能不种地、不愿意放弃种地"的矛盾，进而改善农地承包经营权有效供给不足的问题。其次，建立土地流转平台和权属交易体系，有利于促进土地流转和农地规模经营，进而改善农地利用的投入产出关系，优化人口城镇化对农地利用效率的影响机制。

农地流转平台的建立，有政府主导和市场主导两种类型。两种类型的农地流转平台，有利于形成更有活力的农地流转市场，但需以完善的规范体系和监管系统为基础。相对于农地流转平台主导类型的多样性，农地承包经营权的权属交易服务体系最好由政府主导。政府主导型土地流转服务平台的构建，要依托相应的农村经营管理机构。其中，可以基于我国行政层级的基础单位完善农地服务和管理网络，建立各级政府联动的中介组织，形成指标统一的定价机制、动态的信息更新机制、有层次的风险保障机制和系统的农地流转监管机制。对于市场导向的农地流转中介机构，要加强规范和监管，防止出现违背农民意愿流转农地承包经营权等损害农民利益的行为，以及炒买炒卖农地承包经营权等不利于农地流转市场健康发展的行为。此外，可以借助农地流转平台逐步推动农产品的产加销一体化，提高农地经营的市场化水平。

三 基于土地发展权建立农地有偿保护制度

土地发展权，是土地用途受到管制而产生的权利。从产权和外部性理论来看，出于国家粮食安全和生态环境保护等目的，一些农地被限制用途转变，农民丧失了将农地转为建设用地的潜在收益。由于土地用途管制的存在，农地的社会价值和生态价值不能显化，被人为压制了。而同时由于限制，建设用地数量越发稀有，特别是在城镇化快速发展的阶段，对建设用地的需求大于其供给，使建设用地的价格暴涨，建设占用对农地质量影响的负外部性也无法在经济价值上体现。这也是农地保护，尤其是耕地保护缺少激励机制，难以得到保护的重要原因之一。因此，土地用途管制虽然促进了农地保护和城镇发展占用农地之间的协调，优化了土地资源配置，但其外部性内部化的机制不足，从而存在资源配置的无效率[1]。

相对于自由竞争市场，政府实行土地用途管制资源配置效率损失分析如图 7-4 所示。横轴表示某地区的土地面积，即土地数量。Da 和 Dn 分别表示农业用地和非农业用地的需求曲线，因为农地被占用时具有负向的外部性，MBn 表示考虑外部性情况下的建设用地边际收益曲线，在市场自由竞争情况下，农用地和非农用地的数量配置取决于二者的竞争，设在 M 处达到二者的均衡。在土地用途管制的情况下，设政府划定的农用地和非农用的界限为 Z，此种情况相对于市场化配置土地资源的情况，外部性成本减少，但是会存在资源配置的无效性，即无效三角形部分 D_2，此时的外部性损失为 $D_1 + D_2$。基于土地发展权建立农地有偿保护制度，可以对农地用途受到管制的发展权损失进行补偿，从而改善土地用途管制的外部性内部化机制不足和资源配置无效率的问题。

实现农地有偿保护的途径具有多样性，但从本质上来讲都属于对农地发展权损失的补偿。基于土地发展权进行农地有偿保护，可以建立一套完善的、可持续的制度体系。首先，在法律保障机制方面，需要从法律上明晰土地发展权的属性和权利内容，制定土地发展权配置和转移的规则和行为准则。以现有的规划体系为依托，确定土地发展权配置的范围、期限和总量；以农地质量为基础，确定地块之间土地发展权配置的比例；以农地用途为参照，设定土地发展权补偿的价格。其次，在监管方面，需要加强对土地发展权配置和转移过程的监

---

[1] 张占录、赵茜宇、李萌：《中国土地发展权的经济分析与配置设计——以北京市平谷区为例》，《地域研究与开发》2015 年第 2 期。

管，尤其是交易和交易登记环节。需要强调的是，农地发展权的补偿，应该随着农地经营权的流转而流转。鉴于农地流转过程中，对农地农用进行外部激励具有重要的现实意义，在农地进行"三权分置"的改革进程中，有必要将农地发展权纳入其中，作为完善农地权属体系的重要内容之一。

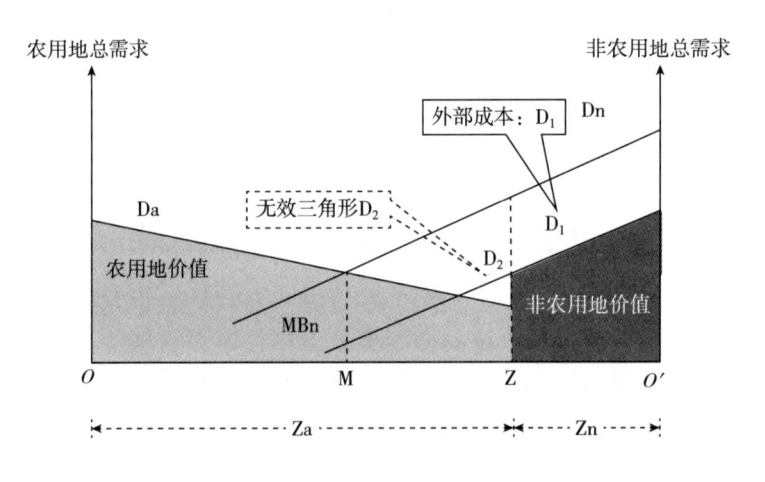

图 7-4 政府干预下的土地价值经济分析

第五节 提高农业市场化水平，促进农业生产结构调整与粮食安全关系的协调

受当前农地制度和农地利用方式的影响，我国的农业市场化进程发展滞后。农业市场化、商业化水平低，并进一步成为农业生产缺乏竞争力的根源[1]。随着城镇化进程的推进，农村人口继续向城市和非农就业转移，农村劳动力和农地及其他农地生产要素的结构面临着进一步调整。在这种背景下，农业生产效率的提高有赖于农业市场化水平的提升，促使农产品价格朝着市场均衡的方向发展，同时建立起开放条件下

---

[1] 习近平：《中国农村市场化研究》，博士学位论文，清华大学，2001年，第17—21页。

的粮食安全战略①。在推动农村家庭城镇化和农地规模经营、提升农地资本和技术投入数量与质量的基础上,提高农业市场化水平,是优化人口城镇化对农地利用效率影响机制的关键路径。

对我国农地利用而言,农业的市场化包含两个层面的含义:一方面是农业生产本身的产业化和农产品商品率的提高;另一方面是农业生产方式的改变,即农业生产产前、产中和产后在生产和服务环节的市场化②。提高农业的市场化水平,需要从这两个层面的含义入手,综合推动农地利用和农业生产的产业化、商品化和专业化。具体而言,首先,需要推动农地的适度规模经营,传统分散的小规模农业生产虽然可以实现一定程度的商品化,但在产业化和专业化方面存在本质性缺陷。农地适度规模经营是提高农业市场化水平的基础和充分条件。其次,需要推动农业的商品化生产,加快农产品销售与流通环节的建设。对于农地利用而言,农产品在销售与流通环节的价值实现过程,是其经济和社会利益的显化,是农地收入增加和农民扩大再生产的主要支撑。促进农产品在销售和流通环节的价值实现,可基于电子商务和农地流转平台建立农产品销售和流通平台,扩大农产品交易周期和市场范围,降低农产品交易成本和风险。同时,还要以市场需求为导向,推动订单农业、绿色农业的商品化生产。最后,需要提升农业生产的专业化水平,可建立面向农业经营单位(如家庭农场)的各级农业科研服务站,提升和及时更新农业经营主体的农业生产技术水平。在农业生产各环节专业化的基础上,可以通过激励制度的设计,以监督成本最小化的原则推动劳动力的社会分工,提升农业生产力水平。通过对农业生产产业化、商品化和专业化的推动,使农业生产走上经营项目专业化、生产布局区域化、经营过程社会化、经营方式集约化、经营主体多样化、市场交易体系化的市场化水平提升之路③,从而在推动农村剩余劳动力转移的同时,提升农业生产力水平,优化人口城镇化对农地利用效率的影响机制。

同时,在推动农业市场化水平的过程中,要注意农业生产结构调整

---

① 蔡昉:《刘易斯转折点后的农业发展政策选择》,《中国农村经济》2008年第8期。
② 夏若江:《关于我国农业市场化道路的探讨》,《江汉论坛》1998年第10期。
③ 李泽华:《中国农业市场化发展的内涵与趋势》,《中国软科学》2000年第10期。

与粮食安全的协调性问题。本书以地均粮食产量和地均农业产值为因变量，进一步实证分析人口城镇化对农地利用效率的影响结果表明：人口城镇化促进了农业生产结构的调整。在人口城镇化达到一定水平后，农村劳动力转移负向影响地均粮食产量的增加，却正向影响地均农业产值的增长。鉴于粮食安全问题的战略意义，在以提高农业市场化水平的改革路径推动人口城镇化对农地利用效率影响机制改革时，要协调好农业生产结构调整和粮食安全问题的关系。在这一改革中，要注意通过各种技术和制度手段保障粮食生产安全供给线，深化粮食加工结构的调整，提高粮食产品的转化水平。同时，应结合农业生产技术的进步，优化粮食品种的培育，促进粮食品质结构的调整，挖掘粮食增产的潜力。此外，还应结合区域差异和区域农业生产结构，优化粮食生产布局，对因保护粮食安全供给线造成的发展权损失给予补偿①。

第六节　结合区域差异推动村庄更新，提升农村吸引力

虽然就全国层面而言，人口城镇化对农地利用效率的提升具有显著而稳健的趋向正"U"形影响关系，但区域差异的实证分析表明，这种作用特征在以地理分区的东北发生了变化，表现出显著的倒"U"形特征。结合东北地区的统计数据描述性分析以及农地利用的实际情况，本书认为在户均农地经营规模较大，并且在农地流转和规模经营有限的情况下，农村劳动力过度转移会对农地利用带来不利的影响。因此，需要结合区域差异，重点在东北地区推动村庄更新，提升农村的吸引力。当然，推动村庄更新和继续推动人口城镇化进程并不存在必然的矛盾。在这一过程中，需要将村庄更新与农村家庭城镇化、农地流转、土地规模经营和增加农业资本和技术投入等其他改革融合起来，实现城镇化和农地利用的协调发展。此外，基于城乡一体化发展的需要，村庄更新具有在全国范围内推动的必要性。根据本书的实证分析结果，相对于优化劳

---

① 雷玉桃、王雅鹏：《我国粮食安全与农业生产结构调整的协调问题》，《经济纵横》2001年第6期。

动力配置和农地利用关系而言,东北地区具有重点推动村庄更新的必要性。

目前,我国采用了多种形式推动村庄更新,如"新农村建设""土地综合整治""城乡建设用地增减挂钩""川渝地票制度"等。这些不同的形式在内容上具有一定的交叉性,但又存在细微的差别。同时,村庄更新的工作开展以政府主导型为主,也有市场主导型和联合主导型。从村庄更新涉及的工作内容及资金需求来看,本书认为采用联合主导型,更有利于政府这一有形之手与市场无形之手的结合,既引进了市场资本,减轻了政府财政负担,又充分发挥了政府的监管角色,实现多方共赢。在已经采用的多种形式中,城乡建设用地增减挂钩是相对更适用于联合主导的一种形式。因为城乡建设用地增减挂钩,涉及周转指标的出让,是引入市场力量和借助市场资金进行村庄更新的关键入口。然而,当前的城乡建设用地增减挂钩项目,对村庄更新的正向作用存在很大的局限性。首先,周转指标只能在县域内流转(贫困地区可以扩大流转范围至省级层面),限制了周转指标的出让价格,从而限制了挂钩项目的资金规模;其次,增减挂钩项目过于注重对农村生活和公共设施的改善,对农民生产和就业的关注较少,从而对优化人口城镇化进程的作用有限,村庄面临"二次更新"的问题。因此,以城乡建设用地增减挂钩的形式推动村庄更新是一条有效可行的路径,尤其是在农村人口城镇化向家庭城镇化过渡的重要阶段,但需要对其形式进行优化,以提升和释放其对推动村庄更新蕴含的潜力。

当前的城乡建设用地增减挂钩项目主要涉及村庄用地。考虑到农地利用效率达到一定水平后,对农村劳动力具有拉回的作用,在村庄更新的过程中,可将农地整理纳入工作内容之中,尤其是在农户家庭城镇化和土地规模经营的趋势下,也有必要将城乡建设用地增加挂钩政策和农地整理结合起来,形成新的"村庄更新"模式。同时,就业机会是影响人口城镇化的重要因素。以推动村庄更新吸引农村劳动力的留守甚至回流,解决其就业问题是重中之重。因此,推动村庄更新,需在完善村庄基础设施和公共服务设施的基础上,重点培育村庄产业,增加村庄活力和吸引力,增强村庄的宜居性,提高农民生活的满意度。这就需要在村庄更新的工作中,以大量的资金进行项目支撑。为了降低地方财政的负担，扩大城乡建设用地增减挂钩的交易范围十分重要和必要。这就需要突破城乡建设用地增减挂钩指标不能出县的政策限制，在一定情况下可将全国的增减挂钩指标纳入一个大盘子里，划分全国农村居民点增减挂钩分区，构建城乡建设用地指标"增"与"减"挂钩的梯度体系，统筹分配和安排城市新增建设用地指标和城乡建设用地增减挂钩指标，通过设立增减挂钩平衡基金的方式平衡周转指标出让收益在项目间的差异。推动村庄更新，提升农村吸引力，不仅可以通过吸引农业生产大户降低农地劳动力过度流失对农地利用的影响，促进城镇化和农地利用关系的和谐发展，还能缩减城乡差距，促进城乡一体化发展。

第七节　促进乡镇产业发展，提高农民收入水平和农业经营资本

虽然农地确权登记有利于明晰土地产权，降低交易成本，促进土地三权分置制度改革与创新。但是，已有相关研究证实（如钟甫宁、纪月清，2009），目前农地确权登记与农地流转并不存在显著正相关关系，并且地权的稳定性对农户农业投资总量的增长并没有显著的直接影响。这意味着农地确权登记在促进土地规模经营和农业技术改革方面的作用不能显化。在一定程度上，尤其是在我国当前农民实行以"以代际分工为基础的半工半耕"的家计模式下，确权登记使土地的财产特征得以显化，反而可能会阻碍农地的流转①。明晰产权对农地利用效率的提升作用有限，其根本原因在于土地对农民具有重要的社会保障功能，而现阶段我国的城镇化是个体的城镇化，农户以家庭为单位在农业和非农业之间配置劳动力。提升农地利用效率的土地流转和技术投资缺乏内生性变革的动力。

这一内生性变革的动力一方面在于弱化转移农民和土地之间的保障关系，另一方面在于促进转移农民从个体城镇化到家庭城镇化。前者的根本问题在于提高农民非农就业收入水平，后者的根本问题则在于促进家庭的非农就业。如图7-5所示，对于农民家庭而言，经营第二、第

---

① 贺雪峰：《论中国城市化与现代化道路》，《中国农村观察》2014年第1期。

三产业的收入目前还远远低于经营第一产业（2012年分别为213.7元，597.4元和2722.2元），这说明全国层面上农业收入在家庭收入中依然占据重要位置，农民家庭对农地具有较强的依赖性，这也从侧面解释了农地确权对土地流转影响较小的原因。与此同时，个体工资性收入（主要是外出务工收入）在农民家庭收入中的地位越来越重要，并在2009年超过第一产业，成为农民家庭重要的收入来源。这意味着家庭成员中非农就业的数量对家庭总收入水平有着重要意义。随着农业收入和非农就业收入"剪刀差"的增大，可以预见，农民家庭中将会有越来越多的成员转移到非农部门就业，这也可以解释近几年农村转移劳动力中女性劳动力增加的现象。

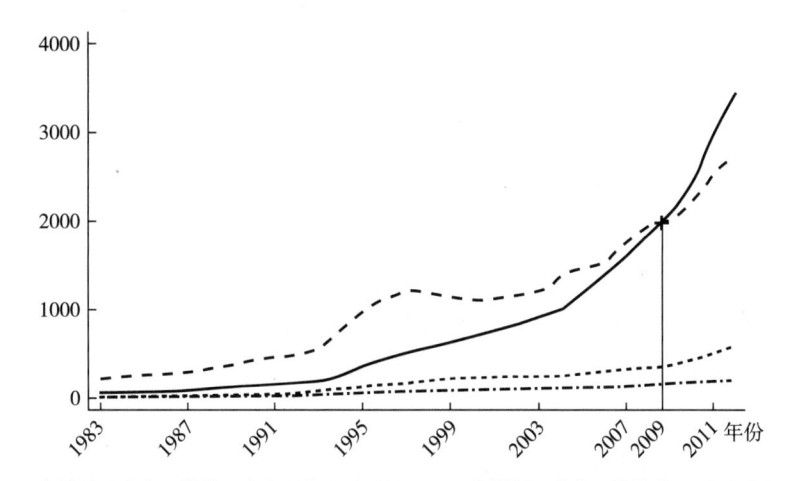

图7-5　1983—2012年我国农村居民家庭经营性收入与工资性收入对比

资料来源：中国经济与社会发展统计数据库。

在当前的情况下，弱化土地对农民的社会保障作用，合理的路径就是完善对农民的社会保障体系，提高农民收入水平。这一路径的建立需要融入农民就业保障体系中，同时需要结合农民从个体的城镇化到家庭的城镇化转变过程，积极创造非农工作机会。本书认为除了合理引导有能力在城镇定居的农民进城落户，实现家庭城镇化，还可以结合我国当前推行的农村集体经营性建设用地改革，发展乡镇产业，有条件有资源的乡镇可以发展"特色小镇""乡镇产业园"等。随着我国经济发展进入新常态，经济结构转型升级，人民物质生活需求的多元化和分层化，要求社会分工进一步细化，从而为乡镇产业发展带来了契机。在乡镇发展产业具有土地利用成本低、劳动力转移成本低、劳动力资源丰富和灵活适应市场变化的特点。根据托达罗的劳动转移理论，在乡镇增加就业机会，一方面可以降低农村劳动力的预期城乡收入差距，减弱向大城市流转的意愿，从而缓解城市普遍存在的大城市病问题；另一方面可以拉动乡镇的交通、卫生、教育等基础设施建设，实现整体社会效用的帕累托改进。此外，需要强调的是发展乡镇产业需结合实际情况，因地制宜，充分发挥地域优势和资源优势（如城市近郊可利用区位优势发展观光农业、体验农业，远郊可发展生态农业、农产品加工），避免由空间分散带来的不利影响。

第八节　本章小结

基于人口城镇化对农地利用效率影响的实证分析结果和区域差异解构，本书在对我国城镇化阶段和农业发展阶段进行判断的基础上，依据我国农地制度改革的方向，从技术变迁和制度变迁相结合的角度，围绕人口城镇化对农地利用效率的影响机制，提出了人口城镇化对农地利用效率影响的6项改进路径。这6项路径分别是：①推动农村人口转移由个体城镇化向家庭城镇化转变。②按照家庭城镇化—农地整理—农地流转—农地适度规模经营—增加农业资本和技术投入的逻辑推动农地规模经营。③完善农地权属和交易服务体系，建立基于土地发展权的农地有偿保护制度。④在协调农业生产结构调整和粮食安全问题的基础上，提高农业市场化水平。⑤以城乡建设用地增减挂钩的形式引入市场力量，结合区域差异推动村庄更新，提升村庄吸引力。⑥促进乡镇产业发展，提高留守农民的收入水平和农业经营资本。

推动农村人口转移由个体城镇化向家庭城镇化转变是从根本上改变我国分散而小规模经营农地的有效路径。只有实现家庭城镇化，才能有效解决农地流转和适度规模经营困境中的农地有效供给不足问题，进而带动农地资本和技术投入的增加，促进农业生产方式变革及农业市场化水平的提升；才能有效解决当前以个体转移为主的城镇化模式下，留守农户家庭在经营农地方面存在的资本和技术投入动力不足问题。总之，推动农村人口转移由个体城镇化向家庭城镇化转变，是优化人口城镇化对农地利用效率影响的基础改革路径。另一个基础的改革路径是推动土地的适度规模经营。农地整理和农地流转，以及完善农地的权属和交易体系等其他相关改革路径，最终的目的在于促进农地适度规模经营，充分发挥规模经济在农业生产中的作用。农地规模经营是农业资本和技术有效发挥作用的基础和前提条件，可以从根本上改变人口城镇化对农地利用效率产生影响的作用机制。

提高农业市场化水平，则是优化人口城镇化对农地利用效率影响的关键，是家庭城镇化和农地适度规模经营这两项基础改革路径作用得以发挥的重要保障。提高农业市场化水平，可以从根本上提升农地资本和技术投入的动力问题，动摇农村落后、农业生产弱质性的根源。相对而言，推动村庄更新和促进乡镇产业发展是以上改革路径的补充，可以通过改善人地关系和资本约束，进一步深入优化农村人口转移对农地利用的影响机制。需要说明的是，由于各项路径的具体落地政策超出了本书的研究范围，本章只是从主要改革思路方面进行了相关的探讨。

第八章 研究结论、创新与展望

第一节 研究结论

以农村人口向城镇转移和农村劳动力非农就业转移为主要特征的人口城镇化进程，影响农地的劳动力要素投入，并通过一系列的连锁效应和附属效应作用于其他生产要素的投入，从而影响农地的投入产出关系，即农地利用效率。我国经历了城镇化进程跨过诺瑟姆曲线30%拐点后的飞速发展期，城镇化进程和经济发展都面临着深度调整。分析人口城镇化对农地利用效率的影响，对于认识人口城镇化与农地利用的关系，优化劳动力和土地资源的配置，寻找新的经济增长动力具有重要意义。然而，目前关于人口城镇化对农地利用效率影响的研究，缺少基于县级层面基础数据的分析，在指标选取、衡量方法方面的规范性有待加强，在区域差异方面的分析有待增加和进一步深化。基于此，本书选取2000—2014年全国1961个县级层面的面板数据，围绕"人口城镇化在全国层面上对农地利用效率影响特征、影响机制和动态关系；人口城镇化对农地利用效率影响关系的区域差异；人口城镇化对农地利用效率影响的改革路径"三个核心问题进行了研究，得出以下结论：

首先，采用考虑要素之间替代关系的Hybrid模型测算农地利用效率，总结我国农地利用效率存在以下特征：①农地利用效率平均水平较低，总体上表现出处于"中等水平陷阱"的特征。②农地利用效率均值在时间上表现先降低后增加的趋势，在空间上表现为日益分化的趋势。③农地利用效率在空间上的省域差异大于省内差异，并表现出按照地理分布集聚的"差序格局"倾向，而且位于省会中心及其附近的县域，其农地利用效率平均水平相对高于较远县域，呈现出随省会中心的距离的增加而衰减的倾向。④各地理区域的农地利用效率表现出呈阶梯状分布的特征，阶梯从高到低依次是东北—华东、华中和华北—西南、华南和西北。

其次，以 Hybrid 模型测算农地利用效率为被解释变量，运用可解决异方差、自相关和截面相关的 DK-SE 固定效应模型，通过逐步回归法分析了人口城镇化对农地利用效率的影响关系，并采用 Tobit 模型进行了稳健性检验，采用地均粮食产量和地均农业产值两个指标进行了重新审视。在此基础上，运用中介效应模型检验了人口城镇化对农地利用效率的直接作用和间接影响，运用联立方程模型分析了人口城镇化与农地利用效率的动态关系，主要结论有：①2000—2014 年的观测区间内，就全国平均而言，人口城镇化对农地利用效率的影响关系表现为趋向正"U"形。②人口城镇化对农地利用效率的影响，在农地利用内部存在差异。人口城镇化对地均粮食产量的影响表现为倒"U"形，对地均农业生产总值的影响表现为趋向正"U"形。③人口城镇化对农地利用效率影响存在直接渠道和间接渠道之分，其间接渠道主要通过农业经营资本、农业兼业化、农地经营规模、农业生产结构和农地利用强度五个方面的中介变量所发挥的调节效应，作用于农地利用效率。④农地利用效率对人口城镇化存在显著的倒"U"形影响关系，表明人口城镇化进程在促进农地利用效率提升的过程中也会产生内部调整。

再次，按照地理类型、行政类型和经济发展水平三个划分标准，将 2000—2014 年 1981 个县的面板数据进行了解构，分析人口城镇化对农地利用效率影响的区域差异。主要结论有：①农村劳动力转移对农地利用效率的影响特征，除东北地区表现为倒"U"形影响特征外，在各区域均表现为正"U"形或趋向正"U"形。该影响特征一方面表明了"资本和技术投入以及其对劳动力的替代"对保持和提升农地利用效率的重要作用；另一方面也表明资本和技术对劳动力的替代尚有提升的空间，我国的农村劳动力相对于农地利用，尚存在相对剩余。②受当前农地经营规模和方式的影响，加上农业经营在农民家庭中经济地位的衰落，农户投资农地能力的提升并不一定必然带来对农地投入的增加。

③在农村劳动力转移初期，农民收入较低的情况下，农村劳动力转移表现出农地利用效率的显著负向影响。这一方面表明提高农民收入的重要性，另一方面表明资本和技术投入与替代对保持农地利用效率的重要性。对农村劳动力转移反应比较敏感的省域有四川、贵州、云南、西藏、广西、宁夏。④户均土地经营规模对农地利用效率正向影响的显著性表现出随户均土地经营规模变化而变化的趋向。处于中等水平的区域，户均土地经营规模倾向于表现出对农地利用效率的正向作用，而在户均土地经营规模偏大和偏小的区域，其对农地利用效率的影响都倾向于不显著。⑤资本和技术对农村劳动力具有一定的替代作用，但这种替代能力是有限的。目前，东北地区已经表现出农村劳动力转移不利于农地利用效率提升的倾向。⑥在当前以家庭为单位进行农地生产决策的背景下，农户家庭的资本约束并没有预期的大，在按地理分区的华南、西北以及按行政类型分区的直辖市和自治区，甚至表现出负向的影响特征。⑦经济发展水平高的区域，农地生产结构表现出更大程度的调整。按地理、行政类型和城市等级划分的区域中，分别作为人均GDP平均水平最高的华东地区、直辖市和一线城市均表现出户均土地规模对地均粮食产量的负向影响。

最后，基于人口城镇化对农地利用效率影响的实证分析结果和区域差异解构，结合我国农业发展阶段和城市化阶段的判断，围绕人口城镇化对农地利用效率的影响机制，从以下六个方面提出优化人口城镇化对农地利用效率影响的改革路径：①深化改革，推动农村人口转移由个体城镇化向家庭城镇化转变。②推动农地整理的阶段转变，促进农地流转和适度规模经营，增加农业资本和技术投入。③完善农地权属和交易服务体系，建立基于土地发展权的农地有偿保护制度。④在协调农业生产结构调整和粮食安全问题的基础上，提升农业市场化水平。⑤结合区域差异推动村庄更新，提升村庄吸引力。⑥促进乡镇产业发展，提高农民的收入水平和农业经营资本。其中，推动农村人口转移由个体城镇化向家庭城镇化转变和促进农地规模经营，是优化人口城镇化对农地利用效率影响的基础改革路径；提升农业市场化水平，是家庭城镇化和农地适度规模经营这两项基础改革路径作用得以发挥的重要保障。推动农地整理和农地流转，完善农地权属和交易服务体系，推动村庄更新和促进乡镇产业发展等路径是以上改革路径的补充和完善，其可以通过改善人地关系和资本约束，进一步优化人口城镇化对农地利用效率的影响机制。

第二节 研究创新

本书的创新之处主要有以下几个方面：

（1）研究数据方面。本书以全国1961个县2000—2014年的面板数据为基础，截面代表性强（除市辖区外，所选样本县占全国同类型县的比例为98.31%），所选时序处于我国城镇化进程从超过30%的转折点到超过50%这一关键时期（从2000年的36.22%到2014年的54.77%）。目前，鲜少有研究基于这样一个规模的数据探索我国县域经济——这一国民经济基本单元的社会问题。

（2）改进了农地利用效率的测算方法。科学合理地衡量农地利用效率是一项复杂的分析。基于劳动生产率等单一效率的衡量，易忽视资本、技术的作用；基于农业生产率等的衡量，多数以农作物播种面积为土地投入指标，与其他指标范围不一致，并且未将复种指数与重复利用纳入考量。本书改进了农地效率的测算方法，其创新主要体现在两个方面：一方面是将土地要素以实际投入量的形式纳入农地效率的分析中，从而将复种指数和循环利用情况纳入模型。另一方面是考虑投入要素之间的替代关系，基于Hybrid模型的混合距离函数建立目标规划，从而避免了多数研究仅使用径向距离函数进行投入产出等比例增减分析而偏高估计农地利用效率，以及仅基于非径向距离函数过度拟合投入和投入要素的替代关系而过低估计效率值，使农地利用效率测算方法与结果更加合理。

（3）研究视角与思路的创新。本书重点关注农村劳动力转移这一核心要素变化引起的投入关系变动对农地利用效率的影响，运用可解决异方差、自相关和序列相关的DK-SE固定效应模型作为实证分析的模型，研究方法新颖可靠。同时，本书进一步运用中介效应模型分析了相应的影响机制，运用联立方程模型关注农地利用效率对农村劳动力转移的动态影响关系，研究思路独到。而按照不同的标准对区域进行划分，提炼不同分区下人口城镇化对农地利用效率影响的共同特点，则进一步增强了本书相对于其他研究的进步性和创新性。

（4）研究结论的创新性。本书在研究数据、研究思路和研究方法方面存在的创新性，使本书的研究结论具有相应的独到性。并且，这一独到性建立在计量分析的显著性和稳健性检验基础之上，具有可靠性。研究结论的具体内容在上一小节中已经具体阐述，此处不再一一列出。本书的核心结论是：人口城镇化对农地利用效率的影响呈非线性，并且这种非线性关系的特征是趋向正"U"形；这一影响特征虽与刘易斯城乡二元经济理论所预期的倒"U"形关系不同，但在我国当前的农地制度和农地利用条件下，具有存在的合理性。

第三节 研究展望

农业生产和我国农地利用情况的复杂性和多样性，以及农村劳动力投入与农地利用效率关系的动态性，使得利用宏观数据研究农村劳动力转移和农地利用效率之间的关系具有很大的挑战。同时，更微观、更基础层面的数据来源和数据质量的限制，以及计量分析方法的有限性，也增大了数据挖掘的难度。在条件允许的情况下，未来的研究可以就以下一些问题进行更深入的探讨。

（1）由于县级层面农村教育水平数据的限制，本书主要是从农村劳动力数量变化的角度来考察的，对农村劳动力转移带来的留守农民的结构和质量改变并未探讨。同时，农村当期的教育水平并不能代表当期劳动力的教育水平，因为教育水平对农村劳动力质量的影响存在滞后性，滞后期数的确定也是一项难题。深入的研究应关注人口城镇化通过改变农村劳动力结构与质量对农地利用效率变化的影响。此外，还可结合微观调查数据进一步细化农村劳动力数量变化的不同情况对农地利用效率的影响。

（2）农地利用在我国存在多样性，但当前针对不同地类的投入产出数据在地类层面还不能相统一和对应，如农业机械总动力并未分出针对农作物种植、林木资源培育、畜牧养殖等各项的总动力，进一步的研究可以对农地类型进行细化，分别分析人口城镇化对不同地类效率变化的影响，从而降低由农地生产的异质性带来的实证分析误差。此外，本书涉及的农地概念是广义的范畴，因此得到的结论也是相对于整个农地利用范围而言的。这意味着以单独的地类作为分析对象，可能会有不同的实证分析结果和启示意义。

（3）本书对农地制度改革路径的探讨，是基于相关理论和实证结论的分析。因此是在相对宏观的层面上，探讨农地制度在当前人口城镇化与农地利用效率关系和趋势下的改革方向。对于具体的实施步骤或落地程序，并未作深入的探讨，未来研究可在此基础上就某个具体的路径，探讨其在某区域的政策落实，并可借助政策模拟工具，分析实施某一改革路径的影响。

（4）本书并未结合相关理论作具体的数学公式推导，在以后的研究中可以进一步提升。此外，未来的研究可以通过添加合适的工具变量，进一步优化农地利用效率的影响因素模型。

参考文献

一 中文参考文献

[1] 毕宝德:《土地经济学》（第七版），中国人民大学出版社2016年版。

[2] 蔡昉:《刘易斯转折点后的农业发展政策选择》，《中国农村经济》2008年第8期。

[3] 蔡昉:《城市化与农民工的贡献——后危机时期中国经济增长潜力的思考》，《中国人口科学》2010年第1期。

[4] 蔡昉、都阳:《工资增长、工资趋同与刘易斯转折点》，《经济学动态》2011年第9期。

[5] 蔡昉、王美艳:《从穷人经济到规模经济——发展阶段变化对中国农业提出的挑战》，《经济研究》2016年第5期。

[6] 曹跃群、蒋为、张卫国:《中国农业科技利用效率和地区差异——基于随机前沿模型的实证研究》，《科技与经济》2011年第1期。

[7] 陈丹、唐茂华:《中国农村土地制度变迁60年回眸与前瞻》，《城市》2009年第10期。

[8] 陈宏胜、王兴平:《农民工家庭城镇化路径构建研究》，《规划研究》2016年第1期。

[9] 陈杰、苏群:《土地流转、土地生产率和规模经营》，《农业技术经济》2017年第1期。

[10] 陈强.《高级计量经济学及Stata应用》（第二版），高等教育出版社2014年版。

［11］陈锡文：《关于农村土地制度改革的两点思考》，《经济研究》2014年第1期。

［12］陈佑启：《城乡交错带土地利用模式探讨》，《中国土地科学》1997年第4期。

［13］陈志刚、曲福田、王青等：《农地承包权配置对土地利用的影响》，《农业技术经济》2007年第5期。

［14］成德宁、杨敏：《农业劳动力结构转变对粮食生产效率的影响》，《西北农林科技大学学报》（社会科学版）2015年第4期。

［15］成刚：《数据包络分析方法与MaxDEA软件》，知识产权出版社2014年版。

［16］程开明：《统计数据质量诊断与管理研究》，浙江工商大学出版社2010年版。

［17］程名望、阮青松：《资本投入、耕地保护、技术进步与农村剩余要劳动转移》，《中国人口·资源与环境》2010年第8期。

［18］程名望、史清华、徐剑侠：《中国农村劳动力转移动因与障碍的一种解释》，《经济研究》2006年第4期。

［19］丁士军、史俊宏：《英国农业》，中国农业出版社2012年版。

［20］董藩、徐青、刘德英等：《土地经济学》，北京师范大学出版社2010年版。

［21］方福前、张艳丽：《中国农业全要素生产率的变化及其影响因素研究——基于1991—2008年的Malmquist指数方法》，《经济理论与经济管理》2010年第9期。

［22］房启明、罗剑朝：《农地抵押融资意愿与最优土地规模》，《华南农业大学学报》（社会科学版）2016年第6期。

［23］方文：《农村集体土地流转及规模经营的绩效评价》，《财贸经济》2011年第1期。

［24］冯尚春：《中国农村城镇化动力研究》，经济科学出版社2004年版。

［25］盖庆恩、朱喜、史清华：《劳动力转移对中国农业生产的影响》，《经济学（季刊）》2014年第3期。

［26］高帆：《中国城乡二元经济结构转化：理论阐释与实证分析》，上

海三联书店 2012 年版。

[27] 高圣平：《新型农业经营体系下农地产权结构的法律逻辑》，《法学研究》2014 年第 4 期。

[28] 高铁梅：《计量经济分析方法与建模——Eviews 应用及实例》，清华大学出版社 2009 年版。

[29] "工业化与城市化协调发展研究"课题组：《工业化与城市化关系的经济学分析》，《中国社会科学》2002 年第 2 期。

[30] 辜胜阻、武兢：《城镇化的战略意义与实施路径》，《求是》2011 年第 5 期。

[31] 谷源洋、林伍珑、马汝骏等：《东南亚各国农业》，中国农业出版社 1984 年版。

[32] ［日］关谷俊著：《日本的农地制度》，金洪云译，生活·读书·新知三联书店，2004 年版。

[33] 国家统计局陕西调查总队课题组：《农村土地制度变迁对粮食生产影响的实证分析》，《调研世界》2015 年第 4 期。

[34] 郭军华、倪明、李帮义：《基于三阶段 DEA 模型的农业生产效率研究》，《数量经济技术经济研究》2010 年第 12 期。

[35] 郝寿义、王家庭、张换兆：《日本工业化、城市化与农地制度演进的历史考察》，《日本学刊》2007 年第 1 期。

[36] 何东、孙仕祺：《日本城市化的三种模式及对中国的启示》，《日本研究》2013 年第 4 期。

[37] 贺平：《日本战后农地流转制度改革研究——以立法调整和利益分配为中心》，《日本学刊》2010 年第 3 期。

[38] 贺雪峰：《论中国城市化与现代化道路》，《中国农村观察》2014 年第 1 期。

[39] 贺雪峰、印子：《"小农经济"与农业现代化的路径选择——兼评农业现代化激进主义》，《政治经济学评论》2015 年第 2 期。

[40] 贺志亮、刘成玉：《我国农业生产效率及效率影响因素研究——基于三阶段 DEA 模型的实证分析》，《农业经济》2015 年第 6 期。

[41] 胡雪枝、钟甫宁：《农村人口老龄化对粮食生产的影响：基于农村固定观察点数据的分析》，《中国农村经济》2012 年第 7 期。

[42] 黄薇：《中国保险机构资金运用效率研究：基于资源型两阶段DEA模型》，《经济研究》2009年第8期。

[43] 黄贤金、陈志刚、钟太洋等：《土地制度与政策研究导引》，南京出版社2016年版。

[44] 黄贤金、张安录：《土地经济学》（第二版），中国农业大学出版社2016年版。

[45] 黄忠怀、吴晓聪：《建国以来土地制度变迁与农村地域人口流动》，《农村经济》2012年第1期。

[46] ［日］晖峻众三著：《日本农业150年（1850—2000年）》，胡浩等译，中国农业出版社2011年版。

[47] 季小妹、武红智：《我国新型城镇化动力机制研究进展》，《城市规划》2015年第10期。

[48] 蒋占峰：《长期而有保障的农地产权：适应城镇化的制度供给》，《调研世界》2009年第4期。

[49] 焦源：《山东省农业生产效率评价研究》，《中国人口（资源与环境》2013年第12期。

[50] 金勇进、邵军：《缺失数据的统计处理》，中国统计出版社2009年版。

[51] ［德］卡尔·马克思著：《资本论》（第三卷），中共中央马克思恩格斯列宁斯大林著作编译局译，人民出版社2004年版。

[52] ［德］考茨基著：《土地问题（上卷）》，岑纪译，商务印书馆1936年版。

[53] ［美］科斯等著：《财产权利与制度变迁：产权学派与新制度学派译文集》，刘守英等译，上海人民出版社2014年版。

[54] ［英］莱斯利·贝瑟尔著：《剑桥拉丁美洲史——1930年以来的巴西》，吴红英、张凡等译，当代中国出版社2013年版。

[55] 雷玉桃、王雅鹏：《我国粮食安全与农业生产结构调整的协调问题》，《经济纵横》2001年第6期。

[56] ［美］理查德·哈特向著：《地理学的性质》（第二版），叶光庭译，商务印书馆2012年版。

[57] 李博、张文忠、余建辉：《碳排放约束下的中国农业生产效率地

区差异分解与影响因素》，《经济地理》2016年第9期。

[58] 李功奎、钟甫宁：《土地细碎化、劳动力利用与农民收入——基于江苏省经济欠发达地区的实证研究》，《中国农村经济》2006年第4期。

[59] 李谷成、冯中朝、范丽霞：《小农户真的更加具有效率吗：来自湖北省的经验证据》，《经济学（季刊）》2009年第1期。

[60] 李光泗、朱丽莉：《农村劳动力流动对中国粮食生产影响研究——基于省域动态面板数据的实证分析》，《统计与信息论坛》2014年第10期。

[61] 李剑鸣：《美国的奠基时代：1585—1775》，中国人民大学出版社2011年版。

[62] 李杰、张光宏：《农村土地制度与城镇化进程：制度变迁下的历史分析》，《农业技术经济》2013年第2期。

[63] 李澜、李阳：《我国农业劳动力老龄化问题研究——基于全国第二次农业普查数据的分析》，《农业经济问题》2009年第6期。

[64] 李明艳：《农村劳动力转移对农地利用效率的影响研究》，博士学位论文，南京农业大学，2009年。

[65] 李明艳：《劳动力转移对区域农地利用效率的影响——基于省级面板数据的计量分析》，《中国土地科学》2011年第1期。

[66] 李明艳：《农村劳动力转移对农地利用效率的影响研究》，社会科学文献出版社2012年版。

[67] 李强、陈雨琳、刘精明：《中国城镇化"推进模式"研究》，《中国社会科学》2012年第7期。

[68] 李铁：《新型城镇化路径选择》，中国发展出版社2016年版。

[69] 厉以宁：《中国道路与新城镇化》，商务印书馆2012年版。

[70] 李旻、赵连阁：《农业劳动力"老龄化"现象及其对农业生产的影响：基于辽宁省的实证分析》，《农业经济问题》2009年第10期。

[71] 李泽华：《中国农业市场化发展的内涵与趋势》，《中国软科学》2000年第10期。

[72] 李周、于法稳：《西部地区农业生产效率的DEA分析》，《中国农

村观察》2005 年第 6 期。

[73] 林伯强、刘泓汛：《对外贸易是否有利于提高能源环境效率》，《经济研究》2015 年第 9 期。

[74] 林毅夫：《深化农村体制改革，加速农村劳动力转移》，《中国行政管理》2003 年第 11 期。

[75] 刘敏：《19 世纪美国城市人口增长模式初探》，《四川大学学报》（哲学社会科学版）2013 年第 1 期。

[76] 刘婷：《巴西的土地问题与经济发展》，《拉丁美洲研究》2006 年第 2 期。

[77] 刘晓光、张勋、方文全：《基础设施的城乡收入分配效应：基于劳动力转移的视角》，《世界经济》2015 年第 3 期。

[78] 刘潇然：《土地经济学》，河南大学出版社 2012 年版。

[79] 刘自强：《1865—1914 年农业现代化对美国城市化进程的历史影响》，《宁夏社会科学》2007 年第 6 期。

[80] [美] 罗得菲尔德等著：《美国的农业与农村》，安子平等译，中国农业出版社 1983 年版。

[81] 罗青兰、孙乃纪、于桂兰：《基于文献分析法的女性高层次人才职业成功影响因素》，《经济经纬》2014 年第 2 期。

[82] 马克垚：《英国封建社会研究》，北京大学出版社 1993 年版。

[83] 马冉冉：《巴西的土地制度与现代化及对中国的启示》，《社科纵横》2013 年第 9 期。

[84] 马占新：《数据包络分析模型与方法》，科学出版社 2010 年版。

[85] 马占新：《广义数据包络分析方法》，科学出版社 2012 年版。

[86] 冒佩华、徐骥、贺小丹等：《农地经营权流转与农民劳动生产率提高：理论与实证》，《经济研究》2015 年第 11 期。

[87] [美] 美国科学院著：《美国农业生产效率》，徐绪堃等译，中国农业出版社 1981 年版。

[88] [美] 诺斯著：《制度、制度变迁与经济绩效》，杭行译，格致出版社 2008 年版。

[89] 潘俊：《农村土地"三权分置"：权利内容与风险防范》，《中州学刊》2014 年第 11 期。

[90] 彭宝玉、覃成林、阎艳：《河南省县域经济发展分析》，《经济地理》2007年第3期。

[91] 彭代彦、吴翔：《中国农业技术效率与全要素生产率：基于农村劳动力结构变化的视角》，《经济学家》2013年第9期。

[92] ［俄］恰亚诺夫著：《农民经济组织》，萧正洪译，中央编译出版社1996年版。

[93] 钱丽、肖仁桥、陈忠卫：《碳排放约束下中国省际农业生产效率及其影响因素研究》，《经济理论与经济管理》2013年第9期。

[94] 钱龙、洪名勇：《非农就业、土地流转与农业生产效率变化——基于CFPS的实证分析》，《中国农村观察》2016年第12期。

[95] 钱忠好：《农地承包经营权市场流转：理论与实证分析——基于农户层面的经济分析》，《经济研究》2003年第2期。

[96] 乔榛、焦方义、李楠：《中国农村经济制度变迁与农业增长——对1978—2004年中国农业增长的实证分析》，《经济研究》2006年第7期。

[97] 秦立建、张妮妮、蒋中一：《土地细碎化、劳动力转移与中国农户粮食生产——基于安徽省的调查》，《农业技术经济》2011年第11期。

[98] 仇保兴：《我国城镇化的特征、动力与规划调控（续）》，《城市发展研究》2003年第2期。

[99] 邱均平、王曰芬等：《文献计量内容分析法》，国家图书馆出版社2008年版。

[100] 屈小博：《不同规模农户生产技术效率差异及其影响因素分析——基于超越对数随机前沿生产函数与农户微观数据》，《南京农业大学学报》（社会科学版）2009年第3期。

[101] 石强：《英国圈地运动研究：15—19世纪》，中国社会科学出版社2016年版。

[102] ［巴西］塞尔索·富尔塔多著：《巴西经济的形成》，徐亦行、张维琪译，社会科学文献出版社2002年版。

[103] 施昱年、张秀智、张磊：《北京市核心区土地利用效率评价研究》，知识产权出版社2016年版。

［104］宋马林、王舒鸿：《环境管制、技术进步与经济增长》，《经济研究》2013 年第 3 期。

［105］［日］速水佑次郎、［美］拉坦著：《农业发展：国际前景》，吴伟东等译，商务印书馆 2014 年版。

［106］［日］速水佑次郎、神门善久著：《发展经济学——从贫困到富裕》（第三版），李周译，社会科学文献出版社 2009 年版。

［107］苏旭霞、王秀清：《农用地细碎化与农户粮食生产——以山东省莱西市为例的分析》，《中国农村经济》2002 年第 4 期。

［108］孙柳：《19 世纪中叶英国农场发展状况及其原因》，《长江大学学报》（社会科学版）2014 年第 4 期。

［109］孙晓欣、马晓东：《江苏省农业现代化发展的格局演化及驱动因素》，《经济地理》2016 年第 10 期。

［110］唐蜜、肖磊：《欠发达地区人口大县城镇化动力机制分析》，《农业经济问题》2014 年第 8 期。

［111］唐建：《粮食生产技术效率及影响因素研究》，《农业技术经济》2016 年第 9 期。

［112］滕玉成、张新路、王帅：《山东省城镇化动力因素分析——兼与粤、闽、赣、晋四省的比较》，《东南学术》2016 年第 1 期。

［113］田雪原：《城镇化还是城市化》，《人口学刊》2013 年第 6 期。

［114］王春超：《收入差异、流动性与地区就业集聚》，《中国农村观察》2005 年第 1 期。

［115］王国敏、张宁：《论中国农村经济从第一次飞跃向第二次飞跃的转换》，《西南民族大学学报》（人文社会科学版）2016 年第 2 期。

［116］王良健、李辉：《中国耕地利用效率及其影响因素的区域差异》，《地理研究》2014 年第 11 期。

［117］汪进、钟笑寒：《中国的刘易斯转折点是否到来——理论辨析与国际经验》，《中国社会科学》2011 年第 5 期。

［118］王金祥、吴育华：《生产前沿面理论的产生及发展》，《哈尔滨商业大学学报》（自然科学版）2005 年第 3 期。

［119］王晓东：《城镇化的动力机制与水平预测》，《河北师范大学学

报》1993年第3期。

[120] 王晓丽、祝源清：《基于数据包络分析方法的吉林省县域农业生产效率评价》，《税务与经济》2014年第2期。

[121] 汪小平：《中国农业劳动生产率增长的特点与路径分析》，《数量经济技术经济研究》2007年第4期。

[122] 汪晓文、何明辉、杨光宇：《农村经济开发、农业生产效率提高与农民增收——基于省际面板数据的实证分析》，《江西财经大学学报》2012年第5期。

[123] 王兆林、杨庆媛：《西南地区农村投资水平和农地利用效率对农民农业收入影响分析——以重庆市为例》，《经济地理》2012年第8期。

[124] 韦鸿：《土地利用的经济学分析》，中国农业出版社2008年版。

[125] 魏权龄：《评价相对有效性的DEA方法——运筹学的新领域》，中国人民大学出版社1988年版。

[126] 魏权龄：《数据包络分析》，科学出版社2004年版。

[127] 魏治、修春亮、孙平军：《21世纪以来中国城镇化动力机制分析》，《地理研究》2013年第9期。

[128] 文礼朋：《近现代英国农业资本主义的兴衰》，中央编译出版社2013年版。

[129] 温铁军：《中国农村基本经济制度研究："三农问题"的世纪反思》，中国经济出版社2000年版。

[130] 温铁军、温厉：《中国的"城镇化"与发展中国家城市化的教训》，《中国软科学》2007年第7期。

[131] 温忠麟、张雷、侯杰泰等：《中介效应检验程序及其应用》，《心理学报》2004年第5期。

[132] [美]伍德里奇著：《横截面与面板数据的经济计量分析》，王忠玉译，中国人民大学出版社2007年版。

[133] 吴国平、武小琦：《巴西城市化进程及其启示》，《拉丁美洲研究》2014年第2期。

[134] 吴红英：《巴西现代化进程透视——历史与现实》，时事出版社2001年版。

[135] 吴良镛、吴唯佳、武廷海：《论世界与中国城市化的大趋势和江苏省的城市化道路》，《科技导报》2003 年第 9 期。

[136] 伍宇峰、刘国平：《东欧国家农业发展道路的比较研究》，人民出版社 1985 年版。

[137] ［美］西奥多·W. 舒尔茨著：《改造传统农业》（第二版），梁小民译，商务印书馆 2006 年版。

[138] 习近平：《中国农村市场化研究》，博士学位论文，清华大学，2001 年。

[139] 夏若江：《关于我国农业市场化道路的探讨》，《江汉论坛》，1998 年第 10 期。

[140] 谢玉军：《论英国现代农业生产关系的主要变化》，《生产力研究》2005 年第 10 期。

[141] 许恒周、郭玉燕、吴冠岑：《农民分化对耕地利用效率的影响：基于农户调查数据的实证分析》，《中国农村经济》2012 年第 6 期。

[142] 徐建国、张勋：《农业生产率进步、劳动力转移与工农业联动发展》，《管理世界》2016 年第 7 期。

[143] 许静、王颖、庞楠等：《文献计量法与内容分析法综合理论及应用》，河北大学出版社 2014 年版。

[144] 徐琼：《技术效率与前沿面理论评述》，《财经论丛》2005 年第 2 期。

[145] 杨进、钟甫宁、陈志刚等：《农村劳动力价格、人口结构变化对粮食种植结构的影响》，《管理世界》2016 年第 1 期。

[146] 杨俊：《农户家庭分工演进对耕地利用效率的影响研究》，经济科学出版社 2014 年版。

[147] 杨俊、杨钢桥、胡贤辉：《农业劳动力年龄对农户耕地利用效率的影响——来自不同经济发展水平地区的实证》，《资源科学》2011 年第 9 期。

[148] 杨万江：《工业化城市化进程中的农业农村发展》，科学出版社 2010 年版。

[149] 杨维军：《论三次土地制度变迁对我国现代化的影响》，《开发研

究》2006年第1期。

[150] 姚朋：《日本战后农地改革及其对现代化的重大影响》，《南京社会科学》2004年第4期。

[151] 杨志海、李鹏、王雅鹏：《农村劳动力老龄化对农户耕地效率的影响》，《地域研究与开发》2015年第5期。

[152] 曾宪明：《工业化、城市化中的土地问题——以巴西为例》，《生产力研究》2011年第1期。

[153] 曾晓霞、韦立新：《海保青陵与日本近代重商主义经济伦理思想》，《广东外语外贸大学学报》2014年第5期。

[154] 张季风：《战前日本农村剩余劳动力的转移及特点》，《日本学刊》2002年第3期。

[155] 张泰城、张小青：《中部地区城镇化的动力机制及路径选择研究》，《经济问题》2007年第2期。

[156] 张五常著：《佃农理论：应用于亚洲的农业和台湾的土地改革》，易宪容译，商务印书馆2000年版。

[157] 张占录、赵茜宇、李朔：《中国土地发展权的经济分析与配置设计——以北京市平谷区为例》，《地域研究与开发》2015年第2期。

[158] 赵京、杨钢桥、汪文雄：《农地整理对农户土地利用效率的影响研究》，《资源科学》2011年第12期。

[159] 赵茜宇、张占录：《新型城镇化视角下的户籍制度和土地制度联动改革路径研究》，《求实》2014年第8期。

[160] 赵玉芝、董平：《江西省县域经济差异特征及其成因分析》，《人文地理》2012年第1期。

[161] 钟甫宁、纪月清：《土地产权、非农就业机会与农户农业生产投资》，《经济研究》2009年第12期。

[162] 周诚：《土地经济学》，商务印书馆2003年版。

[163] 周达、沈建芬：《农村城镇化动力结构的统计研究》，《统计研究》2004年第2期。

[164] 周宏、王全忠、张倩：《农村劳动力老龄化与水稻生产效率缺失：基于社会服务化的视角》，《中国人口科学》2014年第3期。

[165] 周剑麟：《二元经济论：过去与现在》，人民出版社 2013 年版。

[166] 周天勇：《土地制度的供求冲突与其改革的框架性安排》，《管理世界》2003 年第 10 期。

[167] 周毅：《城市化理论的发展与演变》，《城市问题》2009 年第 11 期。

[168] 朱莉芬、黄季焜：《城镇化对耕地影响的研究》，《经济研究》2007 年第 2 期。

[169] 朱丽莉：《农村劳动力流动、要素结构变动与农业生产效率研究》，博士学位论文，南京农业大学，2013 年。

[170] 朱满德、李辛一、程国强：《综合性收入补贴对中国玉米全要素生产率的影响分析——基于省级面板数据的 DEA – Tobit 两阶段法》，《中国农村经济》2015 年第 11 期。

[171] 朱喜、史清华、李锐：《转型时期农户的经营投资行为——以长三角 15 村跟踪观察农户为例》，《经济学（季刊）》2010 年第 2 期。

二 英文参考文献

[1] Allen, R. C., "The efficiency and distributional consequences of eighteen century Enclosure", *Economic Journal*, 1982, Vol. 48, No. 1, pp. 117 – 125.

[2] Allen, R. C., *Enclosure and the Yeoman: The agricultural development of the South Midland*, Oxford: Oxford University Press, 1992, pp. 67 – 69.

[3] Allen, R. C., "Tracking the Agricultural Revolution in England", *The Economic History Review*, 1999, Vol. 52, No. 2, pp. 209 – 235.

[4] Alesina, A., Wacziarg, R., "Openness, county size and government", *Journal of Public Economics*, 1998, No. 69, pp. 305 – 321.

[5] Arnade, C. A., "Using Data Envelopment Analysis to measure international agricultural efficiency and productivity", Washington D. C.: Technical Bulletin No. 1831, United States Department of Agriculture, Economic Research Service. 1994.

[6] Bairoch, P. , "Level of economic development from 1810 to 1910", *Annals: Economics, Societies, Civilizations*, 1965, Vol. 20, pp. 1091 – 1117.

[7] Ball, V. E. , "Levels of farm sector productivity: An international comparison", *Journal of Productivity Analysis*, 2001, Vol. 15, pp. 5 – 29.

[8] Banerjee, B. , "Information flow, expectations and job search", *Journal of Development Economics*, 1984, Vol. 15, pp. 239 – 257.

[9] Banker, R. D. , Charnes, A. , Cooper W. W. , "Some models for estimating technical and scale inefficiencies in data envelopment analysis", *Management Science*, 1984, Vol. 30, No. 9, pp. 1078 – 1092.

[10] Baron, R. M. , Kenny, D. A. , "The moderator – mediator variable distinction in social psychological research: Conceptual, strategic, and statistical considerations", *Journal of Personality and Social Psychology*, 1986, Vol. 51, pp. 1173 – 1182.

[11] Battese, G. E. , Corra, G. S. , "Estimation of a production frontier model: With application to the Pastoral Zone of eastern Australia", *Australian Journal of Agricultural Economics*, 1977, Vol. 21, pp. 169 – 179.

[12] Britnell, R. H. , *Britain and Ireland 1050 – 1530: Economy and Society*, Oxford: Oxford University Press, 2004, pp. 121 – 136.

[13] Brueckner, J. , Kim, H. , "Land markets in the Harris – Todaro model: A new factor equilibrating rural – urban migration", *Journal of Regional Science*, 2001, Vol. 41, pp. 507 – 520.

[14] Brueckner, J. , Zenou, Y. , "Harris – Todaro models with a land market", *Regional Science and Urban Economics*, 1999, No. 29, pp. 317 – 339.

[15] Burns, E. B. , *A History of Brazil* (2nd), New York: Columbia University Press, 1980, p. 183.

[16] Chambers, R. G. , *Applied Production Analysis*, Cambridge: Cambridge University Press, 1988, pp. 30 – 45.

[17] Carter, M. , Olinto, P. , "Getting institutions 'right' for whom?

Credit constraints and the impact of property rights on the quantity and composition of investment", *American Journal of Agricultural Economics*, 2003, Vol. 85, No. 1, pp. 173 – 186.

[18] Charnes, A., Cooper W. W., Rhodes, E., "Measuring the efficiency of decision making units", *European Journal of Operational Research*, 1978, Vol. 2, No. 6, pp. 429 – 444.

[19] Chauvin, J. P., Glaeser, E. R., Ma, Y., et al., "What is different abour urbanization in rich and poor countries? Cities in Brazil, China, India and the United States", *Journal of Urban Economics*, 2017, Vol. 98, No. 3, pp. 17 – 49.

[20] Chavas, J. P., Petrie, R., Roth, M., "Farm household production efficiency: Evidence from the Gambia", *American Journal of Agricultural Economics*, 2005, Vol. 87, No. 1, pp. 160 – 179.

[21] Chen, R., Ye, C., Cai, Y., Xing, X., Chen, Q., "The impact of rural out – migration on land use transition in China: Past, present and trend", *Land Use Policy*, 2014, Vol. 40, No. 9, pp. 101 – 110.

[22] Chorley, G. P. H., "The Agricultural revolution in Northern Europe, 1750 – 1880: Nitrogen, legumes, and crop productivity", *The Economic History Review*, New Series, 1981, Vol. 34, pp. 71 – 93.

[23] Christiansen, F., "Food security, urbanization and social stability in China", *Journal of Agrarian Change*, 2009, Vol. 9, No. 4, pp. 548 – 575.

[24] Clark, G., "The cost of capital and Medieval agricultural technique", *Explorations in Economic History*, 1988, Vol. 25, No. 2, pp. 265 – 294.

[25] Clark, G., "Commons sense: Common property rights, efficiency, and industrial change", *The Journal of Economic History*, 1998, Vol. 58, No. 1, pp. 73 – 102.

[26] Coelli, T. J., "Recent development in frontier modelling and efficiency measurement", *Australian Journal of Agricultural Economics*, 1995, Vol. 39, pp. 219 – 245.

[27] Cook, W. D., Seiford, L. M., "Data Envelopment Analysis (DEA) –

Thirty years on", European Journal of Operational Research, 2009, Vol. 192. No. 1, pp. 1 – 17.

[28] Croll, E. J., Huang, P., "Migration for and against agriculture in eight Chinese villages", *The China Quarterly*, 1997, Vol. 149, pp. 128 – 146.

[29] Damon, A. L., "Agricultural land use and asset accumulation in migrant households: The case of EI Salvador", *The Journal of Development Studies*, 2010, Vol. 46, No. 1, pp. 162 – 189.

[30] Davis, J., Lopez – Carr, D., "Migration, remittances and smallholder decision – making: implications for land use and livelihood change in Central America", *Land Use Policy*, 2014, Vol. 36, pp. 319 – 329.

[31] De Brauw, A., Rozelle, S., "Migration and Household investment in Rural China", *China Economic Review*, 2008, Vol. 19, pp. 320 – 335.

[32] Deininger, K., Savastano, S., Carletto, C., "Land fragmentation, cropland abandonment, and land market operation in Albania", *World Development*, 2012, Vol. 40, pp. 2108 – 2122.

[33] Driscoll, J., Kraay, A., "Consistent covariance matrix estimation with spatially dependent Panel Data", *Review of Economics and Statistics*, 1998, Vol. 80, No. 4, pp. 549 – 560.

[34] Durand, J. D., Paláez, C. A., "Patterns of Urbanization in Latin America", *Milbank Memorial Fund Quaterly*, 1965, Vol. 43, No. 4, pp. 166 – 196.

[35] Färe, R., Grabowski, R., Grosskopf, S., "Technical efficiency of Philippine agriculture", *Applied Economics*, 1985, Vol. 17, No. 2, pp. 205 – 214.

[36] Farrell, M. J., "The measurement of productive efficiency", *Journal of Royal Statistical Society, Series A, General*, 1957, Vol. 120, No. 3. pp. 253 – 281.

[37] Fei, J. C. H., Rains, G., *Development of the Labor Surplus Economy: Theory and Policy*, Homewood, Ⅲ., Irwin, 1964, pp. 123 – 136.

[38] Feng, S., "Land rental, off – farm employment and technical efficien-

cy of farm households in Jiangxi Province, China", *NJAS – Wageningen Journal of Life Sciences*, 2008, Vol. 55, No. 4, pp. 363 – 378.

［39］ Feng, S., Heerink, N., Ruben, R., et al., "Land rental market, off – farm employment and agricultural production in Southeast China: A plot – level case study", *China Economic Review*, 2010, Vol. 21, pp. 598 – 606.

［40］ Fried, H. O., Lovell, C. A. K., Schmidt, S. S., et al., "Accounting for environmental effects and statistical noise in Data Envelopment Analysis", *Journal of Productivity Analysis*, 2002, Vol. 17, No. 1, pp. 157 – 174.

［41］ Glaeser, E. R., "A world of cities: The causes and consequences of urbanization in poor countries", *Journal of European Economic Association*, 2014, Vol. 12, No. 5, pp. 1154 – 1199.

［42］ Gollin, D., Jebwab, R., Vollrath, D., "Urbanization with and without Industrialization", *Journal of Economic Growth*, 2016, Vol. 21, No. 1, pp. 35 – 70.

［43］ Goodwin, B., Mishra., A., "Farming efficiency and the determinants of multiple job holding by farm operators", *American Journal of Agricultural Economics*, 2004, Vol. 86, pp. 722 – 729.

［44］ Grigg, D., "The geography of farm size: A preliminary survey", *Economic Geography*, 1966, Vol. 42, No. 3, pp. 205 – 235.

［45］ Harris, J., Todaro, M. P., "Migration, unemployment and development: A two – sector analysis", *The American Economic Review*, 1970, Vol. 60, No. 1, pp. 126 – 142.

［46］ Helfand, S. M., Moreira, A. R. B., Bresnyan, Jr. E. W., "Agricultural productivity and farms in Brazil: Creating opportunities and closing gaps", New York: Sustainable Development Department, World Bank, 2015: 3 – 4.

［47］ Huffman, M., "Agricultural household models: Survey and critique" in Lass, D. A., Findeis, L. J., Halberg, M. C. *Multiple Job Holding among Farm Families*, Ames of Iowa: Iowa State University Press,

1991, pp. 239 – 249.

[48] Jamison, D. T. , Moock, P. R. , "Farmer education and farm efficiency in Nepal: The role of schooling, extension services, and cognitive skills", *World Development*, 1984, Vol. 12, No. 1, pp. 67 – 86.

[49] Judd, C. M. , Kenny, D. A. , "Process analysis: Estimating mediation in treatment evaluations", *Evaluation Review*, 1981, Vol. 5, pp. 602 – 619.

[50] Kalirajan, K. P. , "An econometric analysis of yield variability in Paddy Production", *Canadian Journal of Agricultural Economics*, 1981, Vol. 29, pp. 283 – 294.

[51] Kalwij, A. , Vermeulen, F. , "Labor force participation of the elderly in Europe: The important of being healthy", Tilburg: Center for Economic Research, Tilburg University, 2005.

[52] Kawagoe, T. , Hayami, Y. , Ruttan, V. W. , "The intercountry agricultural production function and productivity differences among countries", *Journal of Development Economics*, 1985, Vol. 19, No. 1 – 2, pp. 113 – 132.

[53] Kendall, M. G. , "The geographical distribution of productivity in England", *Journal of the Royal Statistical Society*, 1939, Vol. 102, pp. 21 – 48.

[54] Krugman, P. , *Geography and Trade* , Massachusetts: MIT Press, 1991.

[55] Lall, S. V. , Selod, H. , Shalizi, Z. , Rural – urban migration in developing countries: A survey of theoretical predictions and empirical findings, The World Bank Policy Research Working Paper, 2006, Series 3915.

[56] Lass, D. A. , Findeis, L. J. , Halberg, M. C. "Factors affecting the supply of farm labor: A review of empirical evidence" in Lass, D. A. , Findeis, L. J. , Halberg, M. C. *Multiple Job Holding among Farm Families* (1607 – 1972), Ames of Iowa : Iowa State University Press, 1991, pp. 249 – 262.

[57] Latruffe, L., Piet, L., "Does land fragmentation affect farm performance? A case study from Brittany, France", *Agricultural Systems*, 2014, Vol. 129, pp. 68 – 80.

[58] Lee, C., "Migration and the wage and unemployment gaps between urban and non – urban sectors: A dynamic general equilibrium reinterpretation of the Harris – Todaro equilibrium", *Labour Economics*, 2008, Vol. 15, pp. 1416 – 1434.

[59] Lee, E. S., "A theory of migration", *Demography*, 1966, No. 1, pp. 10 – 14.

[60] Lehmann, D., "Two paths of agrarian capitalism, or a critique of Chayanovian Marxism", *Comparative Studies in Society and History*, 1986, Vol. 28, No. 4, pp. 601 – 627.

[61] Leibenstein, H., "Allocative efficiency vs 'X – efficiency'", *The American Economic Review*, 1966, Vol. 56, pp. 392 – 415.

[62] Lewis, W., "Economic development with unlimited supply of labor", *The Manchester School of Economic and Social Studies*, 1954, Vol. 22, No. 2, pp. 139 – 191.

[63] Li, J., Deng, X., Seto, K. C., "The impact of urban expansion on agricultural land use intensity in China", *Land Use Policy*, 2013, Vol. 35, No. 11, pp. 33 – 39.

[64] Liu, Y., Li, Y., "Revitalize the world's countryside", *Nature*, 2017, Vol. 548, No. 7667, pp. 275 – 277.

[65] Lockheed, M. E., Jamison, E., Lau, L. J., "Farmer education and farm efficiency: A survey", *Economic Development and Cultural Change*, 1980, Vol. 29, pp. 37 – 76.

[66] Mackinnon, D. P., Dwyer, J. H., "Estimating mediated effects in prevention studies", *Evaluation Review*, 1993, Vol. 17, pp. 144 – 158.

[67] Maddison, A., *The Political Economy of Poverty, Equity and Growth: Brazil and Mexico*, Oxford: Oxford University Press, 1992, pp. 113 – 118.

[68] Mao, W., Koo, W. W., "Productivity growth, technological pro-

gress, and efficiency change in Chinese agriculture after rural economic reforms: A DEA approach", *China Economic Review*, 1997, Vol. 8, No. 2, pp. 157 – 174.

[69] Matsuyama, Kiminori. , "Agricultural Productivity, Comparative Advantage, and Economic Growth", *Journal of Economic Theory*, 1992, Vol. 58, pp. 317 – 334.

[70] Mendola, M. , "Migration and technological change in rural households: complements and substitutes", *Journal of Development Economics*, 2008, Vol. 85, pp. 150 – 175.

[71] Mines, R. , de Janvry, A. , "Migration to the United States and Mexican rural development: A case study", *American Journal of Agricultural Economics*, 1982, Vol. 64, No. 3, pp. 444 – 454.

[72] Mingay, G. E. , *Parliamentary Enclosure in England: An introduction to its causes, incidence, and impact*, London: Longman, 1998, pp. 1750 – 1850.

[73] Moene, K. O. , "A reformation of the Harris – Todaro mechanism with endogenous wages", *Economic Letters*, 1988, No. 27, pp. 387 – 390.

[74] Monchuk, D. C. , Chen, Z. , Bonaparte, Y. , "Explaining production inefficiency in China's agricultural using data envelopment analysis and semi – parametric bootstrapping", *China Economic Review*, 2010, No. 21, pp. 346 – 354.

[75] Mulligan, G. F. , "Revisiting the urbanization curve", *Cities*, 2013, Vol. 32, No. 06, pp. 113 – 122.

[76] National Sustainable Agriculture Coalition. , Enterprise diversity and farm income, http: // sustainableagriculture. net, 2014 – 12 – 05.

[77] Newey, W. , West, K. , "A simple, positive semi – definite, heteroskedasticity and autocorrelation consistent covariance matrix", *Econometrica*, 1987, Vol. 55, No. 3, pp. 703 – 708.

[78] Nguyen, T. , Cheng, E. J. , Findlay, C. , "Land fragmentation and farm productivity in China in the 1990s", *China Economic Review*, 1996, Vol. 7, pp. 169 – 180.

[79] Northam, R., *Urban Geography* (2nd ed.), New York: John Wiley, 1979, p. 108.

[80] Oberai, A., Singh, D., "Migration, production and technology in agriculture: A case study in the India Punjab", *International Labor Review*, 1982, Vol. 121, No. 3, pp. 327 – 343.

[81] O'Brien, P. K., Keyder, C., *Economic Growth in Britain and France*, 1780 – 1914: *Two Paths to the Twentieth Century*, London: George Allen ad Unwin, 1978, pp. 13 – 25.

[82] Onsrud, H., Paixao, S., Nichols, S., "Women and Land Reform in Brazil. Department of Geodesy and Geomatics Engineering", University of New Brunswick, Fredericton, Canada. No. 239, 2005, http://gge.unb.ca/Pubs/TR239.pdf.

[83] O'Sullivan, A., *Urban Economics* (8nd ed.), New York: the McGraw – Hill/Irwin Companies, 2012, p. 60.

[84] Overton, M., *Agricultural Revolution in England: The transformation of Agrarian Economy*: 1500 – 1850. Cambridge: Cambridge University Press, 1996, pp. 160 – 161, 177.

[85] Overton, M., "Re – establishing the agricultural revolution", *Agricultural History Review*, 1996, Vol. 44, pp. 1 – 20.

[86] Phimister, E., Roberts, D., "The effect of off – farm work on the intensity of agricultural production", *Environmental & Resource Economics*, 2006, Vol. 34, No. 4, pp. 493 – 515.

[87] Popkin, S., *The Rational Peasant: The Political Economy of Rural Society in Vietnam*, Los Angeles: University of California Press, 1979, pp. 21 – 30.

[88] Qian, W., Wang, D., Zheng, L., "The impact of migration on agricultural restructuring: Evidence from Jiangxi Province in China", *Journal of Rural Studies*, 2016, Vol. 47, pp. 542 – 551.

[89] Rains, G., Fei, J. C. H., "A theory of economic development", *American Economic Review*, 1961, Vol. 51, No. 4, pp. 533 – 565.

[90] Robert, C. A., "Economic structure and agricultural productivity in

Europe, 1300 – 1800", *European Review of Economic History*, 2000, Vol. 3, pp. 1 – 25.

[91] Robert, W. K., Mary, G. K., *People and Politics in Urban America*, New York: Garland Publishing, Inc., 1999, p. 29.

[92] Rodefeld, R. D., *Changes in Rural America: Causes, Consequences and Alternatives*, Missouri: C. V. Mosby Company, 1978, p. 2.

[93] Rozelle, S., Taylor, J. E., de Brauw, A., "Migration, Remittances and Agricultural Productivity in China", *American Economic Review*, 1999, Vol. 89, No. 2, pp. 287 – 291.

[94] Schlebeker, J. T., *Whereby We Thrive: A History of American Farming* (1607 – 1972), Ames of Iowa: The Iowa University Press, 1975, pp. 73 – 74.

[95] Slicher van Bath, B. H., *Yield Ratios: 810 – 1810*, Wageningen: A. A. G. Bijdragen, 1963, p. 164.

[96] Smith, R., "Does off – farm work hinder 'Smart Farming'?", *Agricultural Outlook*, Economic Research Service/USDA, 2002: 28 – 30.

[97] Smith, R., Blundell, R., "An exogeneity test for the Simultaneous Equation Tobit Model with an application to labor supply", *Econometrica*, 1986, pp. 499 – 509.

[98] Sobreiro, J., Mariano, EB., Sobreiro, VA., Jabbour, CJC., "Beyond the agrarian reform policies in Brazil: An empirical study of Brazilian States from 1995 through 2011", *Social Indicators Research*, 2016, Vol. 129, No. 3, pp. 1093 – 1114.

[99] Stark, O., Bloom, D., "The new economics of labor migration", *The American Economic Review*, 1985, Vol. 75, No. 2, pp. 173 – 178.

[100] Stark, O., Gupta, M., Levhari, D., "Equilibrium urban employment in developing countries: Is migration the culprit?", *Economic Letters*, 1991, Vol. 37, pp. 477 – 482.

[101] Stark, O., Taylor, J. E., "Migration incentives, migration types: The role of relative deprivation", *Economic Journal*, 1989, Vol. 101, No. 408, pp. 1163 – 1178.

[102] Stiglitz, J., "The efficiency wage hypothesis, surplus labor and the distribution of income in LDCs", Oxford Economic papers, 1976, Papers 28, pp. 185 – 207.

[103] Tan, SH., Heerink, N., Kruseman, G., et al., "Do fragmented landholdings have higher production costs? Evidence from rice farmers in Northeastern Jiangxi Province, P. R. China", *China Economic Review*, 2008, Vol. 19, pp. 347 – 358.

[104] Taylor, J. E., López – Feldman, A., "Does migration make rural households more productive? Evidence from Mexico", *Journal of Development Studies*, 2010, Vol. 46, No. 1, pp. 68 – 90.

[105] Taylor, J. E., Rozelle, S., de Brauw, A., "Migration and incomes in source communities: A new economics of migration perspective from China", *Economic Development and Cultural Change*, 2003, Vol. 52, pp. 75 – 101.

[106] Todaro, M. P., "A model for labor migration and urban unemployment in less developed countries", *The American Economic Review*, 1969, Vol. 59, No. 1, pp. 138 – 148.

[107] Turner, M. E., *Farm production in England: 1700 – 1914*, Oxford: Oxford University Press, 2001, p. 214.

[108] Turner, M. E., "Agricultural productivity in England in the eighteenth century: Evidence from crop yields", *The Economic History Review*, 1984, Vol. 37, No. 2, pp. 252 – 257.

[109] Ulimwengu, J., "Farmers' health and agricultural productivity in rural Ethiopia", *African Journal of Agricultural and Resource Economics*, 2009, Vol. 3, No. 2, pp. 83 – 100.

[110] United Nations, Department of Economic and Social Affairs, *Population Division. World Urbanization Prospects: The 2014 Revision, Highlights (ST/ESA/SER. A/352)*, 2014.

[111] U. S. Department of Agriculture, *Changes in Farm Production and Efficiency: A Summary Report*. ERS Statistical Bulletin, 1972 No. 233, p. 23.

[112] Van den Noort, P. C. , *Productivity Measurement in Agriculture*, Paris: OECD publishing, 1970, p. 33.

[113] Verburg, P. H. , Chen, Y. , Veldkamp, T. , "Spatial explorations of land use change and grain production in China", *Agriculture Ecosystems and Environment*, 2000, Vol. 82, pp. 333 – 354.

[114] Wan, G. H. , "Effects of land fragmentation and returns to scale in the Chinese farming sector", *Applied Economics*, 2001, Vol. 33, pp. 183 – 194.

[115] Wang, C. , Rada, N. , Qin, L. , et al. , "Impacts of migration on household production choices: Evidence from China", *The Journal of Development Studies*, 2014, Vol. 50, pp. 413 – 425.

[116] Wang, J. R. , Wailes, E. J. , Cramer, G. L. , "A shadow – price frontier measurement of profit efficiency in Chinese agriculture", *American Journal of Agricultural Economics*, 1996, Vol. 78, No. 1, pp. 146 – 156.

[117] Wang, X. , Huang, J. , Rozelle, S. , "Off – farm employment and agricultural specialization in China", *China Economic Review*, 2017, Vol. 42, pp. 155 – 165.

[118] White, H. , "A heteroskedasticity – consistent covariance matrix estimator and a direct test for heteroskedasticity", *Econometrica*, 1980, Vol. 48, No. 4, pp. 817 – 838.

[119] Wordie, J. R. , "The chronogy of English Enclosure : 1500 – 1914", *The Economic History Review*, 1983, Vol. 36, No. 4, pp. 483 – 505.

[120] Wouterse, F. , Taylor, J. E. , "Migration and income diversification: evidence from Burkina Faso", *World Development*, 2008, Vol. 36, No. 4, pp. 625 – 640.

[121] Wrigley, E. A. , "Urban growth and agricultural change: England and the Continent in the early modern period", *Journal of Interdisciplinary History*, 1985, Vol. 15, pp. 683 – 728.

[122] Wu, H. X. , Meng, X. , "Do Chinese farmers reinvest in grain production?", *China Economic Review*, 1996, Vol. 7, pp. 123 – 134.

后　　记

　　农村劳动力城镇化转移对农地利用究竟产生了怎样的影响？这个问题在研究生阶段就开始萦绕在我的脑海。对这一问题产生好奇的原因，一方面是我在新闻媒体上关注到农村劳动力流失引起大量耕地撂荒的报道，以及部分专家提出的"未来中国谁来种地"的疑问，而另一方面也多次注意到我国粮食总产量连年增长，农业总产值持续增高的一系列新闻。这种看似相互矛盾而又共存于现实中的"双重"景象，激发了我探索其背后原因的好奇心。然而，彼时我的学术之路刚刚开启，对如何做研究懵懵懂懂，有的只是对真实世界的热爱与好奇。虽然那时候我也了解刘易斯的城乡二元经济理论，明晰舒尔茨的小农生产贫穷却有效的假说，对如何将理论应用于分析和解释现实问题，却还处于探索阶段。因此，深入研究的想法只好暂时搁置。

　　幸运的是，在经过中国人民大学和新加坡国立大学博士阶段的联合培养后，我在专业知识体系储备方面更加多元化和系统化，在研究方法应用方面则更加驾轻就熟，逐渐建立起研究和剖析复杂问题的信心。2016年春，在参加完清华大学中国农村研究院的"三农论坛"后，借着撰写博士学位论文的契机，我重新开启了对这一问题的探索历程。现在回顾起这一历程，从历经六个月遍寻年鉴、统计公报、地方志搜集县级数据到花费两个月时间清洗数据和选择计量经济模型，可以说跌宕起伏，一次次体会"山重水复疑无路"的困惑迷茫，又一次次欣喜于"柳暗花明又一村"的豁然开朗。

　　在这一过程中，我的博士生导师张占录教授、在新加坡国立大学联合培养期间的导师符育明教授、硕士生导师施昱年副教授给予了我极大的鼓励和认真的指导。在初稿完成之后，中国人民大学叶剑平教授、刘守英教授、陶然教授、丰雷教授、张正峰教授也提出了颇多提升意见。尤其是陶然教授，满满四页纸的修改意见让我更加明确了提升完善的关键点。此外，北京大学林肯研究院—城市发展与土地政策研究中心刘志主任，剑桥大学土地经济系包晓辉老师、原国土资源部胡存智副部长、原国土资源部土地整理中心高世昌研究员也对该项研究中涉及到的一些问题给出了极具建设性的意见。还有一些老师，激发了我研究过程中深度思考的灵感和动力，未能一一列举。在此，一并表示感谢。

  本书稿是在我博士论文的基础上几经修改而成。需要说明的是，虽然书稿经历了数轮的审核与校对，难免仍有不足之处。敬请读者批评指正。在此，由衷地感谢北京大学林肯研究院—城市发展与土地政策研究中心的资助，使这本书稿得以出版。也感谢中国社会科学出版社给予的机会，尤其是刘晓红老师，不厌其烦地一次次修改书稿。感谢林肯中心的刘志主任和赵敏老师，在他们的大力支持和高效协调下，书稿虽经历了疫情的延搁，亦如期出版。最后，感谢我的父母，他们养育了我，给予了我接受高等教育的机会，让我可以以一颗坚强和感恩的心，从容地面对人生的一次次挑战。

赵茜宇
2020 年春于四川大学望江校区